Die Abgrenzung materieller
und immaterieller Wirtschaftsgüter

Europäische Hochschulschriften

Publications Universitaires Européennes

European University Studies

Reihe II

Rechtswissenschaft

Série II Series II

Droit

Law

Bd./Vol. 2762

PETER LANG

Frankfurt am Main · Berlin · Bern · Bruxelles · New York · Wien

Thorsten Stieler

Die Abgrenzung materieller und immaterieller Wirtschaftsgüter

PETER LANG
Europäischer Verlag der Wissenschaften

Die Deutsche Bibliothek - CIP-Einheitsaufnahme

Stieler, Thorsten:

Die Abgrenzung materieller und immaterieller Wirtschaftsgüter / Thorsten Stieler. - Frankfurt am Main ; Berlin ; Bern ; Bruxelles ; New York ; Wien : Lang, 1999
(Europäische Hochschulschriften : Reihe 2, Rechtswissenschaft ; Bd. 2762)
Zugl.: Münster (Westfalen), Univ., Diss., 1999
ISBN 3-631-35616-1

D 6
ISSN 0531-7312
ISBN 3-631-35616-1

Meiner Großmutter (Elfriede Stieler), meinen Großvätern (Ernst Stieler und Willi Brenneke) und meiner Urgroßmutter (Lina Bergmann)

Vorwort

Die vorliegende Arbeit hat der Rechtswissenschaftlichen Fakultät der Westfälischen Wilhelms-Universität zu Münster zur Erlangung des akademischen Grades eines Doktors der Rechte vorgelegen. Rechtsprechung und Literatur sind bis August 1998 berücksichtigt.

Ich möchte mich auf diesem Wege bei allen bedanken, die mich bei der Anfertigung unterstützten. Besonderen Dank schulde ich Herrn Prof. Dr. Hans-Michael Wolffgang, der das Thema anregte und mich beständig bei der Erstellung der Arbeit unterstützte. Herrn Prof. Dr. Dieter Birk danke ich für die zügige Erstellung des Zweitgutachtens. Insbesondere meinen Eltern, Ruth und Horst Stieler, meiner Großmutter, Ilse Brenneke, meiner Patentante, Ilse Müller, meinem Onkel, Carl J. Müller, meinem Cousin, Robert Müller, sowie Anja Engelhardt danke ich für ihren Beistand.

Düsseldorf, im Juli 1999 Thorsten Stieler

INHALTSÜBERSICHT

2. Teil: Konkreter Teil und praktische Bedeutung der Abgrenzung

1. Abschnitt: Anwendung der Ergebnisse auf exemplarische Fallgruppen

2. Abschnitt: Praktische Bedeutung der Abgrenzung

INHALTSVERZEICHNIS

2. Abschnitt: Abstrakte Abgrenzung durch methodengerechte Auslegung

Zusammenfassung der wesentlichen Ergebnisse

LITERATURVERZEICHNIS

Amann, Robert:
Ermäßigter Umsatzsteuersatz beim Vertrieb von Computerprogrammen, UR 1994, 218

Adler, Hans/Düring, Walther/Schmaltz, Kurt:
Rechnungslegung und Prüfung der Unternehmen, 5. Auflage, Stuttgart 1987 ff.

Baetge, Jörg:
Bilanzen, 2. Auflage, Düsseldorf 1992

Baetge/Kleekämper/Wollmert (Hrsg.):
Rechnungslegung nach International Accounting Standards (IAS), Stuttgart 1997

Ballwieser, Wolfgang:
Zur Begründbarkeit informationsorientierter Jahresabschlußverbesserungen, ZfbF 1982, 772

Barske, Kurt:
Gedanken zum Verhältnis der Steuerbilanz zur Handelsbilanz, DB 1964, 1569

Bartsch, Michael:
Anmerkung zum Urteil des Landgerichts Stuttgart vom 8.11.1988 - 6 U 135/87, CR 1989, 694

ders.:
Softwareüberlassung - was ist das? CR 1992, 393

Bauer, Karl-Heinz M.:
Geschäftswert, Kundenstamm und Wettbewerbsverbot im Steuerrecht, DB 1989, 1051

Beck´scher Bilanzkommentar:
Handels- und Steuerrecht - §§ 238 bis 339 HGB, 3. Auflage, München 1995

Beisse, Heinrich:
Handelsbilanzrecht in der Rechtsprechung des Bundesfinanzhofs, BB 1980, 637

ders.:
Tendenzen der Rechtsprechung des Bundesfinanzhofs zum Bilanzrecht, DStR 1980, 243

ders.:
Die wirtschaftliche Betrachtungsweise bei der Auslegung der Steuergesetze in der neueren deutschen Rechtsprechung, StuW 1981, 1

ders.:
Gläubigerschutz - Grundprinzip des deutschen Bilanzrechts, FS für *Karl Beusch*, Berlin 1993, S. 77

ders.:
Zum neuen Bild des Bilanzrechtssystems, FS für *Adolf Moxter*, Düsseldorf 1994, S. 3

Biener, Herbert:
Internationalisierung des Bilanzsteuerrechts - Was wird auf uns zukommen? DStZ 1997, 345

Biergans, Enno:
Einkommensteuer und Steuerbilanz, 6. Auflage, München 1992

ders.:
Die einkommen- und körperschaftsteuerliche Behandlung der Einlagen von originären immateriellen Wirtschaftsgütern, Nutzungsrechten und Nutzungen, DStR 1989, 367

Birk, Dieter:
Steuerrecht I, 2. Auflage, München 1994

Blümich, Walter/Falk, Ludwig/Uelner, Adalbert/Haas, Gerhard:
Einkommensteuergesetz, Kommentar, 11. Auflage, München 1983 ff. (Loseblatt)

Böcking, Hans-Joachim:
Der Grundsatz der Nettobilanzierung von Zero-Bonds, ZfbF 1986, 930

Böhme, Werner:
Die Besteuerung des Know-how, München, Berlin 1967

ders.:
Der Grundsatz umsatzbezogener Gewinnrealisierung beim Finanzierungsleasing, ZfbF 1989, 491

Braunschweig, Bernhard von:
Software beim Unternehmenskauf, CR 1994, 193
Breidenbach, Berthold/Niemeyer, Markus:
Der Auftragsbestand als Wirtschaftsgut, DB 1991, 2500
Breidert, Ulrike:
Grundsätze ordnungsgemäßer Abschreibungen auf abnutzbare Anlagegegenstände, Düsseldorf 1994
Brendl, Oskar:
Immaterielle Werte und Risiken, Wien 1933
Burkel, Peter:
Arten, Aufgaben und Aussagekraft externer Bilanzen, BB 1985, 838
Burkhardt, Dietrich:
Grundsätze ordnungsgemäßer Bilanzierung für Fremdwährungsgeschäfte, Düsseldorf 1988
Ciric, Dejan:
Grundsätze ordnungsgemäßer Wertaufhellung, Düsseldorf 1995
Clemm, Hermann:
Meinungen zum Thema: Amerikanische Rechnungslegungsgrundsätze: Vorbild für Europa? BFuP 1993, 427
Costede, Jürgen:
Die Aktivierung von Wirtschaftsgütern im Einkommensteuerrecht, StuW 1995, 115
Crezelius, Georg:
Tendenzen der Rechtsfortbildung im Steuerrecht, BB 1984, 1377
ders.:
Das Handelsbilanzrecht in der Rechtsprechung des Bundesfinanzhofs, ZGR 1987, 1
ders.:
Maßgeblichkeitsgrundsatz in Liquidation, DB 1994, 689
ders.:
Steuerrecht II, 2. Auflage, München 1994
David, Wolfram:
Die Abgrenzung materieller und immaterieller Güter im Jahresabschluß und ihre Konkretisierung am Beispiel der Software, Kiel 1985

Delcker, Matthias:
Steuerbilanzielle Behandlung von Computer-Programmserviceverträgen, BB 1990, 1097
Depping, Bernd:
Die bilanzsteuerrechtliche Behandlung des „Werbespots“, DB 1991, 2048
Deutsche Bundesbank (Hrsg.):
Jahresabschlüsse westdeutscher Unternehmen 1971 bis 1991, Frankfurt a.M. 1993
Döllerer, Georg:
Grundsätze ordnungsgemäßer Bilanzierung, deren Entstehung und Ermittlung, BB 1959, 1217
ders.:
Rechnungslegung nach dem neuen Aktiengesetz und ihre Auswirkungen auf das Steuerrecht, BB 1965, 1405
ders.:
Die Maßgeblichkeit der Handelsbilanz für die Steuerbilanz, BB 1969, 501
ders.:
Gedanken zur „Bilanz im Rechtssinne“, JbFfSt 1979/80, 195
ders.:
Zur Bilanzierung dinglicher Rechtsverhältnisse, BB 1984, 2034
ders.:
Einlagen bei Kapitalgesellschaften nach Handelsrecht und Steuerrecht, BB 1986, 1857
ders.:
Handelsbilanz und Steuerbilanz, BB 1987, Beilage 12, 1
Döllerer, Georg/Rädler, Albert J.:
Zur deutschen ertragsteuerlichen Behandlung von Aufwendungen für Forschungsbohrungen für Erdöl und Erdgas, FR 1994, 808
Eibelshäuser, Manfred:
Immaterielle Anlagewerte in der höchstrichterlichen Finanzrechtsprechung, Wiesbaden 1983

Eisgruber, Thomas:
Bauten auf fremden Grund und Boden, DStR 1997, 522
Eisolt, Dirk:
Förderung von Softwareinvestitionen in den neuen Bundesländern, DStR 1994, 233
Engisch, Karl:
Einführung in das juristische Denken, 7. Auflage, Stuttgart 1977
Euler, Roland:
Der Ansatz von Rückstellungen für drohende Verluste aus schwebenden Dauerrechtsverhältnissen, ZfBF 1990, 1036
ders.:
Zur Verlustantizipation mittels des niedrigeren beizulegenden Wertes und des Teilwertes, ZfbF 1991, 191
Fabri, Stephan:
Grundsätze ordnungsgemäßer Bilanzierung entgeltlicher Nutzungsverhältnisse, Bergisch Gladbach/Köln 1986
Falterbaum, Hermann/Beckmann, Heinz:
Buchführung und Bilanz, 16. Auflage, Achim 1996
Feldhahn, Michael:
Die Anwendung des Leasing-Erlasses bei der Überlassung von Software, DStR 1985, 336
Flies, Rolf:
Auftragsbestand und Firmenwert, DB 1996, 846
Freericks, Wolfgang:
Der entgeltliche Erwerb immaterieller Anlagewerte, FR 1969, 518
ders.:
Sind EDV-Programme körperliche Wirtschaftsgüter? DStR 1969, 691
ders.:
Bilanzierungsfähigkeit und Bilanzierungspflicht in Handels- und Steuerbilanz, Berlin 1976
Gail, Winfried:
Steuerliche Anerkennung der aktienrechtlichen Aktivierungsverbote, WPg 1969, 273

ders.:
Ausgewählte Fragen des Bilanzsteuerrechts, StbJb 1982/83, 285

George, Heinz:
Erhöhte Absetzungen und Investitionszulagen für immaterielle Wirtschaftsgüter, FR 1980, 68

Gern, Alfons:
Die Rangfolge der Auslegungsmethoden von Rechtsnormen, VerwArch 1989, 415

Geßler, Ernst/Hefermehl, Wolfgang/Eckardt, Ulrich/Kropff, Bruno:
Aktiengesetz, Band III (§§ 148 - 178), München 1973

Glade, Anton:
Die Verletzung handelsrechtlicher Bilanzierungsgrundsätze in der Steuerbilanz, StbJb 1966/67, 375

ders.:
Praxishandbuch der Rechnungslegung, 2. Auflage, Herne, Berlin 1995

Glade, Hans-Joachim:
Immaterielle Anlagewerte in Handelsbilanz, Steuerbilanz und Vermögensaufstellung, Bergisch Gladbach, Köln 1991

Glanegger, Peter:
Bewertungseinheit und einheitliches Wirtschaftsgut, FS für Ludwig Schmidt, München 1993

Götz von Olenhusen, Albrecht/Martens, Elisabeth:
Immaterielle Wirtschaftsgüter im Steuerrecht unter Berücksichtigung des Urheber- und Verlagsrechts, Ufita 1977, 25

Greve, Hermann:
Die Behandlung der immateriellen Werte in der steuerlichen Erfolgsbilanz, Würzburg 1933

Groh, Manfred:
Nutzungseinlage, Nutzungsentnahme und Nutzungsausschüttung (Teil I), DB 1988, 514

ders.:
Einlegung und Ausschüttung immaterieller Wirtschaftsgüter, StbJb 1988/89, 187

ders.:
Bilanzrecht vor dem EuGH, DStR 1996, 1206

Großfeld, Bernhard:
Bilanzrecht für Juristen - Das Bilanzrichtlinien-Gesetz vom 19.12.1985, NJW 1986, 955

Gschwendtner, Hubert:
Mietereinbauten als Vermögensgegenstand und Wirtschaftsgut im Sinne des Handels- und Steuerbilanzrechts, FS für *Heinrich Beisse*, Düsseldorf 1997, S. 215

Gürsching, Lorenz/Stenger, Alfons:
Kommentar zum Bewertungsgesetz und Vermögensteuergesetz, 9. Auflage, Köln 1992 (Loseblatt)

Häcker, Hans-Dieter:
Der steuerliche Begriff „Wirtschaftsgut“, Berlin 1980

Hartmann, Alfred/Metzenmacher:
Umsatzsteuergesetz, 7. Aufl., Berlin 1991

Hartmann, Alfred/Böttcher, Conrad/Nissen, Karl-Heinz/Bordewin, Arno:
Kommentar zum Einkommensteuergesetz, Heidelberg 1955 ff. (Loseblatt)

Hartmann, Bernhard:
Die Bilanzierung eines entgeltlich erworbenen EDV-Systems (Computersystems) als abnutzbares bewegliches körperliches Wirtschaftsgut, WPg 1972, 289

Hastedt, Uwe-Peter:
Gewinnrealisation beim Finanzierungs-Leasing, Wiesbaden 1992

Hauter, Erich:
Der Ansatz der immateriellen Wirtschaftsgüter in der Vermögensaufstellung, StbJb 1980/81, 197

ders.:
Anmerkungen zur Entscheidung des BFH vom 3.7.1987, CR 1987, 580

Hedemann:
Die Flucht in die Generalklauseln, Tübingen 1933

Hegenloh, Gerd Uwe:
Die steuerbilanzielle Behandlung von Forschung und Entwicklung, Berlin 1985

Heigl, Anton:
Nichtlineare Abschreibung bei absetzungsfähigen immateriellen Wirtschaftsgütern, BB 1965, 665

Helmrich, Herbert:
Gesetzgeberische Grundsatzentscheidungen beim Bilanzrichtliniengesetz, FS für *Georg Döllerer*, Düsseldorf 1988, S. 219

Herrmann, Carl/Heuer, Gerhard/Raupach, Arndt:
Einkommensteuer- und Körperschaftsteuergesetz mit Nebengesetzen, 19. Auflage, Köln 1982 ff. (Loseblatt)

Herzig, Norbert/Söffing, Andreas:
Bilanzierung und Abschreibung von Fernsehrechten (Teil I), WPg 1994, 601

Hoeren, Thomas:
Der Softwareüberlassungsvertrag als Sachkauf, CR 1988, 908

ders.:
Ausschluß der Gewährleistung bei Gebrauchtsoftware, CR 1992, 257

Hommel, Michael:
Grundsätze ordnungsgemäßer Bilanzierung für Dauerschuldverhältnisse, Wiesbaden 1992

ders.:
Internationale Bilanzrechtskonzeptionen und immaterielle Vermögensgegenstände, ZfbF 1997, 345

ders.:
Bilanzierung immaterieller Anlagewerte, Stuttgart 1998

Hüttemann, Rainer:
Transferentschädigungen im Lizenzfußball als Anschaffungskosten eines immateriellen Wirtschaftsgutes, DStR 1994, 490

Hütten, Christoph:
Zur handels- und steuerbilanziellen Behandlung von Seiten im World Wide Web (WWW), Inf 1998, 161

IASC (Hrsg.):
International Accounting Standards, London 1995

Institut Finanzen und Steuern:
Die ertragsteuerliche Behandlung von Software, Reihe: Grüne Briefe, Nr. 264, Bonn 1987

Janke, Madeleine:
Periodisierung, Objektivierung und Vorsicht bei Vermögensgegenständen und Schulden, StuW 1994, 214

Jansen, Rudolf:
Zur Aktivierung von Transferentschädigungen nach den Vorschriften des Lizenzspielerstatuts des Deutschen Fußball-Bundes, DStR 1992, 1785

Junker, Abbo:
Die Entwicklung des Computerrechts in den Jahren 1991 und 1992, NJW 1993, 824

Kählert, Jens-Peter:
Die Abbildung immaterieller Güter im handelsrechtlichen Jahresabschluß, München 1995

Kählert, Jens-Peter/Lange, Sabine:
Zur Abgrenzung immaterieller von materiellen Vermögensgegenständen, BB 1993, 613

Keitz, Isabel:
Immaterielle Wirtschaftsgüter in der internationalen Rechnungslegung, Düsseldorf 1997

Kessler, Harald:
Entwicklungskosten für Software in der Bilanz des Herstellers, BB 1994, Beilage 12, 1

Kindermann, Manfred:
Vertrieb und Nutzung von Computersoftware aus urheberrechtlicher Sicht, GRuR 1983, 150

Kirchhof, Paul/Söhn, Hartmut:
Einkommensteuergesetz, Kommentar, Heidelberg 1986 ff. (Loseblatt)

Klein/Orlopp, Gerd:
Abgabenordnung, München 1998

Knepper, Karl Heinz:
Software in der Handels- und Steuerbilanz, FS für *Georg Döllerer*, Düsseldorf 1988, S. 299

Knobbe-Keuk, Brigitte:
Bilanz- und Unternehmenssteuerrecht, 9. Auflage, Köln 1993

dies.:
Die steuerliche Behandlung von Nutzungsrechten, StuW 1979, 305

Koch, Karl/Scholz, Rolf-Detlev:
Abgabenordnung AO, 5. Auflage, Köln, Berlin, Bonn, München 1996

Kölner Kommentar zum Aktiengesetz:
Band 4, §§ 238 - 289 HGB (Stand der Bearbeitung: September 1989), 2. Auflage, Köln, Berlin, Bonn, München 1990

König, M. Michael:
Computerprogramme und Datensammlungen als materielle Wirtschaftsgüter, DB 1989, Beilage 13, 26

ders.:
Computerprogramme und Datensammlungen in der neueren Finanzrechtsprechung, CR 1990, 106

ders.:
Software (Computerprogramme) als Sache und deren Erwerb als Sachkauf, NJW 1993, 3121

Körner, Werner:
Das Prinzip der Einzelbewertung, Wpg, 1976, 430

Kort, Michael:
Software - eine Sache? DB 1994, 1505

Kraus-Grünewald, Marion:
Steuerbilanzen - Besteuerung nach der Leistungsfähigkeit contra Vorsichtsprinzip? FS für *Heinrich Beisse*, Düsseldorf 1997, S. 285

Krieger, Albrecht:
Der Grundsatz der Maßgeblichkeit der Handelsbilanz für die steuerrechtliche Gewinnermittlung, FS für *Georg Döllerer*, Düsseldorf 1988, S. 327

Kronner, Markus:
GoB für immaterielle Anlagewerte und Tauschgeschäfte, Düsseldorf 1995

ders.:
Entgeltlicher Erwerb und Erwerb im Tauschwege bei immateriellen Wirtschaftsgütern des Anlagevermögens, DStR 1996, 1185

Kruse, Heinrich Wilhelm:
Aktivierungsfragen. Von der dynamischen zur statischen Bilanzauffassung und zurück? JbFfStR 1978/79, 172

Kupsch, Peter:
Sind Zuschüsse und Abstandszahlungen immaterielle Anlagewerte (Wirtschaftsgüter)? WPg 1977, 663

ders.:
Die bilanzielle Behandlung von Baumaßnahmen auf fremden Grundstücken, BB 1981, 212

ders.:
Bilanzierung und Bewertung von Werbemitteln in Handels- und Steuerbilanz, DB 1983, 509

Küting, Karlheinz/Weber, Claus-Peter:
Handbuch der Rechnungslegung, 3. Auflage, Stuttgart 1990

Küting, Karlheinz/Weber, Claus - Peter:
Handbuch der Rechnungslegung, Kommentar zur Bilanzierung und Prüfung, Bd. Ia, 4. Auflage, Stuttgart 1995

Lademann, Fritz/Söffing, Günter/Brockhoff, Hedin:
Kommentar zum Einkommensteuergesetz, 1964 ff. (Loseblatt)

Lamers, Alfons:
Aktivierungsfähigkeit und Aktivierungspflicht immaterieller Werte, München 1981

Larenz, Karl:
Methodenlehre der Rechtswissenschaft, 6. Auflage, München 1991

Le Coutre, Walter:
Was sagt mir die Bilanz ? Stuttgart 1956

Leffson, Ulrich:
Die Darstellung von Leasingverträgen im Jahresabschluß (II), DB 1976, 685
ders.:
Die Grundsätze ordnungsgemäßer Buchführung, 7. Auflage, Düsseldorf 1987
Ley, Ursula:
Der Begriff „Wirtschaftsgut" und seine Bedeutung für die Aktivierung, 2. Auflage, Bergisch Gladbach 1987
Littmann, Eberhard:
Zur Tragweite der neugefaßten §§ 5, 6 EStG, DStR 1969, 321
ders.:
Abstandszahlungen zur Freimachung von Räumen beim Grundstückerwerb - nicht Anschaffungskosten, sondern selbständig bewertbares Wirtschaftsgut, DStR 1970, 391
ders.:
Zählen immaterielle Wirtschaftsgüter des Anlagevermögens zu den beweglichen Wirtschaftsgütern? DB 1975, 373
Littmann, Eberhard/Bitz, Horst/Meincke, Peter:
Das Einkommensteuerrecht, 15. Auflage, Stuttgart 1988 ff. (Loseblatt)
Maaßen, Kurt :
Gilt der Maßgeblichkeitsgrundsatz (§ 5 EStG) nicht für Bilanzierungswahlrechte? DB 1970, 1285
ders.:
Das Wirtschaftsgut - seine Bilanzierung im Handelsrecht und im Steuerrecht, StB 1972, 61
Martens, Klaus-Peter/Röttger, Robert:
Aktivierung des Geschäfts- oder Firmenwerts bei Umwandlung einer Personenhandelsgesellschaft in eine GmbH nach §§ 46 ff. UmwG? DB 1990, 1097
Martin, Walter:
Das Erbbaurecht in der Bilanz, DB 1982, 1077

Marx, Franz Jürgen:
Objektivierungserfordernisse bei der Bilanzierung immaterieller Anlagewerte, BB 1994, 2379

Mathiak, Walter:
Rechtsprechung zum Bilanzsteuerrecht, StuW 1982, 81

ders.:
Rechtsprechung zum Bilanzsteuerrecht, StuW 1984, 71

ders.:
Zum Bilanzsteuerrecht, StuW 1985, 273

ders.:
Rechtsprechung zum Bilanzsteuerrecht, StuW 1988, 79

ders.:
Zur Bilanzierung dinglicher Rechtsverhältnisse, FS für *Georg Döllerer*, Düsseldorf 1988, S. 397 ff.

Maul, Karl-Heinz:
Aktien- und steuerrechtliche Bilanzierung von Ausgaben für „Software", DB 1972, Beilage 15, 1

May, Erich:
Das Wirtschaftsgut. Kritische Analyse der steuerlichen Lehre vom Wirtschaftsgut aus betriebswirtschaftlicher Sicht, Wiesbaden 1970

Meis, Hans:
Rechtsgrundsätze bei der Bilanzierung von immateriellen Werten, Diss. Köln 1935

Meyer-Scharenberg, Dirk E.:
Sind Nutzungsrechte Wirtschaftsgüter? BB 1987, 874

ders.:
Tatbestand und Rechtsfolgen der Nutzungsüberlassung, StuW 1987, 103

ders.:
Zweifelsfragen bei der Bilanzierung transitorischer Rechnungsabgrenzungsposten, DStR 1991, 754

Mohr, Heinz:
Bilanz und immaterielle Werte, Berlin, Wien 1927

Moxter, Adolf:
Die Aktivierungsvoraussetzung „entgeltlicher Erwerb" im Sinne des § 5 Abs. 2 EStG, DB 1978, 1804

ders.:
Der Einfluß der EG-Bilanzrichtlinie auf das Bilanzsteuerrecht, BB 1978, 1629

ders.:
Immaterielle Anlagewerte im neuen Bilanzrecht, BB 1979, 1102

ders.:
Selbständige Bewertbarkeit als Aktivierungsvoraussetzung, BB 1987, 1846

ders.:
Zur wirtschaftlichen Betrachtungsweise im Bilanzrecht, StuW 1989, 232

ders.:
Zur bilanzrechtlichen Behandlung von Mietereinbauten nach der neueren höchstrichterlichen Rechtsprechung, BB 1998, 259

ders.:
Bilanzrechtsprechung, 2. Auflage, Tübingen 1985

ders.:
Standort Deutschland: Grundsatzfragen und aktuelle Perspektiven für die Besteuerung, die Prüfung und das Controlling, FS für *Anton Heigl*, 1995, S. 31

Müller, Welf:
Innovation - Probleme der Aktivierung und Passivierung, DStZ 1991, 385

Müller-Dahl, Frank P.:
Die Bilanzierung des Goodwill - betriebswirtschaftlich sowie handels- und steuerrechtlich unter Berücksichtigung des Vorentwurfs eines Bilanzrichtlinie-Gesetzes, BB 1981, 274

Müller- Hengstenberg, Claus D.:
Computersoftware ist keine Sache, NJW 1994, 3128

Münchener Kommentar:
Münchener Kommentar zum Bürgerlichen Gesetzbuch, Band 1, Allgemeiner Teil (§§ 1 - 240), 3. Auflage, München 1993

Naumann, Thomas K.:
Bewertungseinheiten im Gewinnermittlungsrecht der Banken, Düsseldorf 1995

Niehues, Karl:
Die bilanzielle Behandlung von Güterfernverkehrsgenehmigungen, BB 1987, 1429

Nieskens, Hans:
Die umsatzsteuerliche Behandlung des Vertriebs sog. Standard-Anwender-Software durch den Hersteller an private Endabnehmer im Hinblick auf § 12 Abs. 2 Nr. 7 Buchst. c UStG, BB 1996, 2556

Nissen, Karl-Heinz:
Änderung der §§ 5 und 6 des Einkommensteuergesetzes, DStZ 1969, 12

Nolte, K. H.:
Degressive AfA für Patente und ähnliche Rechte, DB 1964, 1604

Nonnenmacher, Rolf:
Bilanzierung von Forschung und Entwicklung, DStR 1993, 1231

Offerhaus, Klaus:
Zur Analogie im Steuerrecht, BB 1984, 993

Palandt, Otto:
Bürgerliches Gesetzbuch, 57. Auflage, München 1998

Paulick, Heinz:
Immaterielle Wirtschaftsgüter und Posten der Rechnungsabgrenzung, FR 1968, 449 und 483

Paus, Bernhard:
Bilanzierungsfragen bei betrieblichen Erbbaurechten, FR 1987, 163

Pezzer, Heinz-Jürgen:
Bilanzierungsprinzipien als sachgerechte Maßstäbe der Besteuerung, DStJG 1991, 3

Pfeiffer, Thomas:
Das immaterielle Wirtschaftsgut, Diss., Augsburg, 1982

ders.:
Begriffsbestimmung und Bilanzfähigkeit des immateriellen Wirtschaftsgutes, StuW 1984, 326

Piltz, Detlev-Jürgen:
Aktivierung von Wirtschaftsgütern ohne wirtschaftliches Eigentum? DB 1975, 2054

Plückebaum, Rudolf:
Aktivierung immaterieller Wirtschaftsgüter nach Einlage in ein Betriebsvermögen, FR 1978, 554

Rau, Günter/Dürrwächter, Erich, Flick, Hans/Geist, Reinhold:
Kommentar zum Umsatzsteuergesetz, 8. Aufl., Köln 1997 (Loseblatt)

Reuleaux, Susanne:
Immaterielle Wirtschaftsgüter, Wiesbaden 1987

Rodewald, Jörg:
Die Bilanzierung von Rechten zur Berichterstattung und Übertragung von Sportereignissen im Fernsehen, BB 1995, 2103

Saage, G.:
Grundsätze ordnungsgemäßer Buchführung aus der Sicht des neuen Aktienrechts, NB 1967, 1

Sauer, Klaus Peter:
Bilanzierung von Software, Wiesbaden 1988

Schilling, Claudia:
Bauten auf fremden Grundstücken im Einkommensteuerrecht, Köln, Berlin, Bonn, München 1997

Schmalenbach, Eugen:
Dynamische Bilanz, 12. Auflage, Köln-Opladen 1956

Schmidt, Eberhard:
Software als materielle oder immaterielle Wirtschaftsgüter, FR 1985, 149

Schmidt, Harald:
Wirtschaftsgut im Sinne der Einkommensteuer und der Selbstverbrauchsteuer, DStR 1971, 561

Schmidt, Ludwig:
Einkommensteuergesetz, 16. Auflage, München 1997

Schneider, Dieter:
Aktienrechtlicher Gewinn und ausschüttungsfähiger Betrag, WPg 1971, 607
ders.:
Rechtsfindung durch Deduktion von Grundsätzen ordnungsgemäßer Buchführung aus gesetzlichen Jahresabschlußzwecken? StuW 1983, 141
Schön, Michael:
Aktivierung von immateriellen Anlagewerten in den USA im Vergleich zur Deutschen Rechnungslegung, Frankfurt 1997
Schrader, Helmut:
Zu den Auswirkungen des Aktiengesetzes auf das Bilanzsteuerrecht, DB 1966, 1144
Schubert, Peter:
Die einkommensteuerliche Behandlung von Nutzungsrechten, DStR 1995, 362
Seifried, Max:
Zur Frage der Gewinnrealisierung bei Ausgliederung einzelner Wirtschaftsgüter (Teil I und II), DB 1990, 1473 und 1525
Seuffert, Walter:
„Lückenfüllung" und „Analogieschlüsse" im Steuerrecht, DStR 1985, 5
Sieber, Ulrich:
Haftung für Online - Datenbanken, CR 1992, 518
Siegers, Dirk:
Die verdeckte Einlage immaterieller Wirtschaftsgüter - Ansatz in der Steuerbilanz und Gewinnrealisierung? DStR 1992, 1570
ders.:
Die verdeckte Einlage immaterieller Wirtschaftsgüter - Ansatz in der Steuerbilanz und Gewinnrealisierung ? Bonn 1992
Simon, Hermann Veit:
Die Bilanzen der Aktiengesellschaften und Kommanditgesellschaft auf Aktien, Berlin 1899

Skuhr, Reinhold:
Erfindungen und know-how als bewegliche, abnutzbare Wirtschaftsgüter im Sinne des Berlinförderungsgesetzes und des Einkommensteuergesetzes, FR 1975, 55

Söffing, Günter:
Zum Begriff Wirtschaftsgut, JbFfStR 1978/79, 199

Sönksen, Hansgeorg/Söffing, Günter:
Berlinförderungsgesetz, Berlin 1973 (Loseblatt)

Sontheimer, Jürgen:
Die Besteuerung von Software, DStR 1983, 350

Spanke, Elisabeth:
Software ein materielles Wirtschaftsgut? BB 1986, 2251

Stapperfend, Thomas:
Die Bilanzierung entgeltlicher Nutzungsrechte bei Einmalzahlung, FR 1993, 525

ders.:
Die steuer- und bilanzrechtliche Behandlung von Software, Köln 1991

Steckmeister, Jürgen:
Zur Aktivierung des Aufwands für „Software“, DB 1971, 590

Stein, Heinz-Gerd:
Die deutsche Bilanzierung vor neuen Herausforderungen, ZfbF 1994, 658

Stern, Klaus:
Das Staatsrecht in der Bundesrepublik Deutschland, Band I, 2. Auflage, München 1984

Stifterverband für die Deutsche Wissenschaft (Hrsg.):
Allgemeine Richtlinien für statistische Übersichten in Forschung und Entwicklung, Frascati-Handbuch, Essen 1966

Strobl, Elisabeth:
Plädoyer für das handelsrechtliche Vorsichtsprinzip in der Steuerbilanz, StbJb 1994/1995, 77

Ströfer, Joachim:
„Berufsfußballspieler“ als „Aktivposten“ in den Steuerbilanzen der Bundesligavereine? BB 1982, 1087

Stüdemann, Klaus:
Grundlagen zur Unterscheidung von materiellen und immateriellen Gütern und zu ihrer Aktivierung in der Bilanz, DB 1985, 345

Thiel, Jochen:
Die Bilanzierung von Nutzungsrechten, DStjG 1991, 161

Thiel, Rudolf:
Das Gesetz zur Änderung der §§ 5 und 6 EStG, FR 1969, 165

Tiedchen, Susanne:
Der Vermögensgegenstand im Handelsbilanzrecht, Köln 1991

Tiedtke, Klaus:
Einkommensteuer- und Bilanzsteuerrecht, 2. Auflage, Herne 1995

Tipke, Klaus/ Lang, Joachim:
Steuerrecht, 15. Auflage, Köln 1996

Tismer, Wolfgang:
Einschränkung der Berlinförderung bei der Investitionszulage, DB 1982, 1431

Uelner, Adalbert:
Besteuerung immaterieller Wirtschaftsgüter, StKR 1975, 95

Velde, Kurt van der:
Zur Behandlung immaterieller Wirtschaftsgüter und Rechnungsabgrenzungsposten in der Handels- und in der Steuerbilanz, FR 1969, 439

Veit, Klaus-Rüdiger:
Die Aktivierung immaterieller Wirtschaftsgüter und langfristig wirksamer Ausgaben in der Steuerbilanz, DB 1985, 557

Voss, Jochen:
Steuerbilanzielle Behandlung von PC-Software, FR 1989, 358

Wallis, Hugo von:
Die wirtschaftliche Betrachtungsweise im Steuerrecht, FS für *Ottmar Bühler*, Köln 1954, S. 249*uH HH*

Walter, Norbert:
Ertragsteuerliche Behandlung von Software (Computerprogrammen), DB 1980, 1815

ders.:
Zur Aktivierungsfähigkeit immaterieller Anlagewerte in der Handels- und Steuerbilanz, Berlin 1982

Weber- Grellet, Heinrich:
Drittaufwand - Konsequenzen aus dem Beschluß des Großen Senats vom 30.1.1995 GrS 4/92, DB 1995, 2550

ders.:
Das Steuerbilanzrecht, München 1996

Westerfelhaus, Herwarth:
Zwei-Stufen-Ermittlung zum bilanzierungsfähigen Vermögensgegenstand, DB 1995, 885

Wichmann, Gerd:
Die Bedeutung der Herstellung für die Bilanzierung nach dem HGB, DStR 1987, 718

Wiedmann, Harald:
Die Bewertungseinheit im Handelsrecht, FS für Adolf Moxter, Düsseldorf 1994, S. 453

Woerner, Lothar:
Korreferat zum Referat *Dr. Söffing*, JbFfSt 1978/79, 228

Wöhe, Günter:
Betriebswirtschaftliche Steuerlehre I/2, 7. Auflage, München 1992

Wüstemann, Jens:
Funktionale Interpretation des Imparitätsprinzips, ZfbF 1995, 1029

Wysocki, Klaus von/Schulze-Osterloh, Joachim:
Handbuch des Jahresabschlusses in Einzeldarstellungen, 2. Auflage, Köln 1984/92

Zahrnt, Christoph:
Koppelung von Hardware und (Anwendungs-) Software, BB 1993, 1670

Zippelius, Reinhold:
Juristische Methodenlehre, 6. Auflage, München 1994

Zitzmann, Gerhard:
Anschaffung und Herstellung im Investitionszulagenrecht (I), DB 1983, 1565

RECHTSPRECHUNGSVERZEICHNIS

1. Entscheidungen des Europäischen Gerichtshofes

EuGH v. 13.11.1990 - C-106/89, (*Marleasing*)	EuGHE 1990, 4135
EuGH v. 15.12.1995 - C - 415/93, (*Jean - Marc Bosman*)	EuGHE I 1995, 4921

2. Entscheidungen des Bundesverfassungsgerichts

BVerfG v. 21.5.1952 - 2 BvH 2/52,	BVerfGE 1, 299
BVerfG v. 17.1.1957 - 1 BvL 4/54,	BVerfGE 6, 55
BVerfG v. 24.6.1958 - 2 BvF 1/57,	BVerfGE 8, 51
BVerfG v. 12.11.1958 - 2 BvL 4,26,40/56,1,7/57	BVerfGE 8, 274
BVerfG v. 14.4.1959- 1 BvL 23, 34/57,	BVerfGE 9, 237
BVerfG v. 17.5.1969 - 2 BvL 11/59, 11/60,	BVerfGE 11, 126
BVerfG v. 10.10.1961 - 2 BvL 1/59,	BVerfGE 13, 153
BVerfG v. 11.7.1961 - 1 BvL 32/57,	BVerfGE 13, 290
BVerfG v. 3.4.1962 - 1 BvL 35/57,	BVerfGE 14, 34
BVerfG v. 14.12.1965 - 1 BvR 571/60,	BVerfGE 19, 253
BVerfG v. 2.10.1969 - 1 BvL 12/68,	BVerfGE 27, 58
BVerfG v. 22.7.1970 - 1 BvR 285/66,	BVerfGE 29, 104
BVerfG v. 9.2.1972 - 1 BvL 16/69,	BVerfGE 32, 333
BVerfG v. 28.2.1973 - 2 BvL 19/70,	BVerfGE 34, 348
BVerfG v. 2.10.1973 - 1 BvR 345/73,	BVerfGE 36, 66
BVerfG v. 23.11.1976 - 1 BvR 150/76,	BVerfGE 43, 108
BVerfG v. 11.10.1977 - 1 BvR 343/73, 83/74, 183 u. 428/75,	BVerfGE 47, 1
BVerfG v. 12.12.1978 - 2 BvR 154/74,	BVerfGE 49, 343
BVerfG v. 10.12.1980 - BvF 3/77,	BVerfGE 55, 274
BVerfG v. 3.11.1982 - 1 BvR 620/78, 1335/78, 1104/79, 363/80,	BVerfGE 61, 319
BVerfG v. 22.2.1984 - 1 BvL 10/80,	BVerfGE 66, 214
BVerfG v. 17.10.1984 - 1 BvR 527/80, 528/81 und 441/82,	BVerfGE 68, 143

BVerfG v. 23.10.1985 - 1 BvR 1053/82, BVerfGE 71, 108
BVerfG v. 29.5.1990 - 1 BvL 20, 26, 184 u. 4/86, BVerfGE 82, 60

3. Finanzgerichtliche Entscheidungen
a) Entscheidungen des Bundesfinanzhofes

BFH v. 12.10.1951 - II z D 2/51 S,	BStBl III 1951, 217	= BFHE 55, 536
BFH v. 6.10.1953 I 55/53 U,	BStBl III 1953, 315	= BFHE 58, 61
BFH v. 8.1.1954 - III 50/52 S,	BStBl III 1954, 70	= BFHE 58, 410
BFH v. 2.3.1954 - I 133/53 S,	BStBl III 1954, 129	= BFHE 58, 573
BFH v. 15.10.1954 - III 148/54 U,	BStBl III 1955, 2	= BFHE 60, 1
BFH v. 25.2.1955 - III 187/51 U,	BStBl III 1955, 96	= BFHE 60, 243
BFH v. 13.3.1956 - I 209/55 U ,	BStBl III 1956, 149	= BFHE 63, 401
BFH v. 13.12.1956 - IV 421/55 U,	BStBl III 1957, 130	= BFHE 64, 343
BFH v. 25.7.1957 - IV 195/56 U,	BStBl III 1957, 346	= BFHE 65, 294
BFH v. 13.1.1961 - IV 295/58 U,	BStBl III 1961, 131	= BFHE 72, 350
BFH v. 9.10.1962 - I 167/62,	BStBl III 1963, 7	= BFHE 76, 14
BFH v. 27.3.1963 - I 201/62 U,	BStBl III 1963, 304	= BFHE 76, 837
BFH v. 16.5.1963 - IV 379/69 U,	BStBl III 1963, 400	= BFHE 77, 220
BFH v. 25.10.1963 - IV 433/62 S,	BStBl III 1964, 138	= BFHE 78, 355
BFH v. 31.1.1964 - VI 252/62 U,	BStBl III 1964, 187	= BFHE 78, 478
BFH v. 6.8.1964 - IV 215/62 U,	BStBl III 1964, 575	= BFHE 80, 279
BFH v. 29.4.1965 - IV 403/62 U,	BStBl III 1965, 414	= BFHE 82, 461
BFH v. 25.11.1965 - IV 299/63 U,	BStBl III 1966, 86	= BFHE 84, 232
BFH v. 28.3.1966 - VI 320/64,	BStBl III 1966, 456	= BFHE 85, 433
BFH v. 31. 5.1967- I 208/83,	BStBl III 1967, 607	= BFHE 89, 191
BFH v. 1.8.1968 - I 206/65,	BStBl II 1969, 66	= BFHE 94, 52
BFH v. 27.8.1968 - II R 82/67,	BStBl II 1968, 781	= BFHE 93, 344
BFH v. 3.2.1969 - GrS 2/68,	BStBl II 1969, 291	= BFHE 95, 31
BFH v. 29.10.1969 - I 93/64,	BStBl II 1970, 178	= BFHE 97, 350
BFH v. 2.3.1970 - Gr S 1/69,	BStBl II 1970, 382	= BFHE 98, 360
BFH v. 6.3.1970 - III R 20/66,	BStBl II 1970, 489	= BFHE 99, 50
BFH v. 29.7.1970 - I 130/65,	BStBl II 1970, 810	= BFHE 100, 32
BFH v. 5.8.1970 - I R 180/66,	BStBl II 1970, 804	= BFHE 100, 89
BFH v. 16.9.1970 - I R 196/67,	BStBl II 1971, 175	= BFHE 101, 76

BFH v. 2.10.1970 - III R 163/66,	BStBl II 1970, 822	= BFHE 100,213
BFH v. 20.11.1970 - VI R 44/69,	BStBl II 1971, 186	= BFHE 100,555
BFH v. 9.12.1970 - III R 47/69,	BStBl II 1971, 232	= BFHE 101,123
BFH v. 13.1.1972 - V R 47/71,	BStBl II 1972, 744	= BFHE 106,142
BFH v. 9.2.1972 - I R 205/66,	BStBl II 1972, 455	= BFHE 105, 15
BFH v. 18.7.1972 - VIII R 16/68,	BStBl II 1972, 884	= BFHE 106,432
BFH v. 26.7.1972 - I R 146/70,	BStBl II 1972, 937	= BFHE 107,118
BFH v. 14.11.1972 - VIII R 22/68,	BStBl II 1973, 182	= BFHE 108, 65
BFH v. 2.3.1973 - III R 88/69,	BStBl II 1973, 475	= BFHE 109, 63
BFH v. 26.11.1973 - GrS 5/71,	BStBl II 1974, 132	= BFHE 111,242
BFH v. 30.5.1974 - III R 75/73,	BStBl II 1974, 654	= BFHE 113,115
BFH v. 28.8.1974 - I R 66/72,	BStBl II 1975, 56	= BFHE 113,448
BFH v. 9.10.1974 - I R 122/73,	BStBl II 1975, 258	= BFHE 114,198
BFH v. 26.11.1974-VIII R61-62/73,	BStBl II 1975, 352	= BFHE 114,354
BFH v. 5.12.1974 - V R 30/74,	BStBl II 1975, 344	= BFHE 114,295
BFH v. 26.2.1975 - R 72/73,	BStBl II 1976, 13	= BFHE 115,243
BFH v. 26.2.1975 - I R 184/73,	BStBl II 1975, 443	= BFHE 115,238
BFH v. 6.3.1975 - IV R 146/70,	BStBl II 1975, 574	= BFHE 115,438
BFH v. 18.6.1975 - I R 24/73,	BStBl II 1975, 809	= BFHE 116,474
BFH v. 1.10.1975 - I R 207/73,	BStBl II 1976, 202	= BFHE 117,235
BFH v. 24.3.1976 - I R 139/73,	BStBl II 1976, 450	= BFHE 118,453
BFH v. 2.6.1976 - I R 20/74,	BStBl II 1976, 666	= BFHE 119,410
BFH v. 20.10.1976 - I R 112/75,	BStBl II 1977, 278	= BFHE 121,177
BFH v. 25.11.1976 - IV R 90/72,	BStBl II 1977, 467	= BFHE 120,499
BFH v. 17.3.1977 - IV R 218/72,	BStBl II 1977, 595	= BFHE 122, 70
BFH v. 18.8.1977 - VIII R 7/74,	BStBl II 1977, 796	= BFHE 123,176
BFH v. 16.11.1977 - I R 83/75,	BStBl II 1978, 386	= BFHE 124,501
BFH v. 9.2.1978 - IV R 201/74,	BStBl II 1978, 370	= BFHE 124,520
BFH v. 27.6.1978 - VIII R 12/72,	BStBl II 1979, 38	= BFHE 125,528
BFH v. 31.10.1978 - VIII R 182/75,	BStBl II 1979, 399	= BFHE 127,163
BFH v. 23.11.1978 - IV R 20/75,	BStBl II 1979, 143	= BFHE 126,448
BFH v. 6.12.1978 - I R 35/78,	BStBl II 1979, 262	= BFHE 126,549
BFH v. 16.2.1979 - III R 67/76,	BStBl II 1979, 279	= BFHE 127, 58
BFH v. 26.4.1979 - IV R 108/75,	BStBl II 1979, 734	= BFHE 128,453

BFH v. 22.5.1979 - III R 129/74,	BStBl II 1979, 634	= BFHE 128,289
BFH v. 28.5.1979 - I R 1/76,	BStBl II 1979, 734	= BFHE 128,367
BFH v. 5.10.1979 – III R 78/75,	BStBl II 1980, 16	= BFHE 128,575
BFH v. 22.1.1980 - VIII R 74/77,	BStBl II 1980, 244	= BFHE 129,485
BFH v. 30.1.80 - I R 89/79,	BStBl II 1980, 327	= BFHE 130, 28
BFH v. 25.11.1981- I R 54/77,	BStBl II 1982, 189	= BFHE 134,434
BFH v. 26.5.1982 - I R 180/80,	BStBl II 1982, 695	= BFHE 136,222
BFH v. 12.8.1982 - IV R 184/79,	BStBl II 1982, 696	= BFHE 136,280
BFH v. 28.4.1982 - I R 89/77	BStBl II 1982, 556	= BFHE 135,531
BFH v. 8.12.1981 - VIII R 125/79,	BStBl II 1982, 618	= BFHE 135,426
BFH v. 24.11.1982 - R 123/78,	BStBl II 1983, 113	= BFHE 137, 59
BFH v. 3.12.1982 - III R 132/81,	BStBl II 1983, 647	= BFHE 138,126
BFH v. 20.1.1983 - IV R 158/80,	BStBl II 1983, 413	= BFHE 138, 53
BFH v. 28.6.1983 - VIII R 179/79,	BStBl II 1984, 196	= BFHE 139,509
BFH v. 2.8.1983 - VIII R 170/78,	BStBl II 1983, 735	= BFHE 139, 76
BFH v. 11.10.1983 - VIII R 61/81,	BStBl II 1984, 267	= BFHE 140,177
BFH v. 9.12.1983 - III R 6/76,	BStBl II 1984, 190	= BFHE 128,367
BFH v. 13.10.1983 - IV R 160/78,	BStBl II 1984, 101	= BFHE 139,237
BFH v. 13.1.1984 - IV R 194/80,	BStBl II 1984, 315	= BFHE 140,246
BFH v. 19.1.1984 - IV R 224/80,	BStBl II 1984, 312	= BFHE 140,270
BFH v. 20.10.1983 - IV R 175/79,	BStBl II 1984, 221	= BFHE 139,561
BFH v. 29.11.1984 - V R 96/84,	BStBl II 1985, 271	= BFHE 142,319
BFH v. 13.12.1984 - VIII 249/80,	BStBl II 1985, 289	= BFHE 143, 50
BFH v. 25.1.1985 - III R 130/80,	BStBl II 1985, 309	= BFHE 143,192
BFH v. 17.4.1985 - I R 132/81,	BStBl II 1985, 617	= BFHE 144,213
BFH v. 7.11.1985 - IV R 7/83,	BStBl II 1986, 176	= BFHE 145,149
BFH v. 9.7.1986 - I R 218/82,	BStBl II 1987, 14	= BFHE 147,412
BFH v. 20.8.1986 - I R 150/82,	BStBl II 1987, 455	= BFHE 149, 25
BFH v. 24.3.1987 - GrS I R 202/83,	BStBl II 1987, 705	= BFHE 149,542
BFH v. 13.5.1987 - I B 179/86,	BStBl II 1987, 777	= BFHE 150,136
BFH v. 3.7.1987 - III R 7/86,	BStBl II 1987, 728	= BFHE 150,259
BFH v. 26.10.1987 - GrS 2/86,	BStBl II 1988, 348	= BFHE 151,523
BFH v. 2.12.1987 - X R 19/81,	BStBl II 1988, 502	= BFHE 152,108
BFH v. 11.12.1987 - III R 188/81,	BStBl II 1988, 493	= BFHE 152,125

BFH v. 16.12.1987 - X R 12/82,	BStBl II 1988, 539	= BFHE 152,284
BFH v. 5.2.1988 - III R 49/83,	BStBl II 1988, 737	= BFHE 153,269
BFH v. 2.9.1988 - III R 38/84,	BStBl II 1989, 160	= BFHE 154,573
BFH v. 8.12.1988 - IV R 33/87,	BStBl II 1989, 407	= BFHE 155,532
BFH v. 7.3.1989 - IX R 300/87,	BStBl II 1989, 768	= BFHE 157,332
BFH v. 1.6.1989 - IV R 64/88,	BStBl II 1989, 830	= BFHE 157,185
BFH v. 28.6.1989 - I R 25/88,	BStBl II 1989, 982	= BFHE 158, 97
BFH v. 10.8.1989 - XR 176-177/87,	BStBl II 1990, 15	= BFHE 158, 53
BFH v. 14.11.1989 - IX R 110/85,	BStBl II 1990, 462	= BFHE 159,442
BFH v. 16.2.1990 - III B 90/88,	BStBl II 1990, 794	= BFHE160,364
BFH v. 28.3.1990 - II R 30/89,	BStBl II 1990, 569	= BFHE 160,278
BFH v. 28.9.1990 - III R 178/86,	BStBl II 1991, 187	= BFHE 162,177
BFH v. 28.9.1990 - III R 77/89,	BStBl II 1991, 361	= BFHE 164,156
BFH v. 24.10.1990 - X R 43/89,	BStBl II 1991, 175	= BFHE 162,425
BFH v. 6.12.1990 - IV R 3/89,	BStBl II 1991, 346	= BFHE 163,126
BFH v. 4.6.1991 - X R 136/87,	BStBl II 1992, 70	= BFHE 165,349
BFH v. 26.8.1992 - I R 24/91,	BStBl II 1992, 977	= BFHE 169,163
BFH v. 5.5.1994 - VI R 100/93,	BStBl II 1994, 643	= BFHE 174,359
BFH v. 28.7.1994 - III R 47/92,	BStBl II 1994, 873	= BFHE 175,184
BFH v. 25.10.1994 - VIII R 65/91,	BStBl II 1995, 312	= BFHE 176,359
BFH v. 30.1.1995 - GrS 4/92,	BStBl II 1995, 281	= BFHE 176,267
BFH v. 20.9.1995 - X R 225/93,	BStBl II 1997, 320	= BFHE 178,434
BFH v. 8.2.1996- III R 126/93,	BStBl II 1996, 542	= BFHE 180,480
BFH v. 13.3.1997 - V R 13/96,	BStBl II 1997, 372 f.	= BFHE 182,423

BFH v. 14.6.1985 - V R 11/78,	BFH/ NV 1985, 58
BFH v. 8.2.1996 - III R 76/90,	BFH/ NV, 1996, 643

b) Entscheidungen der Finanzgerichte

aa) FG Baden-Württemberg

FG Baden-Württemberg v. 28.7.1994 - III R 47/92, HFR 1995, 78

bb) FG Berlin

FG Berlin v. 26.2.1975 - II 139/73, EFG 1975, 403

FG Berlin v. 8.7.1981 - II 154/80, EFG 1982, 59
FG Berlin v. 29.4.1982 - IV 340/80, EFG 1983, 105
FG Berlin v. 27.10.1982 - II 138/80, EFG 1983, 439
FG Berlin v. 8.7.1981 - II 154/80, EFG 1982, 59
FG Berlin v. 27.1.1982 - II 153/81, EFG 1982, 505
FG Berlin v. 29.4.1982 - IV 340/80, EFG 1983, 105
FG Berlin v. 18.9.1985 - II 292/82, EFG 1986, 107

cc) FG Bremen

FG Bremen v. 25.6.1992 - I 198/90 K, EFG 1993, 162

dd) FG Hamburg

FG Hamburg v. 22.11.1977 - VI 159/75, EFG 1978, 409
FG Hamburg v. 3.8.1988 - II 8/86, EFG 1989, 6
FG Hamburg v. 4.12.1989 - II 208/87, EFG 1990, 463

ee) FG Münster

FG Münster v. 21.10.1980 - VI 2429/76 E, EFG 1981, 279
FG Münster v. 9.5.1995 - 15 K 2358/93 U, EFG 1995, 859

4. Entscheidungen anderer Gerichte

a) Entscheidungen des Bundesgerichtshofes in Zivilsachen

BGH v. 4.11.1987 - VIII ZR 314/86,NJW 1988, 406 = BGHZ 102,135
BGH v. 18.10.1989-VIII ZR 325/88,NJW 1990, 320 = BGHZ 109, 97
BGH v. 24.1.1990 - VIII ZR 22/89, NJW 1990,1290 = BGHZ 110,130
BGH v. 4.10.1990 - I ZR 139/89, DB 1991, 587 = BGHZ 112,264
BGH v. 18.10.1989-VIII ZR 325/88, BGHZ 109, 97

b) Entscheidungen der Landgerichte

LG Konstanz v. 10.5.1996 - I S 292/95, NJW 1996, 2662

ABKÜRZUNGSVERZEICHNIS

a.A.	anderer Ansicht
Abs.	Absatz
Abschn.	Abschnitt
AfA	Absetzung für Abnutzung
AktG	Aktiengesetz
ÄndG	Änderungsgesetz
Anm.	Anmerkung
AO	Abgabenordnung
BB	Betriebs-Berater (Zeitschrift)
BFuP	Betriebswirtschaftliche Forschung und Praxis (Zeitschrift)
BewG	Bewertungsgesetz
BFH	Bundesfinanzhof
BFHE	Sammlung der Entscheidungen des Bundesfinanzhofs
BFH/NV	Sammlung amtlich nicht veröffentl. Entscheidungen des Bundesfinanzhofs
BGB	Bürgerliches Gesetzbuch
BGBl	Bundesgesetzblatt
BGH	Bundesgerichtshof
BGHZ	Entscheidungen des Bundesgerichtshofs in Zivilsachen
BMF	Bundesminister der Finanzen
BR	Bundesrat
BStBl I-III	Bundessteuerblatt
BT	Bundestag
BVerfG	Bundesverfassungsgericht
BVerfGE	Entscheidungen des Bundesverfassungsgerichts
CR	Computer und Recht (Zeitschrift)
DB	Der Betrieb (Zeitschrift)
DStJG	Jahresband der Deutschen Steuerjuristischen Gesellschaft
DStR	Deutsches Steuerrecht (Zeitschrift)
DStZ	Deutsche Steuer-Zeitung (Zeitschrift)
EDV	Elektronische Datenverarbeitung
EFG	Entscheidungen der Finanzgerichte (Zeitschrift)

EStDV	Einkommensteuer-Durchführungsverordnung
EStG	Einkommensteuergesetz
EStR	Einkommensteuer-Richtlinien
EuGH	Gerichtshof der Europäischen Gemeinschaften
EuGHE	Gerichtshof der Europäischen Gemeinschaft für Kohle und Stahl . Sammlung der Rechtsprechung des Gerichtshofs
e.V.	eingetragener Verein
f.	folgende
ff.	folgende (Seiten)
FG	Finanzgericht
FR	Finanz-Rundschau (Zeitschrift)
FN	Fußnote
FS	Festschrift
GG	Grundgesetz für die Bundesrepublik Deutschland
GoB	Grundsätze ordnungsgemäßer Buchführung
GrS	Großer Senat
GRUR	Gewerblicher Rechtsschutz und Urheberrecht
HdJ	Handbuch des Jahresabschlusses
HGB	Handelsgesetzbuch
h.M.	herrschende Meinung
Hrsg.	Herausgeber
IAS	International Accounting Standard
IASC	International Accounting Standards Committee
IdW	Institut der Wirtschaftsprüfung
InvZulG	Investitionszulagengesetz
i.V.m.	in Verbindung mit
i.S.	im Sinne von
KStG	Körperschaftsteuergesetz
m.w.N.	mit weiteren Nachweisen
NB	Neue Betriebswirtschaft (=Beilage zu: Betriebsberater) (Zeitschrift)
NJW	Neue Juristische Wochenschrift (Zeitschrift)
NJW-CoR	Computerreport der Neuen Juristischen Wochenzeitschrift
Nr.	Nummer

OFD	Oberfinanzdirektion
OLG	Oberlandesgericht
PatG	Patentgesetz
PC	Personalcomputer
Rdnr.	Randnummer
RG	Reichsgericht
S.	Satz, Seite
Schr.	Schreiben
StB	Der Steuerberater (Zeitschrift)
StbJb	Steuerberater-Jahrbuch
StKr	Steuerkongreß-Report
str.	streitig
StuW	Steuer und Wirtschaft (Zeitschrift)
u.a.	unter anderem
Ufita	Archiv für Urheber-, Film-, Funk- und Theaterrecht
UrhG	Urheberrechtsgesetz
UR	Umsatzsteuer-Rundschau (Zeitschrift)
UStG	Umsatzsteuergesetz
UStR	Umsatzsteuer-Richtlinien
UWG	Gesetz gegen den unlauteren Wettbewerb
VerlagsG	Gesetz über das Verlagsrecht
vgl.	vergleiche
v.	vom
WEG	Wohnungseigentumsgesetz
WPg	Die Wirtschaftsprüfung (Zeitschrift)
ZfbF	Schmalenbach's Zeitschrift für betriebswirtschaftliche Forschung
ZGR	Zeitschrift für Unternehmens- und Gesellschaftsrecht

EINLEITUNG

1. Problemstellung und Abgrenzungsfragen

Die Diskussion im Schrifttum im Hinblick auf die Einordnung als immaterielles Wirtschaftsgut hat sich bisher vorrangig auf die Frage konzentriert, unter welchen Voraussetzungen ein Wert abstrakt bilanzierungsfähig ist, einem Wert also Wirtschaftsgutqualität zukommt[1]. Auch die Zweifelsfragen im Bereich der abstrakten Bilanzierungsfähigkeit betreffen immaterielle Werte, doch geht es dabei um die Frage, unter welchen Voraussetzungen Aufwendungen überhaupt zu einem Wirtschaftsgut führen. Die vorliegende Untersuchung befaßt sich schwerpunktmäßig nicht mit der Frage, ob und unter welchen Voraussetzungen sich Aufwendungen zu einem Wirtschaftsgut verdichten, sondern damit, materielle und immaterielle Wirtschaftsgüter (Vermögensgegenstände) i.S. des § 5 Abs. 2 EStG (bzw. § 248 Abs. 2 HGB) voneinander abzugrenzen. Die Bedeutung dieser Abgrenzung geht über die Frage der Anwendbarkeit des § 5 Abs. 2 EStG (bzw. § 248 Abs. 2 HGB) hinaus, der die konkrete Bilanzierungsfähigkeit immaterieller Wirtschaftsgüter des Anlagevermögens an besondere Voraussetzungen knüpft. Das ergibt sich aus dem Umstand, daß Rechtsprechung und das überwiegende Schrifttum immaterielle Wirtschaftsgüter generell für nicht bewegliche Wirtschaftsgüter[2] halten, was Auswirkungen auf Abschreibungsmöglichkeiten und die Gewährung von Investitionszulagen hat.

Bei der Abgrenzung ergeben sich zwangsläufig auch Berührungspunkte mit Fragen der abstrakten Bilanzierungsfähigkeit, weil die nähere Konkretisierung des unbestimmten Rechtsbegriffs „immateriell"[3] nicht isoliert gesehen werden darf, sondern in Übereinstimmung mit den weiteren Ansatzfragen unter Berücksichtigung der Grundsätze ordnungsgemäßer Buchführung zu erfolgen hat.[4] Zudem hat die abstrakte Bilanzierungsfähigkeit

[1] Z.B. *Lamers*, Aktivierungsfähigkeit und Aktivierungspflicht immaterieller Werte, 1981; *Pfeiffer*, Das immaterielle Wirtschaftsgut, 1982; *Ley*, Der Begriff Wirtschaftsgut und seine Bedeutung für die Aktivierung, 1987; *Tiedchen*, Der Vermögensgegenstand im Handelsbilanzrecht, 1991; Hommel, Bilanzierung immaterieller Anlagewerte, 1998.

[2] Siehe 2. Teil. 2. Abschnitt. B. I. u. II., S. 186 ff.

[3] Im Gesetz wird der Plural "immaterielle" verwandt, wodurch sich jedoch keine sachlichen Abweichungen ergeben.

[4] Siehe 1. Teil. 2. Abschnitt. D. V., S. 65 ff.

Bedeutung für die Bestimmung des Abgrenzungsgegenstands, also für die Festlegung des Rahmens, in dem sich die Abgrenzungsfrage überhaupt stellt. Nicht erörtert werden grundsätzlich Fragen der Bilanzierung der Höhe nach, insbesondere die Frage, unter welchen Voraussetzungen Aufwendungen zu den Anschaffungs- oder Herstellungskosten materieller Wirtschaftsgüter zu zählen sind.

2. Stand der bisherigen Forschung und Methode der Arbeit

In Rechtsprechung und Literatur, die häufig aus dem wirtschaftswissenschaftlichen Bereich stammt, werden eine Reihe von Kriterien zur Abgrenzung materieller und immaterieller Wirtschaftsgüter vorgeschlagen.[5] Die Schwäche dieser bisher entwickelten Kriterien ist darin zu sehen, daß eine umfassende methodische Herleitung fehlt. Aus diesem Grunde bleibt häufig gleichzeitig die für die Abgrenzung im Einzelfall notwendige Konkretisierung aus. Zudem sind die Kriterien teilweise im Hinblick auf bestimmte immaterielle Wirtschaftsgüter (z.B. aus dem Forschungs- und Entwicklungsbereich oder Softwarebereich) entwickelt worden und insoweit an einzelnen Fällen orientiert. Deshalb bereitet die Übertragung dieser Kriterien auf immaterielle Wirtschaftsgüter mit anderen Merkmalen Probleme.

Einer begrenzt auf den tatsächlichen Bereich verstandenen Abgrenzung wird eine an der juristischen Methodenlehre orientierte Auslegung (grammatische, historische, systematische und teleologische Auslegung) entgegengesetzt. Auf dieser Grundlage sollen allgemein gültige Abgrenzungskriterien entwickelt und gleichzeitig auch ein Beitrag zur Systembildung geleistet werden.

3. Aufbau der Arbeit

Die Arbeit gliedert sich grob in einen abstrakten und konkreten Teil (unter Berücksichtigung der praktischen Bedeutung der Abgrenzung). Im abstrakten Teil werden zunächst allgemeine Grundlagen und Voraussetzungen ermittelt, die im konkreten Teil exemplarisch angewandt werden.

---

[5] Siehe 1. Teil. 2. Abschnitt. F. II. u. III., S. 88 ff.

Vor der eigentlichen Abgrenzung materieller und immaterieller Wirtschaftsgüter wird zunächst der Abgrenzungsgegenstand herausgearbeitet[6]. Dadurch wird bestimmt, unter welchen Voraussetzungen und in welchem Rahmen sich die Abgrenzungsfrage überhaupt stellt. Ausgangspunkt bei der Bestimmung des Abgrenzungsgegenstandes ist die Wirtschaftsgutdefinition. Der Umfang des Abgrenzungsgegenstandes ergibt sich, indem die Voraussetzungen für das Vorliegen selbständiger Wirtschaftsgüter oder unselbständiger Teile eines einheitlichen Wirtschaftsguts ermittelt werden.

Im Anschluß werden materielle und immaterielle Wirtschaftsgüter abgegrenzt, indem der unbestimmte Rechtsbegriff „immateriell" nach den herkömmlichen Auslegungskriterien ausgelegt wird[7]. Schwerpunkte bei der Auslegung nach den herkömmlichen Kriterien sind die systematische und teleologische Auslegung zur Ableitung inhaltlicher Abgrenzungskriterien. Im Rahmen der systematischen Auslegung werden unter Berücksichtigung des Maßgeblichkeitsprinzips Bezüge zu den Ergebnissen der Bestimmung des Abgrenzungsgegenstandes hergestellt und für die weitere Abgrenzung genutzt. Besonders hinzuweisen ist auf die zusätzlich vorzunehmende teleologische Auslegung, die zur weiteren Konkretisierung unverzichtbar ist. Im Rahmen der teleologischen Auslegung wird auch die Bedeutung einer wirtschaftlichen Betrachtungsweise erläutert. Abschließend werden die bisher in Literatur und Rechtsprechung entwickelten Abgrenzungskriterien vorgestellt und unter Berücksichtigung der Auslegungsergebnisse gewürdigt. Untersucht werden beispielhaft die Möglichkeiten von Rückschlüssen auf die einkommensteuerrechtliche Einordnung aus der umsatzsteuerrechtlichen Behandlung von Standardsoftware. Zusammenfassend wird als Abschluß des abstrakten Teils eine Definition auf der Grundlage der bisherigen Auslegung angeboten.

Im zweiten (konkreten) Teil werden zunächst die abstrakten Ergebnisse zur Bestimmung des Abgrenzungsgegenstandes, also zum Vorliegen eines Wertes mit Wirtschaftsgutqualität und eines selbständigen Wirtschaftsgutes, auf exemplarische Fallgruppen mit Beispielen angewandt[8]. Im folgenden

---

[6] Siehe 1. Teil. 1. Abschnitt, S. 5 ff.
[7] Siehe 1. Teil. 2. Abschnitt, S. 43 ff.
[8] Siehe 2. Teil. 1. Abschnitt. A., S. 109 ff.

werden die (abstrakten) Ergebnisse der methodengerechten Auslegung ebenfalls auf exemplarische Fallgruppen (im Rahmen eines Forschungs- und Entwicklungsprozesses hergestellte Wirtschaftsgüter, durch einen körperlichen Träger vermittelte immaterielle Teile und Abgrenzung immaterieller Wirtschaftsgüter von den Sachanlagen) angewandt[9]. Durch die Bildung der Fallgruppen wird den auftretenden Besonderheiten bei bestimmten Gruppen immaterieller Wirtschaftsgüter Rechnung getragen. Methodisch werden dabei wiederum Gemeinsamkeiten innerhalb der jeweiligen Fallgruppe „vor die Klammer gezogen". Schwerpunkt bei im Rahmen eines Forschungs- und Entwicklungsprozesses hergestellten Wirtschaftsgütern ist die Einordnung von Prototypen und bei durch körperliche Träger vermittelten immateriellen Teilen die Behandlung von Software.

Abschließend wird die praktische Bedeutung der Einordnung als materiell oder immateriell unter Berücksichtigung der bis dahin erzielten Ergebnisse erörtert[10]. Dazu wird die praktische Bedeutung der Abgrenzung für die konkrete Bilanzierungsfähigkeit aufgezeigt. Dabei werden insbesondere die weiteren Tatbestandsmerkmale des § 5 Abs. 2 EStG und die Beschränkung des Aktivierungsverbotes auf den Bereich des Anlagevermögens erörtert. Dargestellt wird das Verhältnis der Begriffe „immateriell" und „beweglich", das sich unmittelbar auf Abschreibungsmöglichkeiten und die Gewährung von Investitionszulagen auswirkt. Kurz werden die Folgen für die Darstellung der Vermögenslage des Unternehmens in der Bilanz dargestellt.

---

[9] Siehe 2. Teil. 1. Abschnitt. B., S. 114 ff.
[10] Siehe 2. Teil. 2. Abschnitt, S. 179 ff.

1. Teil: Abstrakter Teil

1. Abschnitt: Abstrakte Bestimmung des Abgrenzungsgegenstandes

Zunächst ist zu untersuchen, unter welchen Voraussetzungen sich die Abgrenzungsfrage überhaupt stellt. Dazu sind der Abgrenzungsgegenstand und sein Umfang zu bestimmen.

A. Wirtschaftsgutqualität[11] als Vorfrage

Erforderlich ist, daß die Aufwendungen zu einem Wert mit Wirtschaftsgutqualität führen. Immaterielle Werte sind nur dann zu aktivieren, wenn ihnen Wirtschaftsgutqualität zukommt, sie also abstrakt bilanzierungsfähig sind[12]. Es handelt sich demnach um eine Vorfrage im Verhältnis zum Abgrenzungsproblem. Die Voraussetzungen für das Vorliegen eines Wirtschaftsgutes grenzen das Problem gleichzeitig von der abstrakten Bilanzierungsfähigkeit her ein. Zudem werden die weiteren Ausführungen zeigen, daß die für die Wirtschaftsgutdefinition zu berücksichtigenden Grundsätze auch bei der Abgrenzung materieller und immaterieller Wirtschaftsgüter Bedeutung haben[13].

Im Einzelfall können Aufwendungen, die nicht zum Erwerb eines immateriellen Wirtschaftsgutes führen, zu den Anschaffungs-[14] oder Herstellungskosten[15] materieller Wirtschaftsgüter zu zählen sein. Dabei handelt

---

[11] Die Frage der abstrakten Bilanzierungsfähigkeit hat trotz des Aktivierungsverbotes für nicht entgeltlich erworbene Wirtschaftsgüter des Anlagevermögens weiterhin Bedeutung, weil das Aktivierungsverbot nicht immer anwendbar ist. § 5 Abs. 2 EStG steht z.B. der Aktivierung bei der Einlage eines immateriellen Wirtschaftsgutes nicht entgegen (siehe 2. Teil. 2. Abschnitt. A. I., S. 181 f.).

[12] *Littmann*, DStR 1969, 321 (322).

[13] Siehe 1. Teil. 2. Abschnitt. D. V. 2. a) und 3., S. 66 ff. und S. 69 f..

[14] Aufwendungen für eine Genehmigung können z.B. Anschaffungsnebenkosten sein, wenn diese z.B. im Zusammenhang mit dem Erwerb einer Sachanlage getätigt werden, um die Verfügungsgewalt über die Sachanlage zu erlangen (vgl. *Schnicke/Reichmann*, in: Beck´scher Bilanzkommentar, § 247 HGB Rdnr. 381). Wird eine Genehmigung dagegen getrennt erworben, so können Aufwendungen für den entgeltlichen Erwerb eines selbständigen immateriellen Wirtschaftsgutes vorliegen.

[15] Aufwendungen für eine Abstandszahlung können Herstellungskosten eines Gebäudes sein, wenn sie geleistet werden, um eine vorzeitige Räumung zur Durchführung eines Neubaus zu erreichen (BFH v. 29.7.1970 - I 130/65, BStBl II 1970, 810 = BFHE 100, 32; BFH v. 1.10.1975 - I R 243/73, BStBl II 1976, 184 = BFHE 117, 153; *Falterbaum*, Buchführung und Bilanz, 1996, S. 366). Dagegen können entgeltlich erworbene und selbständig

es sich jedoch um eine Frage der Aktivierung der Höhe nach, die hier nicht näher erörtert werden soll.[16]

I. Definition der Begriffe „Wirtschaftsgut“ und „Vermögensgegenstand“ in Literatur und Rechtsprechung

Nach überwiegender Ansicht sind die Begriffe „Wirtschaftsgut“ und „Vermögensgegenstand“ zwar inhaltlich identisch, doch sind die einzelnen Voraussetzungen umstritten[17]. Es handelt sich um einen unbestimmten Rechtsbegriff, der auszulegen ist[18]. Im Hinblick auf die einzelnen Voraussetzungen der Wirtschaftsgutdefinition wird nicht zwischen materiellen und immateriellen Werten unterschieden. Im Rahmen dieser allgemeinen Wirtschaftsgutdefinition werden deshalb auch immaterielle Werte, z.B. Rechte, Chancen und Vorteile für den Betrieb erfaßt[19].

1. Verkehrsfähigkeit

In Literatur und Rechtsprechung wird an die Verkehrsfähigkeit als Voraussetzung für das Vorliegen eines Wirtschaftsgutes angeknüpft. Unterschiedliche Ansichten bestehen jedoch darüber, ob die Verkehrsfähigkeit zu-

---

bewertbare immaterielle Wirtschaftsgüter vorliegen, wenn eine Zahlung an einen Vormieter geleistet wird, um einen Raum zu gewerblichen Zwecken nutzen zu können (BFH v. 13.12.1956 - IV 421/55 U, BStBl III 1957, 130 (131) = BFHE 64, 343; BFH v. 13.1.1961 - IV 295/58 U, BStBl II 1961, 131 = BFHE 72, 350 *Nieland*, in: *Littmann/Bitz/Hellwig*, §§ 4, 5 EStG Rdnr. 837 "Abstandszahlungen"). Aufwendungen für Forschungsbohrungen werden als Herstellungskosten für den Erwerb eines immateriellen Wirtschaftsguts "Know-how" (*Weber-Grellet*,in: *Schmidt*, 1997, § 5 EStG Rdnr. 270 "Explorationsaufwendungen"; *Döllerer / Rädler*, FR 1994, 808 (812); weitergehender BMF - Schreiben v. 20.5.1980 IV B - 2 S 2170 - 50/80, FR 1980, 319 f.), Aufwendungen für Förderungsbohrungen dagegen als Herstellungskosten der geförderten Rohstoffe angesehen [vgl. *Wolffgang*, in: *Kirchhof/Söhn*, § 5 EStG Rdnr. C 200 "Explorationsbohrungen"; *Döllerer / Rädler*, FR 1994, 808 (812)].

16 Die Bilanzierungsfähigkeit dem Grunde nach hängt von der Wirtschaftsgutqualität, insbesondere der Greifbarkeit durch selbständige Bewertbarkeit ab, diejenige der Höhe nach vom Ausmaß der "eindeutig abgrenzbaren Aufwendungen in Verbindung mit einem objektiv erkennbaren Zusammenhang, vgl. *Werndl*, in: *Kirchhof/Söhn*, § 6 EStG Rdnr. B 218.

17 Ausführlich *Plückebaum*, in: *Kirchhof/Söhn*, § 4 EStG, Rdnr. B 42 ff.; vgl. auch *Kempermann*, in: *Kirchhof/Söhn*, § 5 EStG, Rdnr. B 93.

18 *Häcker*, Der steuerrechtliche Begriff "Wirtschaftsgut", S. 16 ff.; *Pfeiffer*, StuW 1984, 326 (327).

19 Vgl. *Uelner*, StKr 1975, 95 (98).

sammen mit dem Unternehmen ausreicht oder selbständige Verkehrsfähigkeit zu fordern ist.

a) Verkehrsfähigkeit zusammen mit dem Unternehmen („Gesamtverkehrsfähigkeit"[20])

Die Rechtsprechung[21] verlangt für das Vorliegen eines Wirtschaftsgutes folgende Voraussetzungen, die gleichzeitig nebeneinander erfüllt sein müssen:

- einen wirtschaftlichen Wert,
- abgrenzbare Aufwendungen für den Wert (der Kaufmann muß sich das Gut etwas kosten lassen),
- die Greifbarkeit des Wertes,
- selbständige Bewertbarkeit,
- Nutzen für mehrere Wirtschaftsjahre.

Ein wirtschaftlicher Wert liegt vor, wenn das Gut einen vermögenswerten Vorteil für den Betrieb darstellt[22]. Entscheidend ist, ob der wirtschaftliche Wert für den Betrieb einen realisierbaren Vermögenswert beinhaltet, der Vorteil für den Betrieb also nutzbar ist[23]. Abgrenzbare Aufwendungen

---

[20] Vgl. zu diesem Begriff *Keitz*, Immaterielle Güter in der internationalen Rechnungslegung, 1997, S. 28.

[21] Grundlegend BFH v. 29.4.1965 - IV 403/62 U, BStBl III 1965, 414 (415) = BFHE 82, 461; BFH v. 29.10.1969 - I 93/64, BStBl II 1970, 178 (180) = BFHE 97, 350; BFH v. 2.3.1970 - Gr S 1/69, BStBl II 1970, 382 (383) = BFHE 98, 360; BFH v. 18.6.1975 - I R 24/73, BStBl II 1975, 809 (811) = BFHE 116, 474; BFH v. 26.2.1975 - I R 72/73, BStBl II 1976, 13 (14) = BFHE 115, 243 (selbständige Verkehrsfähigkeit nicht erforderlich); BFH v. 24.3.1976 - I R 139/73, BStBl II 1976, 450 = BFHE 118, 453 (für auf Anzahlungen laufend entrichtete USt); BFH v. 9.2.1978 - IV R 201/74, BStBl II 1978, 370 (371) = BFHE 124, 520: Aktivierung künftiger Ansprüche auf Umsatzprämien; BFH v. 26.4.1979 - IV R 108/75, BStBl II 1979, 734 (736 f.) = BFHE 128, 453; BFH v. 26.5.1982 - I R 180/80, BStBl II 1982, 695 (696) = BFHE 136, 222; BFH v. 9.7.1986 - I R 218/82, BStBl II 1987, 14 = BFHE 147, 412; BFH v. 13.5.1987 - I B 179/86, BStBl II 1987, 777 = BFHE 150, 136; BFH v. 28.3.1990 - II R 30/89, BStBl II 1990, 569 = BFHE 160, 278 (zum BewG); BFH v. 8.2.1996- III R 126/93, BStBl II 1996, 542 (543 f.) = BFHE 180, 480; vgl. auch *Pfeiffer*, Das immaterielle Wirtschaftsgut, 1982, S. 15 ff. und *Janke*, StuW 1994, 214 (217) zu den einzelnen Voraussetzungen nach der Rechtsprechung.

[22] BFH v. 29.4.1965 - IV 403/62, BStBl III 1965, 414 (415) = BFHE 82, 461.

[23] BFH v. 9.2.1978 - IV R 201/74, BStBl II 1978, 370 (371) = BFHE 124, 520; Pfeiffer, Das immaterielle Wirtschaftsgut, 1982, S. 21; *May*, Das Wirtschaftsgut, 1970, S. 26.

setzen voraus, daß sich der Kaufmann den Vorteil etwas kosten läßt[24]. Sie werden verlangt, da ansonsten zum Ansatz solcher Vorteile Ertragswertberechnungen vorgenommen werden müßten[25].

Die Voraussetzungen „Greifbarkeit“ und „selbständige Bewertbarkeit“ sind zentrale Kriterien dieser Definition[26]. Ein Gut ist nach der Rechtsprechung greifbar, wenn ein Erwerber des ganzen Unternehmens (bei unterstellter Unternehmensfortführung) ein besonderes Entgelt ansetzen würde[27]. Daraus ergibt sich eine Verknüpfung der Begriffe „Greifbarkeit“ und „selbständige Bewertbarkeit“, wobei diese Voraussetzungen jedoch insoweit als getrennt gesehen werden müssen, daß bei Greifbarkeit nicht automatisch auch selbständige Bewertbarkeit vorliegt. Die Greifbarkeit habe eine Objektivierungsfunktion und die selbständige Bewertbarkeit meine, daß eine Bewertbarkeit i.S. der gesetzlichen Bewertungsvorschriften möglich sein müsse.[28] Ein mehrjähriger Nutzen für das Unternehmen erfordert einen Nutzen über das Wirtschaftsjahr des Zugangs hinaus[29]. Entscheidend ist dabei nach überwiegender Ansicht, ob sich aus innerbetrieblicher Sicht eine

---

[24] BFH v. 29.4.1965 - IV 403/62, BStBl III 1965, 414 (415) = BFHE 82, 461.

[25] Moxter, DB 1978, 1804 (1808).

[26] BFH v. 18.6.1975 - I R 24/73, BStBl II 1975, 809 (811) = BFHE 116, 474; vgl. auch *Moxter*, StuW 1989, 232 (234).

[27] BFH v. 1.10.1975 - I R 207/73, BStBl II 1976, 202 = BFHE 117, 235; BFH v. 18.6.1975 - I R 24/73, BStBl II 1975, 809 = BFHE 116, 474; es erscheint problematisch, bei der näheren Definition der Greifbarkeit durch selbständige Bewertbarkeit ausdrücklich an die Teilwertdefinition (§ 6 Abs. 1 Nr. 1 Satz 3 EStG) anzuknüpfen (so *Weber-Grellet*, in: *Schmidt*, 1997, § 5 EStG Rdnr. 95; *Kempermann*, in: *Kirchhof/Söhn*, § 5 EStG, Rdnr. B 93), weil die Voraussetzungen für den Ansatz bei Identität der Begriffe "Wirtschaftsgut" und "Vermögensgegenstand" nach den Grundsätzen ordnungsgemäßer Buchführung zu beurteilen sind (siehe 1. Teil. 1. Abschnitt. A. III., S. 14 ff. zur Gültigkeit des Maßgeblichkeitsprinzips).

[28] Moxter, DB 1978, 1804 (1808): Greifbarkeit als Objektivierungskriterium, wobei der rechtliche Gehalt entscheidend sei; kritisch zum Kriterium "selbständige Bewertbarkeit" wegen der Verknüpfung mit der nachgeordneten Bewertungsfrage: *Glade, H.-J.*, Immaterielle Anlagewerte in Handelsbilanz, Steuerbilanz und Vermögensaufstellung, 1991, S. 47; *Kupsch*, WPg 1977, 663 (665).

[29] *Pfeiffer*, Das immaterielle Wirtschaftsgut, 1982, S. 152.

Nutzungsmöglichkeit ergibt[30]. Nach anderer Ansicht ist der Nutzen objektiv i.S. eines im Handelsverkehr bestimmbaren Wertes zu ermitteln[31].

Die Wirtschaftsgutdefinition der Rechtsprechung wird aufgrund ihrer Unbestimmtheit aus rechtsstaatlichen Gründen kritisiert. Für die Einschätzung eines gedachten Erwerbers gebe es in der Praxis kaum Anhaltspunkte[32]. Die „Greifbarkeit" als zentrale Voraussetzung dieser Definition führe zu einer einzelfallorientierten Abgrenzung. Das Kriterium der Greifbarkeit trage dem Vorsichtsprinzip als grundlegendes Prinzip ordnungsgemäßer Buchführung nur unvollkommen Rechnung[33].

In der Literatur wird die Greifbarkeit unter stärkerer Betonung des Vorsichtsprinzips teilweise enger gefaßt und im rechtlichen, nicht im wirtschaftlichen Sinne verstanden. Insbesondere nur tatsächliche Positionen und schlichte Vorteile seien nicht ausreichend für das Vorliegen eines Wirtschaftsgutes, da diesen die selbständige Bewertbarkeit und damit auch die Greifbarkeit fehle[34].

b) Selbständige Verkehrsfähigkeit

Soweit in der Literatur selbständige Verkehrsfähigkeit als Voraussetzung für das Vorliegen eines Wirtschaftsgutes verlangt wird, ist umstritten, ob konkrete oder abstrakte selbständige Verkehrsfähigkeit zu verlangen ist.

aa) Konkrete selbständige Verkehrsfähigkeit

Insbesondere das handelsrechtliche Schrifttum verlangt für das Vorliegen eines Wirtschaftsgutes selbständige Einzelverkehrsfähigkeit[35]. Diese ab-

---

[30] *Freericks*, Bilanzierungsfähigkeit und Bilanzierungspflicht in Handels- und Steuerbilanz, 1976, S. 146; *May*, Das Wirtschaftsgut, 1970, S. 27; *Pfeiffer*, Das immaterielle Wirtschaftsgut, 1982, S. 152 f.

[31] *Saage*, NB 1967, 1 (6); *Massen*, StB 1972, 61 (65).

[32] *Freericks*, Bilanzierungsfähigkeit und Bilanzierungspflicht in Handels- und Steuerbilanz, 1976, S. 321; *Tiedchen*, Der Vermögensgegenstand im Handelsbilanzrecht, 1991, S. 61.

[33] *Werndl*, in: *Kirchhof/Söhn*, § 6 EStG Rdnr. B 487; *Knobbe-Keuk*, Bilanz- und Unternehmenssteuerrecht, 1993, S. 89.

[34] Vgl. *Knobbe-Keuk*, Bilanz- und Unternehmenssteuerrecht, 1993, S. 92.

[35] *Werndl*, in: *Kirchhof/Söhn*, § 6 EStG Rdnr. B 487; *Freericks*, Bilanzierungsfähigkeit und Bilanzierungspflicht in Handels- und Steuerbilanz, 1976, S. 333 bis 335; *Schneider*, WPg

weichende Ansicht beruft sich auf den Gläubigerschutz als grundlegenden Zweck der Handelsbilanz[36]. Gewährleistet werden soll, daß nur Sachen, Rechte und sonstige Güter in die Bilanz aufgenommen werden, die als Schuldendeckungspotential gegenüber den Gläubigern in Betracht kommen. Das setze voraus, daß die Güter selbständig veräußerbar seien. Demnach scheiden u.a. Urheberrechte wegen § 29 Abs. 2 UrhG als Vermögensgegenstände aus.

bb) Kritik am Kriterium der selbständigen Verkehrsfähigkeit

Der BFH und Teile des Schrifttums lehnen die selbständige Verkehrsfähigkeit als Voraussetzung für das Vorliegen eines Wirtschaftsgutes als zu eng ab[37]. Der Geschäfts- und Firmenwert sei ebenfalls ein Wirtschaftsgut, keine Bilanzierungshilfe, könne aber nicht ohne den Betrieb veräußert werden[38]. Auch im handelsrechtlichen Schrifttum wird zunehmend bezweifelt, daß das Kriterium „selbständige Verkehrsfähigkeit" zur Konkretisierung der abstrakten Bilanzierungsfähigkeit geeignet ist[39]. Problematisch sei, daß bei konsequenter Anwendung dieses Kriteriums Güter nicht abstrakt bilanzierungsfähig seien, deren Ansatz als angemessen erscheine. Dem könne nur dadurch Rechnung getragen werden, daß Ausnahmen zugelassen würden, was wiederum zu einer einzelfallorientierten Abgrenzung führe[40].

c) Abstrakte selbständige Verkehrsfähigkeit

Den Kritikpunkt, daß bei konsequenter Anwendung des Kriteriums „konkrete selbständige Verkehrsfähigkeit" der Kreis der vom Ansatz ausge-

---

1971, 607 (608), selbständige Veräußerbarkeit als Voraussetzung; *Rodewald*, BB 1995, 2103 (2105).

[36] Siehe 1. Teil. 1. Abschnitt. A. VI., S. 20 f.; *Knobbe-Keuk*, Bilanz- und Unternehmenssteuerrecht, 1993, S. 88.

[37] BFH v. 26.2.1975 - I R 72/73, BStBl II 1976, 13 (14) = BFHE 115, 243; BFH v. 10.8.1989 - XR 176 - 177/87, BStBl II 1990, 15 (16) = BFHE 158, 53; ablehnend auch *Döllerer*, JbFfSt 1979/80, 195 (199); vgl. auch *Plückebaum*, in: *Kirchhof/Söhn*, § 4 EStG Rdnr. B 65.

[38] Siehe 1. Teil. 1. Abschnitt. B. II. 3., S. 40 f. (FN 179) zur Frage der Wirtschaftsgutqualität des Geschäfts- und Firmenwertes; BFH v. 26.2.1975 - I R 72/73, BStBl II 1976, 13 (14) = BFHE 115, 243.

[39] *Hommel*, ZfbF 1997, 345 (355).

[40] *Keitz*, Immaterielle Güter in der internationalen Rechnungslegung, 1997, S. 23.

schlossenen Güter zu weit gefaßt wird, berücksichtigen Teile der Literatur dadurch, daß lediglich „abstrakte selbständige Verkehrsfähigkeit" vorausgesetzt wird. Erforderlich sei nur die Möglichkeit, das Gut überhaupt zu veräußern. Ein gesetzliches oder konkretes Veräußerungsverbot sei unbeachtlich[41].

3. Selbständige Verwertbarkeit

Der Kritik an der Abgrenzung mit Hilfe der selbständigen Verkehrsfähigkeit wird in der Literatur auch durch Aufnahme des Kriteriums „selbständige Verwertbarkeit" in die Wirtschaftsgutdefinition begegnet. Es genüge, daß im Falle einer Zerschlagung mit Hilfe der Güter flüssige Mittel zur Schuldendeckung zu erlangen seien[42]. Gegen diese Definition wird wiederum vorgebracht, daß sie auf den Zerschlagungsfall abstelle[43]. Andere Teile der Literatur knüpfen deshalb zwar auch an die „selbständige Verwertbarkeit" an, allerdings im Fortführungsfall. Entscheidend sei, ob durch die Güter im Fortführungsfall bestehende Schulden getilgt werden könnten[44]. In der Literatur wird bei dem Kriterium „selbständige Verwertbarkeit", ähnlich wie beim Kriterium „Gesamtverkehrsfähigkeit", als problematisch angesehen, daß die Definition dadurch zu unbestimmt werde[45].

4. Einzelvollstreckbarkeit

Nach einer anderen Ansicht ist das Merkmal „Einzelvollstreckbarkeit" Teil der Wirtschaftsgutdefiniton[46]. Ausgangspunkt sei zwar die Unternehmensfortführung, jedoch sei entscheidend, daß die Möglichkeit bestehe, auf das

---

[41] *Knobbe-Keuk*, Bilanz- und Unternehmenssteuerrecht, 1993, S. 88.

[42] *Lamers*, Aktivierungsfähigkeit und Aktivierungspflicht immaterieller Werte, 1981, S. 205 bis 216; *Kupsch*, WPg 1977, 663 (666); ders., BB 1981, 212 (216 f.): Einzelverwertbarkeit; *Marx*, BB 1994, 2379 (2382): Bei Einzelverwertbarkeit über die Einzelveräußerbarkeit hinaus genüge die Überlassung von Herrschafts- und Nutzungsbefugnissen oder Verfügungsrechten an Dritte.

[43] Siehe 1. Teil. 1. Abschnitt. A. VI. 2., S. 22 f. zur Frage, ob die Handelsbilanz auf Fortführung oder Zerschlagung ausgerichtet ist.

[44] *Fabri*, Grundsätze ordnungsgemäßer Bilanzierung entgeltlicher Nutzungsverhältnisse, 1986, S. 47 bis 51.

[45] *Keitz*, Immaterielle Güter in der internationalen Rechnungslegung, 1997, S. 31: "zu unscharf"; *Tiedchen*, Der Vermögensgegenstand im Handelsbilanzrecht, 1991, S. 35 f.

[46] *Tiedchen*, Der Vermögensgegenstand im Handelsbilanzrecht, 1991, S. 44 bis 59.

Gut durch Einzelzwangsvollstreckung (im Gegensatz zum „normalen „ Geschäftsverkehr) zuzugreifen[47]. Das Kriterium wird dabei unter Berücksichtigung des Zwecks des Inventars abgeleitet. Dieser Zweck liege darin, die Gläubiger davor zu bewahren, daß der Schuldner im Konkursfall Teile des Vermögens beiseite schaffe[48].

Dieser Ansatz wird im handelsrechtlichen Schrifttum kritisiert. Das Inventar diene dazu, den Bestand eines Vermögens nachzuweisen, damit Entschädigungsforderungen eher durchsetzbar seien. Vorrangige Aufgabe des Inventars sei die Dokumentation, nicht ein Kapitalerhaltungszweck im Sinne des Gläubigerschutzes, wie es beim Jahresabschluß der Fall sei[49]. Außerdem könne auf ähnliche Werte und Urheberrechte nicht im Wege der Einzelzwangsvollstreckung zurückgegriffen werden[50].

5. Kombination der Kriterien „selbständige Verwertbarkeit" und „Einzelvollstreckbarkeit"

In der Literatur wird aufgrund der Schwächen der einzelnen Kriterien eine kombinierte Anwendung der selbständigen Verwertbarkeit und Einzelvollstreckbarkeit vorgeschlagen. Ein Rückgriff auf die Kriterien der „selbständigen Bewertbarkeit" und der „Greifbarkeit"[51] sei daneben nicht notwendig, da diese Voraussetzungen beim Vorliegen von selbständiger Verwertbarkeit ohnehin erfüllt seien[52].

---

[47] Pfändungsschutzvorschriften seien nicht zu berücksichtigen, *Tiedchen*, Der Vermögensgegenstand im Handelsbilanzrecht, 1991, S. 58 f.

[48] *Tiedchen*, Der Vermögensgegenstand im Handelsbilanzrecht, 1991, S. 26.

[49] *Baetge*, Bilanzen, S. 98; *Keitz*, Immaterielle Güter in der internationalen Rechnungslegung, 1997, S. 26 f.

[50] *Keitz*, Immaterielle Güter in der internationalen Rechnungslegung, 1997, S. 27 f., die u.U. eine Erweiterung des Kriteriums "selbständige Verwertbarkeit" für angemessen hält.

[51] Siehe 1. Teil. 1. Abschnitt. A. I. 1. a), S. 7 ff. zur Definition der Rechtsprechung.

[52] *Keitz*, Immaterielle Güter in der internationalen Rechnungslegung, 1997, S. 31 f.

II. Literatur und Rechtsprechung zur Frage der Identität der Begriffe „Wirtschaftsgut" und „Vermögensgegenstand"

Literatur[53] und Rechtsprechung[54] gehen von der Identität der Begriffe „Wirtschaftsgut" und „Vermögensgegenstand" aus. Die Auslegung des Begriffs „Wirtschaftsgut" habe unter Berücksichtigung des Maßgeblichkeitsprinzips[55] und damit der handelsrechtlichen Grundsätze ordnungsgemäßer Buchführung zu erfolgen. Die Auslegung der Begriffe „Wirtschaftsgut" und „Vermögensgegenstand" richte sich nach identischen Grundsätzen. Die Finanzgerichte hätten bei der Interpretation der Grundsätze ordnungsgemäßer Buchführung steuerrechtliche Gesichtspunkte außer Betracht zu lassen[56]. Daraus folge, daß der steuerrechtliche Begriff "Wirtschaftsgut" nicht weiter gehen könne als der handelsrechtliche Begriff "Vermögensgegenstand"[57].

Nach anderer Ansicht besteht eine solche Begriffsidentität nicht[58]. Diese Ansicht wird in der Literatur teilweise auf die Motive gestützt. Nach dem Erlaß des Bilanzrichtlinien-Gesetzes könne aufgrund der nicht erfolgten sprachlichen Angleichung der Begriffe „Vermögensgegenstand" und „Wirtschaftsgut" deren Identität nicht mehr als gesetzesimmanent verstanden

---

[53] *Claussen*, in: Kölner Kommentar, § 240 HGB Rdnr. 11; *Falterbaum*, Buchführung und Bilanz, 1996, S. 367; *Uelner*, StKr 1975, 95 (98); *Kupsch*, Wpg, 1977, 663 (666); *Kruse*, JbFfSt 1978/79, 172 (185); *Söffing*, JbFfSt 1978/79, 199 (212); *Beisse*, BB 1980, 637 (638); *Groh*, StbJb 1988/89, 187 (197); *Westerfelhaus*, DB 1995, 885 f.; vgl. auch *Großfeld*, NJW 1986, 955 (956) aus handelsrechtlicher Sicht.

[54] BFH v. 26.2.1975 - I R 72/73, BStBl II 1976, 13 (14) = BFHE 115, 243; BFH v. 6.12.1978 - I R 35/78, BStBl II 1979, 262 = BFHE 126, 549; BFH GrS v. 24.3.1987 - I R 202/83, BStBl II 1987, 705 (706) = BFHE 149, 542; BFH v. 26.10.1987 - GrS 2/86, BStBl II 1988, 348 (352) = BFHE 151, 523; BFH v. 26.8.1992 I R 24/91, BStBl II 1992, 977 = BFHE 169, 163.

[55] Siehe *Krieger*, in: FS für *Döllerer*, 1988, S. 327 (329 ff.) zur historischen Entwicklung des Maßgeblichkeitsprinzips.

[56] *Mathiak*, in: *Kirchhof/Söhn*, § 5 EStG Rdnr. A 84, B 56; *Beisse*, BB 1980, 637 (645); *Beisse*, StuW 1984, 1 (5).

[57] BFH v. 26.2.1975 - I R 72/73, BStBl II 1976, 13 (14) = BFHE 115, 243; BFH v. 26.10.1987 - GrS 2/86, BStBl II 1988, 348 = BFHE 151, 523.

[58] *Wichmann*, DStR 1987, 718, allerdings ohne nähere Begründung; *Plückebaum*, in *Kirchhof/Söhn*, § 4 EStG Rdnr. B 47; abweichend auch *Costede*, StuW 1995, 115 (116): Auslegung der handelsrechtlichen Grundsätze ordnungsgemäßer Buchführung unter Berücksichtigung der Zwecke der Steuerbilanz.

werden[59]. Teilweise wird ein abweichender Begriffsinhalt auch damit begründet, daß der Maßgeblichkeitsgrundsatz nicht zu einer unbedingten Bindung führe. Alle Rechtsbegriffe seien nach ihrem eigenen Sinnzusammenhang zu verstehen. Daher dürfe die Gleichsetzung von Vermögensgegenstand und Wirtschaftsgut nicht in einem unbedingten und ausschließlichen Sinne verstanden werden. Steuerrechtliche Gesichtspunkte seien bei der Interpretation der Grundsätze ordnungsgemäßer Buchführung zu berücksichtigen[60]. Die Vorschriften des EStG seien demnach unter Berücksichtigung des Prinzips der steuerlichen Leistungsfähigkeit auszulegen. Es sei nur soweit über den Maßgeblichkeitsgrundsatz des § 5 Abs. 1 EStG auf den handelsrechtlichen Grundsatz zurückzugreifen, wie dies der Funktion der Steuerbilanz entspreche[61].

III. Vorgaben aufgrund des Maßgeblichkeitsprinzips

Über den Maßgeblichkeitsgrundsatz (§ 5 Abs. 1 S. 1 EStG) ist die Steuerbilanz mit der Handelsbilanz verknüpft. Demnach ist das Betriebsvermögen anzusetzen, das nach den handelsrechtlichen Grundsätzen ordnungsgemäßer Buchführung auszuweisen ist[62]. Der Begriff „Grundsätze ordnungsgemäßer

---

[59] *Plückebaum*, in *Kirchhof/Söhn*, § 4 EStG Rdnr. B 47; *Keitz*, Immaterielle Güter in der internationalen Rechnungslegung, 1997, S. 30.

[60] *Schneider, D.*, StuW 1983, 141 (159); *Costede*, StuW 1995, 115 (116 und 118): Demnach sei der Begriff "Wirtschaftsgut" nicht sklavisch dem Begriff "Vermögensgegenstand nachzubilden, sondern auf seine Funktion im Rahmen der steuerlichen Gewinnermittlung abzustimmen, und aus diesem Grunde sei auch bei der Definition maßgeblich auf die Leistungsfähigkeit abzustellen (vgl. auch *Beisse*, BB 1980, 637 (638): Da der Maßgeblichkeitsgrundsatz steuerrechtlicher Natur sei, müsse er unter Berücksichtigung einkommensteuerrechtlicher Prinzipien ausgelegt werden).

[61] *Costede*, StuW 1995, 115 (116); vgl. auch *Schilling*, Bauten auf fremden Grundstücken im Einkommensteuerrecht, 1997, S. 81 ff.: Anwendbarkeit des § 5 Abs. 2 EStG setze bei Bauten auf fremden Grundstücken (wie auch bei den sog. Finanzwerten, z.B. Forderungen, Beteiligungen, Guthaben und Wertpapiere) neben dem Vorliegen eines Wirtschaftsgutes auch eine Erhöhung der Leistungsfähigkeit voraus.

[62] Teilweise wird bei einer etwaigen Anpassung des deutschen Bilanzrechts an angelsächsische Bilanzierungsgrundsätze der Maßgeblichkeitsgrundsatz als nicht mehr haltbar angesehen [Vgl. *Biener*, DStZ 1997, 345 (348)]. Im Hinblick auf das vorliegende Abgrenzungsproblem ist zweifelhaft, ob sich im Ergebnis durchgreifende Änderungen ergäben. Der IASC-Abschluß ist z.B. im Gegensatz zum statisch geprägten deutschen Abschluß an die anglo-amerikanische Rechnungslegung angelehnt und auf dynamische Bilanzierungsgrundsätze ausgerichtet [*Biener*, DStZ 1997, 345 (348)]. Im Zentrum stehen die Kapital-

Buchführung" läßt sich dabei als Oberbegriff in folgende Grundsätze aufgliedern:

- in die Grundsätze ordnungsgemäßer Buchführung im engeren Sinne (soweit sie die laufende Buchführung betreffen),
- in die Grundsätze ordnungsgemäßer Bilanzierung.[63]

1. Inhalt des Maßgeblichkeitsprinzips

Durch das Maßgeblichkeitsprinzip ergibt sich eine Verknüpfung des unter Berücksichtigung des Gläubigerschutzes höchstens entziehbaren Betrages mit der steuerlichen Ermittlung des vollen Gewinns[64]. Soweit der Maßgeblichkeitsgrundsatz gilt, ist von einer Einheitsbilanz[65] auszugehen. Dadurch, daß lediglich der - unter Berücksichtigung des Gläubigerschutzes entziehbare - Gewinn besteuert wird, ist gewährleistet, daß dem Staat die Einnahmequelle auch dauerhaft erhalten bleibt[66]. Hintergrund ist dabei der Gedanke, daß der Fiskus als quasi „stiller Teilhaber" nicht mehr fordern soll

---

marktorientierung [*Stein*, ZfbF 1994, 658 (663); *Clemm*, BFuP 1993, 427 (432)] und die Interessen der Anteilseigner [IASC, International Accounting Standards, 1995, Framework, Par. 10]. Zentrale Zwecke der Handelsbilanz im deutschen Recht sind demgegenüber die Dokumentation der Vermögenslage, die Rechenschaftslegung und die Kapitalerhaltung. Dadurch ergibt sich eine Ausrichtung der Handelsbilanz am Gedanken des Gläubigerschutzes [siehe 1. Teil. 1. Abschnitt. A.VI., S. 21; vgl. *Hommel*, ZfbF 1997, 345 (348); *Moxter*, in: FS für *Heigl*, 1995, S. 31 (34); *Beisse*, in: FS für *Beusch*, 1993, S. 77 (85); *Euler*, ZfbF 1990, S. 1036 (1040 f.)]. Allerdings gilt im Rahmen des IASC-Abschlusses gleichzeitig der Grundsatz der "decision -usefulness", den die Erfordernisse der Richtigkeit und Zuverlässigkeit ("reliability") und der Vergleichbarkeit ("comparability") näher ausgestalten [Framework, International Accounting Standards, 1995, Par. 24 - 46]. Diesem Grundsatz kann nur durch eine gewisse Objektivierung Rechnung getragen werden, wodurch sich die scheinbar gegensätzliche Ausrichtung zumindest annähert [*Hommel*, ZfbF 1997, 345 (351)]. Eine stärkere dynamische Ausrichtung im Ansatzbereich würde zudem zur stärkeren Betonung der periodengerechten Gewinnermittlung führen, was eine aus steuerrechtlicher Sicht zulässige gesetzgeberische Gestaltung wäre und früheren Tendenzen in der Rechtsprechung entspräche (siehe 1. Teil. 1. Abschnitt. A. VI. 3., S. 23 f.), allerdings nicht steuerneutral wäre.

63 *Mathiak*, in: *Kirchhof/Söhn*, § 5 EStG Rdnr. A 79; Döllerer, BB 1959, 1217.

64 BFH v. 3.2.1969 - GrS 2/68, BStBl II 1969, 291 = BFHE 95, 31; *Marx*, BB 1994, 2379 (2380).

65 *Döllerer*, BB 1965, 1405; ders., BB 1971, 1333; ders., BB 1987, Beilage 12; *Moxter*, StuW 1994, 97; *Mathiak*, in: *Kirchhof/Söhn*, § 5 EStG Rdnr. A 84; *Krieger*, in: FS für *Döllerer*, 1988, S. 327.

66 *Strobl*, StbJb 1994/95, 77 (84).

als ein Gesellschafter. Es soll nur der entziehbare und verteilungsfähige Gewinn besteuert werden. Der Staat nimmt damit über das Maßgeblichkeitsprinzip an der Risikovorsorge des Unternehmens teil.

2. Möglichkeit der Einschränkung des Maßgeblichkeitsprinzips durch immanente Zwecke der Steuerbilanz

Der Große Senat hat in seinem Beschluß vom 3.2.1969[67] die handelsrechtlichen Ansatzwahlrechte für die steuerrechtliche Gewinnermittlung nicht angewandt. Die handelsrechtliche Bilanzierungsfähigkeit führe einkommensteuerrechtlich zur Aktivierungspflicht. Die Verweisung auf die Grundsätze ordnungsgemäßer Buchführung in § 5 EStG sei auszulegen, wobei der Sinn und Zweck, der Zusammenhang mit den übrigen steuerrechtlichen Vorschriften über die Gewinnermittlung und die verfassungsrechtlichen Grundsätze zu beachten seien. Allenfalls könne steuerrechtlich aus der Verweisung eine Bindung an handelsrechtliche Aktivierungsverbote und Passivierungsverbote hergeleitet werden. Es entspreche dem Sinn und Zweck der steuerrechtlichen Gewinnermittlung, den vollen Gewinn zu erfassen.

Mit einer ähnlichen Argumentation wird in der Literatur die Bindung an die Grundsätze ordnungsgemäßer Buchführung bei der Bestimmung der einzelnen Kriterien der Wirtschaftsgutdefinition abgeschwächt. Der Begriff „Wirtschaftsgut" sei auf seine Funktion im Rahmen der steuerlichen Gewinnermittlung abzustimmen. Auf die Grundsätze ordnungsgemäßer Buchführung sei nur zurückzugreifen, soweit dies der Funktion der Steuerbilanz entspreche[68].

Die Entscheidung des Großen Senats vom 3.2.1969 ist in der Literatur auf Kritik gestoßen[69]. Ein Teil der Literatur will Einschränkungen des ausdrücklich in § 5 Abs. 1 EStG festgeschriebenen Maßgeblichkeitsgrundsatzes nur zulassen, soweit auch das entsprechende steuerrechtliche Prinzip im Gesetz festgeschrieben ist[70]. Mit dem im Gesetz verankerten Maßgeblich-

---

[67] BFH v. 3.2.1969 - GrS 2/68, BStBl II 1969, 291 = BFHE 95, 31.

[68] *Costede*, StuW 1995, 115 (116): Die Steuerbilanz verfolge den Zweck, den Gewinn für eine gerechte Einkommenbesteuerung zu ermitteln.

[69] *Thiel*, FR 1969, 165 f.; *Herrmann/Heuer/Raupach*, § 5 EStG Rdnr. 49g; *Maaßen*, DB 1970, 1285 ff.

[70] Vgl. auch *Crezelius*, DB 1994, 689 (691).

keitsgrundsatz sei es unvereinbar, wenn die im EStG nicht geregelte abstrakte Bilanzierungsfähigkeit durch den Rückgriff auf allgemeine steuerrechtliche Prinzipien eingeschränkt wird. Aus dem allgemeinen Prinzip der Besteuerung nach der wirtschaftlichen Leistungsfähigkeit ergäben sich keine konkreten Rechtsfolgen. Es sei Sache des Gesetzgebers, die Leistungsfähigkeit zu konkretisieren. Der Gesetzgeber habe dabei sein Ermessen bei der steuerrechtlichen Gestaltung in der Weise ausgeübt, daß die steuerrechtliche Leistungsfähigkeit am Ergebnis der handelsrechtlichen Gewinnermittlungsvorschriften zu messen sei, wenn dem nicht besondere steuerrechtliche Vorschriften entgegen stünden[71].

IV. Stellungnahme zum Maßgeblichkeitsprinzip und der Möglichkeit seiner Einschränkung

Eine Berücksichtigung des Leistungsfähigkeitsprinzips könnte von vornherein ausscheiden, wenn das Maßgeblichkeitsprinzip den Vorrang der Grundsätze ordnungsgemäßer Buchführung anordnet[72]. Das erscheint jedoch zweifelhaft, weil der Maßgeblichkeitsgrundsatz selbst wiederum steuerrechtlicher Natur ist und deshalb auch unter Berücksichtigung der Systematik und der immanenten Zwecke des EStG auszulegen ist[73]. Vor der Änderung des § 6 EStG im Jahre 1969[74] vertraten Teile des Schrifttums zu § 6 EStG in der alten Form (Wortlaut: „...Bewertung der einzelnen Wirtschaftsgüter, die dem Betriebe dienen...“) die Ansicht, daß der Ansatz als „Wirtschaftsgut“ eine rein steuerrechtliche Frage sei, die ohne Rückgriff auf die Grundsätze ordnungsgemäßer Buchführung zu beantworten sei[75]. Durch die Neufassung des § 6 Abs. 1 S. 1 EStG („Für die Bewertung der einzelnen Wirtschaftsgüter, die nach § 4 Abs. 1 oder nach § 5 als Betriebsvermögen

---

[71] *Knobbe-Keuk*, Bilanz- und Unternehmenssteuerrecht, 1993, S. 27.

[72] *Pezzer*, DStJG 1991, 3 (15), der allerdings selbst eine Einschränkung aufgrund des Maßgeblichkeitsgrundatzes für möglich hält.

[73] *Beisse*, BB 1980, 637 (638); **a.A.** *Crezelius*, DB 1994, 689 (691): Überspielen des Handelsbilanzrechts durch Zwecke des Bilanzsteuerrechts sei mit dem Wortlaut des § 5 Abs. 1 S. 1 EStG kaum vereinbar, da gerade ausgeschlossen werden solle, daß bei der steuerrechtlichen Gewinnermittlung ein anderer Sinn und Zweck als im Handelsbilanzrecht verfolgt werde.

[74] Durch das Gesetz vom 16.5.1969, BStBl I 1969, 421.

[75] Z.B. *Barske*, DB 1964, 1569 ff.; *Schrader*, DB 1966, 1144 ff.

anzusetzen sind, ...“) ist klargestellt, daß zumindest eine rein steuerrechtliche Begriffsbildung der gesetzlichen Regelung nicht entspricht[76]. Eine einschränkende Auslegung darf deshalb nicht dazu führen, daß der Maßgeblichkeitsgrundsatz völlig ausgehöhlt wird[77].

Auch darüber hinaus ist eine Einschränkung des Maßgeblichkeitsprinzips nur sehr eingeschränkt sachgerecht und kommt von vornherein nur in Betracht, wenn es durch die Verweisung auf die Grundsätze ordnungsgemäßer Buchführung zu einem Widerspruch zu steuerrechtlichen Prinzipien kommt[78]. Der aus den Grundsätzen ordnungsgemäßer Buchführung abzuleitende Begriff „Vermögensgegenstand“ müßte also den immanenten Zwecken des EStG, insbesondere dem Leistungsfähigkeitsprinzip, nicht Rechnung tragen. Das ist jedoch, aufgrund der objektiviert vorzunehmenden Definition des Begriffs „Vermögensgegenstand“, nicht der Fall[79]. Die Entscheidung des Gesetzgebers, einen Gleichlauf von Handels- und Steuerbilanz zu erreichen[80], ist zu respektieren. Für den Bereich der abstrakten Bilanzierungsfähigkeit ist deshalb richtig, im Zusammenhang mit dem Maßgeblichkeitsgrundsatz davon zu sprechen, es handele sich um eine „gesetzliche Konkretisierung des Leistungsfähigkeitsprinzips“[81]. Eine Ausnahme ist nur dann denkbar, wenn der Ansatz mit steuerrechtlichen Prinzipien schlicht unvereinbar und der Widerspruch nicht anders (z.B. auf der Bewertungsebene) zu lösen ist[82].

---

76 *Häcker*, Der steuerrechtliche Begriff "Wirtschaftsgut", 1980, S. 59 f.

77 Vgl. auch *Pezzer*, DStJG 1991, 3 (19).

78 Siehe 1. Teil. 2. Abschnitt. D. IV. 2. b), S. 61 ff. zu den besonders zu berücksichtigenden Prinzipien; 1. Teil. 1. Abschnitt. A. VII. 2., S. 29 zur Vereinbarkeit mit dem Leistungsfähigkeitsprinzip.

79 Siehe 1. Teil. 1. Abschnitt. A. VII. 2., S. 29 zur Vereinbarkeit von Wirtschaftsgutdefinition und Besteuerung nach der persönlichen Leistungsfähigkeit.

80 Siehe 1. Teil. 1. Abschnitt. A. III. 1., S. 14 ff. zum Sinn und Zweck des Maßgeblichkeitsprinzips.

81 *Knobbe-Keuk*, Bilanz- und Unternehmenssteuerrecht, 1993, S. 27, die diesen Begriff insgesamt auf den Maßgeblichkeitsgrundsatz bezieht.

82 Eine solche, ausnahmsweise zulässige, Abweichung vom Maßgeblichkeitsprinzip, kann darin gesehen werden, daß nach überwiegender Ansicht § 5 Abs. 2 EStG der Aktivierung im Falle einer Einlage nicht entgegensteht, wenn das Aktivierungsverbot als Grundsatz ordnungsgemäßer Buchführung angesehen und dessen Geltung ohnehin schon aufgrund des Maßgeblichkeitsgrundsatzes bejaht wird (siehe 2. Teil. 2. Abschnitt. A. I., S. 181 f.

V. Stellungnahme zur Identität der Begriffe „Wirtschaftsgut" und „Vermögensgegenstand"

Herauszustellen ist, daß der Regierungsentwurf des Bilanzrichtlinien-Gesetzes zunächst vorgesehen hatte, den handelsrechtlichen Begriff „Vermögensgegenstand" durch den steuerrechtlichen Begriff „Wirtschaftsgut" zu ersetzen. Das Ziel dieses Vorschlags war es, den unterschiedlichen Sprachgebrauch zwischen Handels- und Steuerbilanz für die Zukunft zu beseitigen. Zur Begründung wurde angeführt, die sprachliche Angleichung sei mit Rücksicht auf den Grundsatz der Maßgeblichkeit zweckmäßig, während eine materielle Rechtsänderung damit nicht verbunden sei[83]. Der Rechtsausschuß übernahm diesen Vorschlag mit der Begründung nicht, es solle verhindert werden, daß auch nur der Schein einer Rechtsänderung entstehe[84]. In der Literatur fand es ausdrückliche Zustimmung, daß keine sprachliche Angleichung des Wortlauts vorgenommen wurde[85]. Hingewiesen wurde darauf, daß bei einer Angleichung die Gefahr bestanden hätte, daß durch diese Änderung die bisherige tatsächliche Vorherrschaft des Steuerrechts zu einer rechtlichen Vorherrschaft verschärft worden wäre. Bereits in der Vergangenheit sei eine steuerrechtliche Auslegung des Begriffs „Wirtschaftsgut" erfolgt[86].

Wird die Identität der Begriffe „Wirtschaftsgut" und „Vermögensgegenstand" unter Rückgriff auf die Gesetzesbegründung bestritten, so ist dies deshalb nicht überzeugend, weil die Gründe für die Ablehnung der sprachlichen Angleichung dabei ins Gegenteil verkehrt werden. In der Tat hätte bei einer Angleichung des Wortlauts die Gefahr einer wieder zunehmenden dynamischen Auslegung des Begriffs bestanden[87]. Aus der Verknüpfung folgt gleichzeitig, daß die Begriffe inhaltlich identisch sind. Die abweichende Ansicht im Schrifttum ist deshalb abzulehnen.

---

zum Vorrang der Einlagenregelung; siehe 1. Teil. 2. Abschnitt. D. IV. 1., S. 58 f. zur Frage, ob das Aktivierungsverbot ein Grundsatz ordnungsgemäßer Buchführung ist).

[83] BR - Drucksache 10/317, S. 73.

[84] BT - Drucksache 10/4268, S. 89, S. 96.

[85] *Helmrich*, in: FS für *Döllerer*, 1988, S. 219 (223 f.): Sicherstellung der Steuerneutralität.

[86] *Großfeld*, NJW 1986, 955 (957).

[87] Siehe 1. Teil. 1. Abschnitt. A. VI. 3., S. 23 f. zur dynamischen Auslegung; Vgl. *Knobbe-Keuk*, Bilanz- und Unternehmenssteuerrecht, 1993, S. 87.

VI. Bei der Definition zu berücksichtigende Grundsätze ordnungsgemäßer Buchführung

Bevor eine Auseinandersetzung mit den unterschiedlichen Definitionen zum Begriff „Wirtschaftsgut" möglich ist, sind die Grundsätze, nach denen sich eine solche Definition zu richten hat, zu bestimmen. Insbesondere die ältere Rechtsprechung und das frühere Schrifttum bestimmten die Grundsätze ordnungsgemäßer Buchführung induktiv, indem die Bilanzierung der sorgfältigen und ordentlichen Kaufleute als entscheidend angesehen wurde[88]. Daraus ergibt sich eine Einordnung als Handelsbräuche[89]. Heute nehmen die Rechtsprechung und der überwiegende Teil der Literatur eine deduktive Ableitung aus den Zwecken der Rechnungslegung vor[90]. Teilweise wird auch eine kombinierte Methode vorgeschlagen, die ebenfalls an eine Deduktion aus den Zwecken des Jahresabschlusses anknüpft, daneben aber auch die Überzeugungen der sorgfältigen, ordentlichen Kaufleute und betriebswirtschaftliche Erkenntnisse einbezieht[91].

Eine induktive Ableitung der Grundsätze ordnungsgemäßer Buchführung ist problematisch, weil die Feststellung einer entsprechenden Bilanzierungspraxis regelmäßig Schwierigkeiten bereitet[92], und es bei bisher nicht bekannten Bilanzierungsproblemen eine solche Praxis regelmäßig nicht gibt[93]. Deshalb ist mit der h.M. von einer deduktiven Bestimmung der Grundsätze ordnungsgemäßer Buchführung auszugehen, die demnach aus den Bilanzierungszwecken abzuleiten sind.

Zusammengefaßt können die Bilanzierungszwecke wie folgt gegliedert werden[94]:

---

[88] BFH v. 7.5.1965 - VI 128, 129/64, StRK EStG § 5 R 533; *Glade, A.*, StbJb 1966/67, 375 (378).

[89] *Budde/Raff*, in: Beck'scher Bilanzkommentar, § 243 HGB Rdnr. 1 ff.

[90] BFH v. 12.5.1966 - IV R 472/60, BStBl II 1966, 371 = BFHE 86, 118; BFH v. 31. 5.1967- I 208/83, BStBl III 1967, 607 = BFHE 89, 191; BFH v. 3.2.1969 - GrS 2/68, BStBl II 1969, 291; *Döllerer*, BB 1959, 1217; *Kempermann*, in: *Kirchhof/Söhn*, § 5 EStG Rdnr. B 45; *Biener*, DStZ 1997, 345 (FN 2).

[91] *Beisse*, StuW 1984, 1 (8); *Baetge*, in: *Küting/Weber*, Kap. II, Rdnr. 91.

[92] *Tiedchen*, Der Vermögensgegenstand im Handelsbilanzrecht, 1991, S. 11.

[93] *Kropff*, in: *Geßler/Hefermehl/Eckardt/Kropff*, § 149 AktG Rdnr. 10.

[94] Anknüpfend an: *Leffson*, Grundsätze ordnungsgemäßer Buchführung, 157 ff.; *Baetge*, in: *Küting/Weber*, Handbuch der Rechnungslegung, Kap. II Rdnr. 95 ff.; *Kempermann*, in: *Kirchhof/Söhn*, § 5 EStG Rdnr. B 53; *Federmann*, S. 48 f.; *Burkel*, BB 1985, 838 f.

- die Dokumentation als grundlegender Buchführungszweck,
- die Rechenschaft und Information des Kaufmanns gegenüber sich selbst und Dritten,
- die Kapitalerhaltung.

Insbesondere aus dem Zweck der Kapitalerhaltung läßt sich das Erfordernis des Gläubigerschutzes ableiten. Der Gläubigerschutz wird dabei als zentraler Grundsatz des deutschen Bilanzrechts angesehen[95]. Aus diesen Zwecken sind im einzelnen Grundsätze ordnungsgemäßer Buchführung abzuleiten. Im folgenden werden lediglich die für die Definition relevanten Grundsätze und ihre Bedeutung erörtert.

1. Vorsichts- und Vollständigkeitsprinzip

Dem zentralen Grundsatz der Kapitalerhaltung und damit des Gläubigerschutzes trägt das Vorsichtsprinzip Rechnung[96]. Der Gläubigerschutz ist nur dann effektiv, wenn die Ertragslage des Unternehmens wahrheitsgetreu wiedergegeben wird[97]. Das Vorsichtsprinzip ist Grundsatz ordnungsgemäßer Buchführung[98]. Es kommt in mehreren Vorschriften zum Ausdruck (§§ 248 Abs. 2. 252 Abs. 1 Nr. 4[99], 258 Abs. 1 HGB). Insoweit handelt es sich mittlerweile um einen geschriebenen Grundsatz ordnungsgemäßer Buchführung. Dem steht im Hinblick auf die Einordnung des inzwischen in § 248 Abs. 2 HGB normierten Aktivierungsverbotes nicht der Beschluß des Großen Senats vom 3.2.1969[100] entgegen, weil sich dieser ausdrücklich nur auf die Zeit vor Erlaß von § 153 Abs. 3 AktG 1965 bezieht.

---

95 *Ballwieser*, ZfbF 1982, 772 (773); *Böcking*, ZfbF 1986, 930 (932); *Euler*, ZfbF 1990, S. 1036 (1040 f.); ders., ZfbF 1991, 191 (192); *Beisse*, in: FS für *Beusch*, 1993, S. 77 (85); ders., in: FS für *Moxter*, 1994, S. 3 (4); Moxter, in: FS für *Heigl*, 1995, S. 31 (34); *Hommel*, ZfbF 1997, 345 (348).

96 *Kempermann*, in: *Kirchhof/Söhn*, § 5 EStG Rdnr. B 96.

97 *Thiel, J.*, DStJG 1991, 161 (167); daneben sind das Realisationsprinzip, das Imparitätsprinzip und weitere Vereinfachungsprinzipien zu berücksichtigen, vgl. *Hommel*, ZfbF 1997, 345 (348).

98 *Herrmann/Heuer/Raupach*, § 5 EStG Rdnr. 1701; *Kempermann*, in: *Kirchhof/Söhn*, § 5 EStG Rdnr. B 96; *Claussen, Carsten P.*, in: Kölner Kommentar, § 240 HGB Rdnr. 9.

99 Imparitäts- und Realisationsprinzip.

100 BFH v. 3.2.1969 - GrS 2/68, BStBl II 1969, 291 = BFHE 95, 31.

Das Vollständigkeitsprinzip ist ebenfalls Grundsatz ordnungsgemäßer Buchführung[101]. Es trägt der Rechenschafts-, Dokumentationsfunktion und der Kapitalerhaltung Rechnung. Aus diesem, in § 246 Abs. 1 HGB kodifizierten, Prinzip ergibt sich, daß der Jahresabschluß grundsätzlich sämtliche Vermögensgegenstände enthalten muß. Dabei ist zudem zu berücksichtigen, daß die Handelsbilanz ein den tatsächlichen Verhältnissen entsprechendes Bild der Vermögenslage zu vermitteln hat[102] (vgl. § 264 Abs. 2 HGB). Dem Vorsichts- und Vollständigkeitsprinzip ist demnach nebeneinander Rechnung zu tragen.

2. Grundsatz der Unternehmensfortführung in Abgrenzung zur Einordnung als Zerschlagungsbilanz

Die Frage, ob auf die Unternehmensfortführung oder Zerschlagung abzustellen ist, knüpft ebenfalls an den zentralen Grundsatz des Gläubigerschutzes an. Nach inzwischen wohl überwiegender Ansicht ist die Handelsbilanz vorrangig auf die Unternehmensfortführung ausgerichtet. Der Grundsatz der Unternehmensfortführung wird im Schrifttum als Grundsatz ordnungsgemäßer Buchführung angesehen[103]. Die Handelsbilanz weise nach ihrer rechtlichen Ausgestaltung keine Vollstreckungsobjekte, sondern Fortführungsvermögen aus.[104] Nach anderer Ansicht ist die Handelsbilanz aufgrund des Gläubigerschutzes als „Zerschlagungsbilanz" anzusehen[105].

---

[101] *Kempermann*, in: *Kirchhof/Söhn*, § 5 EStG Rdnr. B 59, B 66.

[102] *Beisse*, in: FS für *Beusch*, 1993, S. 77 (85); *Moxter*, in: FS für *Heigl*, 1995, S. 31 (34); *Breidert*, Grundsätze ordnungsgemäßer Abschreibungen auf abnutzbare Anlagegegenstände, 1995, S. 5; *Burkhardt*, Grundsätze ordnungsgemäßer Bilanzierung für Fremdwährungsgeschäfte, 1988, S. 30 f.; *Ciric*, Grundsätze ordnungsgemäßer Wertaufhellung, 1995, S. 10; *Euler*, ZfbF 1990, 1036 (1040 f.); *Hastedt*, Gewinnrealisation beim Finanzierungs-Leasing, 1992, S. 17 f.; *Hommel*, Grundsätze ordnungsgemäßer Bilanzierung für Dauerschuldverhältnisse, 1992, S. 13; *Naumann*, Bewertungseinheiten im Gewinnermittlungsrecht der Banken, 1995, S. 44; *Wüstemann*, ZfbF 1995, 1029 (1032).

[103] Grundlegend, *Simon*, Die Bilanzen, 1899; *Budde/Geißler*, in: Beck' scher Bilanzkommentar, § 252 HGB Rdnr. 9; *Werndl*, in: *Krichhof/Söhn*, § 6 EStG Rdnr. A 144 ff.; *Leffson*, Die Grundsätze ordnungsgemäßer Buchführung, S. 188; *Baetge/Kirsch*, in: *Küting/Weber*, Handbuch der Rechnungslegung, Bd. Ia, Rdnr. 311 f; *Keitz*, Immaterielle Güter in der internationalen Rechnungslegung, 1997, S. 22.

[104] Vgl. auch *Gschwendtner*, in: FS für *Beisse*, 1997, S. 215 (225 f.).

[105] Siehe 1. Teil. 1. Abschnitt. A. I. 3., S. 11.

Es erscheint nicht überzeugend, die Handelsbilanz als auf die Unternehmenszerschlagung gerichtet anzusehen, da das Gesetz Hinweise darauf enthält, daß in der Handelsbilanz die Unternehmensfortführung zugrunde gelegt wird. Das ist auch im Gesetz in § 252 Abs. 1 Nr. 2 HGB zum Ausdruck gekommen, allerdings im Rahmen der Bewertungsvorschriften. Für die Ansatz- und Bewertungsfrage können jedoch im Hinblick auf diese zentrale Frage nicht unterschiedliche Grundsätze gelten[106]. Eine Ausrichtung der Handelsbilanz auf eine Unternehmenszerschlagung findet im Gesetz dagegen keine Stütze[107]. Es ist nicht ersichtlich, daß die Bilanz im Rechtssinne der Aufnahme von Vermögenswerten dienen soll, die zur Schuldendeckung verwendbar sind, also für die Gläubiger als Vollstreckungsobjekte dienen können[108].

3. Vereinbarkeit der herausgearbeiteten Grundsätze ordnungsgemäßer Buchführung mit betriebswirtschaftlichen Bilanztheorien

Es ist zu beachten, daß das Erfordernis einer Auslegung nach den handelsrechtlichen Grundsätzen ordnungsgemäßer Buchführung die Steuerbilanz nicht zu einer betriebswirtschaftlichen Bilanz macht. Die betriebswirtschaftliche Bilanz dient vorrangig internen Zwecken, während die Steuerbilanz durch die gesetzliche Ausgestaltung bestimmt wird. Die Steuerbilanz läßt sich aus diesem Grunde grundsätzlich nicht mit Bilanztheorien in Einklang bringen, denen vorrangig innerbetriebliche Zweckbestimmungen zugrunde liegen, wenn sich diese im Gesetz nicht niedergeschlagen haben[109]. Zu untersuchen ist, ob und in welchem Umfang die betriebswirtschaftliche Bilanztheorien im Gesetz zum Ausdruck gekommen sind. In diesem

---

[106] *Gschwendtner*, in: FS für *Beisse*, 1997, S. 215 (225 f.); *Beisse*, DStR 1980, 213 (215); *Keitz*, Immaterielle Güter in der internationalen Rechnungslegung, 1997, S. 22, wo auch mit dem Passivierungsgebot für Aufwandsrückstellungen (§ 249 Abs. 1 S. 2 HGB) argumentiert wird, das im Widerspruch zu einer Zerschlagungsbilanz stehe, da Aufwendungen für die Instandhaltung bei einer unterstellten Zerschlagung keine Innenverpflichtung begründen könnten.

[107] *Hommel*, ZfbF 1997, 345 (355).

[108] *Döllerer*, JbFfSt 1979/80, 195 (199 f.); *Gschwendtner*, in: FS für *Beisse*, 1997, S. 215 (225).

[109] *Knobbe-Keuk*, Bilanz- und Unternehmenssteuerrecht, 1993, S. 13; *Pfeiffer*, Das immaterielle Wirtschaftsgut, 1982, S. 97.

Zusammenhang lassen sich zwei Gegenpole im Rahmen der betriebswirtschaftlichen Bilanzauffassungen unterscheiden: die dynamische[110] und die statische[111] Bilanzauffassung. Grundgedanke der dynamischen Interpretation ist es, Aufwendungen, die dem Betrieb voraussichtlich auch in späteren Jahren nutzen, auf die Jahre der Nutzung zu verteilen[112]. Die statische Bilanzauffassung sieht die Bilanz dagegen „gegenständlich". Vorrangige Aufgabe der Bilanz sei die Vermögensdarstellung[113].

Eine rein dynamische Sichtweise und Auslegung des Begriffs „Vermögensgegenstand" ist mit dem Vorsichtsprinzip als Grundsatz ordnungsgemäßer Buchführung unvereinbar[114]. Mit der gesetzlichen Ausgestaltung des Vorsichtsprinzips geht eine Objektivierung einher[115] (vgl. z.B. das Tatbestandsmerkmal „entgeltlicher Erwerb" in § 248 Abs. 2 HGB, durch das eine zusätzliche Objektivierung erreicht wird, indem die Aktivierung an Anschaffungskosten, nicht an Herstellungskosten geknüpft wird, die nur unter erheblicher Zurechnungswillkür zu ermitteln sind). Aus der, im Rahmen des Vorsichtsprinzips erfolgten, Objektivierung ergibt sich eine statische Grundkonzeption des Bilanzsteuerrechts[116]. Diese stärkere Betonung des Vorsichtsprinzips führt dabei zu Steuerverschiebungen in zukünftige Perioden und hat eine Finanzierungswirkung für das Unternehmen zur Folge[117]. Damit stehen einige ältere Urteile des BFH nicht im Einklang, die die periodengerechte Erfassung des Gewinns überbetonen und damit von einer nicht der gesetzlichen Regelung entsprechenden, dynamischen Auslegung ausgehen[118].

---

110 *Schmalenbach*, Dynamische Bilanz12, 1956.

111 Grundlegend *Simon*, Die Bilanzen, 1899; *Le Coutre, W.*, Was sagt mir die Bilanz ? 1956.

112 Vgl. zur dynamischen Bilanztheorie: *Schmalenbach*, Dynamische Bilanz', 12. Aufl., S. 36 ff. und 57 ff.; *Knobbe-Keuk*, Bilanz- und Unternehmenssteuerrecht, 1993, S. 86; *Tipke/Lang*, Steuerrecht, 1996, § 9, Rdnr. 341.

113 *Keitz*, Immaterielle Güter in der internationalen Rechnungslegung, 1997, S. 13.

114 Vgl. *Knobbe-Keuk*, Bilanz- und Unternehmenssteuerrecht, 1993, S. 87.

115 *Moxter*, DB 1978, 1804 (1805, 1808): "Ermessensbeschränkung".

116 Vgl. hierzu *Beisse*, JbFfSt 1978/79, 186 (187); ders. DStR 1980, 243 (244).

117 Vgl. *Kraus-Grünewald,* in: FS *Beisse*, S. 285 (290).

118 Z.B. BFH v. 9.10.1962 - I 167/62, BStBl III 1963, 7 (8) = BFHE 76, 14 (für die "Zusammenballung" von Werbeaufwand für mehrere Jahre in einem Wirtschaftsjahr); vgl. auch *Beisse*, JbFfSt 1978/79, 186 ff. (dynamisch-statische Auffassung der Rechtsprechung

VII. Stellungnahme zur Wirtschaftsgutdefinition

Zunächst werden die Voraussetzungen für die abstrakte Bilanzierungsfähigkeit mit einer zusammenfassenden Definition erarbeitet. Im Anschluß wird überprüft, ob die erarbeitete Definition mit steuerrechtlichen Prinzipien im Einklang steht. Abschließend wird das Verhältnis der abstrakten Wirtschaftsgutdefinition zum Vorliegen eines entgeltlichen Erwerbs als Voraussetzung für die konkrete Bilanzierungsfähigkeit erörtert.

1. Ableitung der Voraussetzungen für die abstrakte Bilanzierungsfähigkeit unter Berücksichtigung der bisherigen Ergebnisse

Die konkrete selbständige Verkehrsfähigkeit widerspricht dem Grundsatz der Unternehmensfortführung und ist aus diesem Grunde abzulehnen. Der Definition mit Hilfe der abstrakten selbständigen Verkehrsfähigkeit ist entgegenzuhalten, daß sie im Bereich der rein wirtschaftlichen Werte, in dem sich vor allem Schwierigkeiten ergeben, keine wesentlich größere Konkretisierung und Objektivierung als die Definition der Rechtsprechung leistet, weil sie bei diesen Werten regelmäßig konstruiert werden kann[119]. Bei der selbständigen Verwertbarkeit ist wiederum problematisch, daß Güter nicht erfaßt werden, deren Ausschluß vom Ansatz nicht gerechtfertigt ist.

Die Einzelvollstreckbarkeit ist als Kriterium abzulehnen, weil zweifelhaft ist, ob unter Berücksichtigung des Prinzips der Unternehmensfortführung der Zweck des Inventars darin gesehen werden kann, Gläubiger davor zu bewahren, daß der Schuldner Teile des Vermögens beiseite schafft[120]. Zudem wird zu Recht darauf hingewiesen, daß die konsequente Anwendung dieses Kriteriums ebenfalls zum Ausschluß von Werten aus dem Kreis der Wirtschaftsgütern führt, der unter Berücksichtigung des Gedankens der Unternehmensfortführung nicht gerechtfertigt ist. Eine Kombination der Kriterien „Einzelvollstreckbarkeit" und „selbständige Bewertbarkeit" erscheint inkonsequent. Hält man die Dokumentation des Vermögens und der Schulden für

---

zu Zeiten dynamischen Bilanzdenkens) und *Häcker*, Der steuerrechtliche Begriff "Wirtschaftsgut", 1980, S. 78 ff.

[119] *Moxter*, BB 1987, 1846 (1848).

[120] Widerspruch ausdrücklich verneinend *Tiedchen*, Der Vermögensgegenstand im Handelsbilanzrecht, 1991, S. 51.

die primäre Aufgaben des Inventars[121] und sieht die Handelsbilanz als auf die Unternehmensfortführung gerichtet an, so kann an dieses Kriterium nicht zur Bestimmung der Wirtschaftsgutdefiniton angeknüpft werden[122].

Aus dem Grundsatz der Unternehmensfortführung folgt, daß es auf die Möglichkeit des Unternehmens ankommt, aus zukünftigen Erträgen seine Schulden tilgen zu können, nicht aus Erlösen aus der Veräußerung von Betriebsvermögen. Daher ist die selbständige Bewertbarkeit der weiteren Nutzung im Unternehmen entscheidend. Die Kriterien der Rechtsprechung sind geeignet, dem Grundsatz der Unternehmensfortführung Geltung zu verschaffen[123]. Daraus ergibt sich außerdem, daß die Sicht eines Erwerbers des gesamten Unternehmens bei unterstellter Betriebsfortführung entscheidend ist. Aus der notwendigen Objektivierung ergibt sich, daß es auf einen gedachten Erwerber und die selbständige Bewertbarkeit der weiteren Nutzbarkeit im Betrieb ankommt. Anknüpfend an eine Fortführungsbilanz wird damit die Erwartung objektiviert, daß das Unternehmen in der Lage ist, seine Schulden aufgrund der Unternehmenstätigkeit zu tilgen. Nicht überzeugen kann es allerdings, wenn im Zusammenhang mit der Definition der Rechtsprechung auf die Teilwertdefinition (§ 6 Abs. 1 Nr. 1 S. 3 EStG) verwiesen wird[124]. Zwar spiegelt sich auch in dieser steuerrechtlichen Bewertungsvorschrift wider, daß der Grundsatz der Unternehmensfortführung zugrunde gelegt wird, doch hat die Definition des Begriffs „Wirtschaftsgut“ allein nach den Grundsätzen ordnungsgemäßer Buchführung zu erfolgen.

Der Definition der Rechtsprechung mit den zentralen Merkmalen „selbständige Bewertbarkeit“ und „Greifbarkeit“ ist demnach zu folgen. Die „Greifbarkeit“ liegt dabei regelmäßig vor, wenn der Wert selbständig

---

[121] Siehe 1. Teil. 1. Abschnitt. A. I. 4., S. 12 zur Kritik am Kriterium "Einzelvollstreckbarkeit".

[122] Siehe *Keitz*, Immaterielle Güter in der internationalen Rechnungslegung, 1997, die auf S. 22 vom Grundsatz der Unternehmensfortführung ausgeht und auf S. 26 als primäre Aufgabe des Inventars die Dokumentation des Vermögens ansieht, aber gleichzeitig auf S. 31 die "Einzelvollstreckbarkeit ergänzend heranziehen will.

[123] *Schreiber*, in: *Blümich*, § 5 EStG Rdnr. 306.

[124] Vgl. *Kempermann*, in: *Kirchhof/Söhn*, § 5 EStG Rdnr. B 93.

bewertbar im hier verstandenen Sinne ist,[125] da bei selbständiger Bewertbarkeit gleichzeitig auch eine entsprechende Objektivierung gewährleistet ist. Umgekehrt ist jedoch beim Vorliegen eines greifbaren Wertes mit rechtlichem Gehalt nicht automatisch dessen selbständige Bewertbarkeit gegeben.[126] Die kritischen Stimmen weisen allerdings zu Recht darauf hin, daß die Definition der Rechtsprechung relativ unbestimmt ist. Die Anforderungen an den Objektivierungsgrad bei wirtschaftlichen Werten dürfen jedoch auch nicht überspannt werden, da bei rein wirtschaftlichen Werten letztendlich keine mit materiellen Werten vergleichbare Konkretisierung erreichbar ist. Gewisse Unsicherheiten im Hinblick auf die Werthaltigkeit im Bereich der immateriellen Wirtschaftsgüter sind aufgrund der Gesetzessystematik zu billigen. Die Existenz des § 5 Abs. 2 EStG mit den darin enthaltenen weiteren Voraussetzungen für die konkrete Bilanzierungsfähigkeit zeigt gerade, daß die abstrakte Bilanzierungsfähigkeit zweifelhaft sein kann. Zudem ermöglicht eine nicht zu eng gefaßte Definition, neue Entwicklungen bei der weiteren Konkretisierung einzubeziehen[127]. Berücksichtigt man dies, so stellt die Definition mit den zentralen Voraussetzungen „Greifbarkeit“ und „selbständige Bewertbarkeit“ einen vertretbaren Kompromiß zwischen Vorsichts- und Vollständigkeitsprinzip dar.

Das Vorliegen eines wirtschaftlichen Wertes ist als Voraussetzung unverzichtbar, wenn nicht bereits das Vorliegen eines wirtschaftlichen Gutes als Voraussetzung für einen Vermögensgegenstand (Wirtschaftsgut) verlangt wird, weil ohne wirtschaftlichen Wert auch kein wirtschaftliches Gut vorliegt.[128] Da der Nutzen für das Unternehmen sich aus der Nutzbarkeit in mehreren Wirtschaftsjahren ergibt, sollte präzisierend auf diese abgestellt

---

[125] Vgl. Tiedchen, Der Vermögensgegenstand im Handelsbilanzrecht, S. 60 ff. zum Verständnis des Begriffs, wenn Einzelverkehrsfähigkeit verlangt und selbständige Bewertungsfähigkeit als Möglichkeit der Beimessung eines Wertes verstanden wird.

[126] *Hommel*, Bilanzierung immaterieller Anlagewerte, 1998, S. 206.

[127] *Eibelshäuser*, Immaterielle Anlagewerte in der höchstrichterlichen Finanzrechtsprechung, 1983, S. 74; *Hommel*, Bilanzierung immaterieller Anlagewerte, 1998, S. 145 ff., zur weiteren Konkretisierung, wobei dieser selbst das Kriterium der Greifbarkeit für zu unbestimmt hält.

[128] *Freericks*, Bilanzierungsfähigkeit und Bilanzierungspflicht in Handels- und Steuerbilanz, 1976, S. 148; *Tiedchen*, Der Vermögensgegenstand im Handelsbilanzrecht, S. 9 und 66.

werden[129]. Überwiegend wird ein längerfristiger Nutzen für die Wirtschaftsgutqualität vorausgesetzt.[130] Dieses Kriterium ist jedoch wiederum relativ unbestimmt, weil unsicher ist, wann ein Nutzen längerfristig ist.[131] Zudem ist eine Zukunftserwartung zu beurteilen.[132] Ein zusätzlicher Objektivierungseffekt ist dem Kriterium jedoch nicht abzusprechen. Auch unter Berücksichtigung der mit dem Kriterium „Greifbarkeit" verbundenen Unsicherheiten ist diese zusätzliche Voraussetzung deshalb anzuerkennen.

In der Literatur ist umstritten, ob der zu erwartende Nutzen betriebsindividuell[133] oder generell zu bestimmen ist.[134] Anknüpfend an den Grundsatz der Unternehmensfortführung ist von einer betriebsindividuellen Betrachtungsweise auszugehen, die auch der Bestimmung der selbständigen Bewertbarkeit zugrunde liegt. Zu betonen ist jedoch, daß sich eine betriebsindividuelle Nutzbarkeit auch bei der Möglichkeit der Veräußerung des Vorteils ergeben kann.[135] Daneben ist für die weitere Objektivierung ohne entgeltlichen Erwerb das Vorliegen von Aufwendungen zu verlangen.
Zusammenfassend ist deshalb die folgende, leicht abgewandelte[136] Definition der Rechtsprechung zugrunde zu legen:

- abgrenzbare Aufwendungen,

---

[129] Siehe oben (S. 26) zur Herleitung der Nutzbarkeit aus den Grundsätzen ordnungsgemäßer Buchführung.

[130] BFH v. 29.4.1965 - IV 403/62 U, BStBl II 1965, 414 (415) = BFHE 82, 461; BFH v. 28.5.1979 - I R 1/76, BStBl II 1979, 734 (737) = BFHE 128, 367; BFH v. 6.12.1990 - IV R 3/89, BStBl II 1991, 346 = BFHE 163, 126; zuletzt BFH v. 19.6.1997 - IV R 16/95, BStBl II 1997, 808 = BFHE 183, 484; *Freericks*, Bilanzierungsfähigkeit und Bilanzierungspflicht, 1976, S. 324; *Stapperfend*, Die steuer- und bilanzrechtliche Behandlung von Software, 1991, S. 31 f.;

[131] *Eibelshäuser*, Immaterielle Anlagewerte in der höchstrichterlichen Finanzrechtsprechung, 1983, S. 170.

[132] *Hommel*, Bilanzierung immaterieller Anlagewerte, 1998, S. 62.

[133] *Walter*, Zur Aktivierungsfähigkeit immaterieller Anlagewerte in der Handels- und Steuerbilanz, 1982, S. 180.

[134] *Tiedchen*, Der Vermögensgegenstand im Handelsbilanzrecht, S. 66.

[135] Siehe 2. Teil. 1. Abschnitt. B. II. 1. e) bb), S. 124 f. zur Einordnung von Prototypen; anders *Tiedchen*, Der Vermögensgegenstand im Handelsbilanzrecht, S. 66, die im Hinblick auf eine mögliche Veräußerung daran anknüpfen will, ob das "Gut generell nützlich ist".

[136] Die Definition ist in der Hinsicht abgewandelt, daß direkt an die Nutzbarkeit im Zusammenhang mit dem Vorliegen eines wirtschaftlichen Wertes angeknüpft wird, und die Kriterien Greifbarkeit und selbständige Bewertbarkeit verknüpft werden.

- ein wirtschaftlicher Wert für das Unternehmen durch die Nutzbarkeit in mehreren Wirtschaftsjahren,
- Greifbarkeit und selbständige Bewertbarkeit der Nutzbarkeit dieses Wertes (die voraussetzt, daß ein gedachter Erwerber des Unternehmens bei Fortführung des Unternehmens für die Nutzbarkeit ein besonderes Entgelt ansetzen würde).

2. Vereinbarkeit der Definition mit immanenten Grundsätzen und Prinzipien der Steuerbilanz

Diese Definition ist gleichzeitig geeignet, die Besteuerung nach der persönlichen Leistungsfähigkeit zu gewährleisten, indem sie u.a. an das Vorliegen eines wirtschaftlichen Wertes durch die Nutzbarkeit in mehreren Wirtschaftsjahren für das Unternehmen voraussetzt. Diese Kriterien spiegeln zudem eine Erhöhung der persönlichen Leistungsfähigkeit wider. Die gleichzeitige Objektivierung, indem Greifbarkeit durch selbständige Bewertbarkeit verlangt wird, steht dem nicht entgegen. Die persönliche Leistungsfähigkeit ist nur erhöht, wenn dem Unternehmen tatsächlich ein nutzbarer Wert zugegangen ist. Eine Übermaßbesteuerung wird dadurch vermieden, daß nur ein Vermögenszuwachs berücksichtigt wird, der ein gewisses Maß an Sicherheit erreicht. Ein nicht gesichert erscheinender Vermögenszuwachs indiziert keine Erhöhung der persönlichen Leistungsfähigkeit[137]. Diese erforderliche Sicherheit ist zumindest dann nicht vorhanden, wenn der Vermögenszuwachs mit Unwägbarkeiten und Zweifeln behaftet ist.

Die von der Rechtsprechung und Teilen der Literatur angewandte, unter Berücksichtigung der Grundsätze ordnungsgemäßer Buchführung entwickelte, Wirtschaftsgutdefinition drückt demnach grundsätzlich auch eine erhöhte Leistungsfähigkeit des Unternehmens aus[138]. Deshalb stellt sich von vornherein die Frage nicht, ob der Maßgeblichkeitsgrundsatz grundsätzlich unter dem Vorbehalt der Vereinbarkeit mit steuerrechtlichen Prinzipien steht.

---

[137] Vgl. *Pezzer*, DStJG 1991, 3 (24 f.), zur Frage, ob das Imparitätsprinzip mit dem Leistungsfähigkeitsprinzip vereinbar ist.

[138] *Gschwendtner*, in: FS für *Beisse*, 1997, S. 215 (229 f.).

3. Unterscheidung zwischen entgeltlichem Erwerb und Wirtschaftsgutdefinition

Ausdrücklich ist darauf hinzuweisen, daß ein entgeltlicher Erwerb nicht für das Vorliegen eines Wirtschaftsgutes genügt[139]. Insofern ist streng zu unterscheiden zwischen der abstrakten Bilanzierungsfähigkeit, also dem Vorliegen eines Wirtschaftsgutes und der konkreten Bilanzierungsfähigkeit. § 5 Abs. 2 EStG enthält lediglich besondere Voraussetzungen für die konkrete Bilanzierungsfähigkeit, regelt aber nicht die abstrakte Bilanzierungsfähigkeit[140], sondern setzt diese voraus[141]. Nur dann, wenn die Voraussetzungen für die abstrakte Bilanzierungsfähigkeit vorliegen, ist ein immaterielles Wirtschaftsgut des Anlagevermögens unter den weiteren, konkreten, von § 5 Abs. 2 EStG aufgestellten, Bilanzierungsvoraussetzungen zu aktivieren. Der entgeltliche Erwerb ist kein Element der Wirtschaftsgutdefinition[142]. Diese Unterscheidung ist im Gesetz angelegt, indem nach § 5 Abs. 1 S. 1 EStG das Betriebsvermögen anzusetzen ist, „das nach den handelsrechtlichen Grundsätzen ordnungsgemäßer Buchführung auszuweisen ist“. Die BFH-Rechtsprechung hat diese notwendige Unterscheidung in einigen älteren Urteilen vernachlässigt und vor Aufnahme des Aktivierungsverbotes ins EStG ein Wirtschaftsgut schon beim Vorliegen von Anschaffungskosten angenommen[143].

In der Literatur wird im Zusammenhang mit der Abgrenzung immaterieller Einzelwirtschaftsgüter vom Geschäfts- und Firmenwert vertreten, die

---

[139] Umgekehrt kann in der Praxis die Frage der abstrakten Bilanzierungsfähigkeit offenbleiben, wenn zumindest die Voraussetzungen für eine konkrete Bilanzierungsfähigkeit nicht vorliegen, weil ein entgeltlicher Erwerb i.S. des § 5 Abs. 2 EStG fehlt; vgl. z.B. BFH v. 13.12.1984 - VIII 249/80, BStBl II 1985, 289 (291) = BFHE 143, 50.

[140] *Wolffgang*, in: *Kirchhof/Söhn*, § 5 EStG Rdnr. C 65; *Hommel*, Bilanzierung immaterieller Anlagewerte, 1998, S. 180; *Pfeiffer*, StuW 1984, 326 (329); anders *Crezelius*, ZGR 1987, 1 (19); *Keitz*, Immaterielle Wirtschaftsgüter in der internationalen Rechnungslegung, 1997, S. 37.

[141] Siehe 1. Teil. 2. Abschnitt. D. II, S. 57 zur systematischen Stellung des § 5 Abs. 2 im EStG.

[142] *Lamers*, Aktivierungsfähigkeit und Aktivierungspflicht immaterieller Werte, 1981, S. 230; ähnlich *Richter*, in: *Wysocki/Schulze-Osterloh*, HdJ, Abt. II/2 (1990), Die immateriellen Anlagewerte, Rdnr. 66; Differenzierend: *Westerfelhaus*, DB 1995, 885 (886): zweistufige Ermittlung der bilanzierungsfähigen Vermögensgegenstände.

[143] BFH v. 13.3.1956 - I 209/55 U, BStBl III 1956, 149 (150) = BFHE 63, 401.

Bewertbarkeit ergebe sich bei wirtschaftlichen Werten (anders als bei Rechten) grundsätzlich nur bei einer entsprechenden Berücksichtigung der Parteien im Rahmen einer vertraglichen Vereinbarung, welche die Werte weiter konkretisiere[144]. Verlangt man für die abstrakte Bilanzierungsfähigkeit wirtschaftlicher Werte grundsätzlich eine ausdrückliche Parteivereinbarung[145], so liegt regelmäßig auch ein entgeltlicher Erwerb als Voraussetzung für die konkrete Bilanzierungsfähigkeit vor, weil § 5 Abs. 2 EStG als Grundlage für die Objektivierung gerade an eine solche Marktbestätigung durch eine Vereinbarung unter Marktteilnehmern[146] anknüpft.

B. Vorliegen von selbständigen Wirtschaftsgütern

Neben der abstrakten Bilanzierungsfähigkeit ist zu ermitteln, in welchem Rahmen sich die Abgrenzungsfrage überhaupt stellt, welche Teile also einzubeziehen sind, wenn es darum geht, einen im Vordergrund stehenden Teil zu ermitteln. Das hängt davon ab, inwieweit selbständige Wirtschaftsgüter vorliegen oder ob es sich um ein, aus unselbständigen Teilen bestehendes, einheitliches Wirtschaftsgut handelt. Ein gesonderter Ausweis eines materiellen oder immateriellen Wirtschaftsgutes scheidet aus, soweit ein einheitliches Wirtschaftsgut vorliegt. Es wird sich zudem zeigen, daß die Kriterien, nach denen das Vorliegen eines selbständigen Wirtschaftsgutes zu bestimmen sind, zur weiteren Konkretisierung des hier zu untersuchenden Abgrenzungsproblems beitragen.

Das Vorliegen eines einheitlichen Wirtschaftsgutes hat auf der Ansatzebene Bedeutung für die konkrete Bilanzierungsfähigkeit (§ 5 Abs. 2 EStG). Liegt ein einheitliches Wirtschaftsgut vor und ergibt die Abgrenzung, daß der körperliche Teil hinter den immateriellen Teil zurücktritt, so scheidet eine getrennte Erfassung des körperlichen Teils als eigenständiges Wirtschaftsgut

---

[144] *Hommel*, ZfbF 1997, 345 (357 f.), wonach bei wirtschaftlichen Werten für die Greifbarkeit erforderlich ist, daß der Bilanzierende die wirtschaftliche Existenz im Zugangszeitpunkt auch durch einen entgeltlichen Erwerb belegen könne, wobei allerdings für mittelbar rechtlich abgesicherte wirtschaftliche Werte eine Ausnahme gelte.

[145] Siehe 1. Teil. 1. Abschnitt. B. II. 3., S. 40 ff. zur Bedeutung einer besonderen vertraglichen Vereinbarung für das Vorliegen selbständiger Wirtschaftsgüter.

[146] Siehe 2. Teil. 2. Abschnitt. A. I., S. 180.

aus. Das Wirtschaftsgut ist insgesamt als immateriell anzusehen[147]. Das Aktivierungsverbot erstreckt sich daher auch auf einen gegenüber dem immateriellen untergeordneten materiellen Teil[148]. Das einheitliche Wirtschaftsgut ist ohne Rücksicht auf die übrigen, untergeordneten Bestandteile als materiell oder immateriell einzuordnen[149].

Umgekehrt ist beim Vorliegen selbständiger Wirtschaftsgüter aufgrund des Grundsatzes der Einzelbewertung auch ein getrennter Ansatz vorzunehmen. Der Einzelbewertungsgrundsatz begrenzt insoweit die Bildung von Bewertungseinheiten[150]. Auf der Bewertungsebene hat die Frage, ob ein einheitliches oder mehrere selbständige Wirtschaftsgüter vorliegen, für die Abschreibungsmöglichkeiten des Unternehmens Bedeutung. Selbständige Wirtschaftsgüter sind grundsätzlich auch für die Zwecke der Absetzung für Abnutzung besondere Bewertungseinheiten[151], was sich erheblich auf die zu berücksichtigende Nutzungsdauer auswirken kann.

I. Voraussetzungen für das Vorliegen eines selbständigen Wirtschaftsgutes nach Literatur und Rechtsprechung

Näher zu untersuchen ist, wann von einem einheitlichen, nicht trennbaren Wirtschaftsgut auszugehen ist. Die Frage wird in der Literatur als dogmatisch weitgehend ungeklärt angesehen[152]. Die Rechtsprechung bejaht das Vorliegen eines selbständigen Wirtschaftsgutes nur bei gleichzeitiger selbständiger Bewertbarkeit. Selbständig bewertbar sei ein Wirtschaftsgut, wenn es nach der Verkehrsanschauung einzeln von Bedeutung und im Falle einer

---

[147] BFH v. 3.7.1987 - III R 7/86, BStBl II 1987, 728 (731) = BFHE 150, 259; *Richter*, in: *Wysocki/Schulze-Osterloh*, HdJ, Abt. II/2 (1990), Die immateriellen Anlagewerte, Rdnr. 25; *Kählert/Lange*, BB 1993, 613 (614).

[148] *Kropff*, in: *Geßler/Hefermehl/Eckardt/Kropff*, § 153 AktG Rdnr. 55.

[149] *Glanegger*, in: FS für *Ludwig Schmidt*, S. 145 (147).

[150] *Weber-Grellet*, Das Steuerbilanzrecht, 1996, S. 95.

[151] *Bordewin*, in: *Hartmann/Böttcher/Nissen/Bordewin*, §§ 4 - 5 EStG Rdnr, 725 (für Gebäudeteile).

[152] *Costede*, StuW 1995, 115 (118); siehe aber aus der Rechtsprechung BFH v. 16.2.1990 - III B 90/88, BStBl II 1990, 794 (795 f.) = BFHE 160, 364: zum Verhältnis von Systemsoftware und Hardware; BFH v. 6.12.1990 - IV R 3/89, BStBl II 1991, 346 (347 f.) = BFHE 163, 126 (bodenschatzführenden Schichten als nicht selbständiges Wirtschaftsgut gegenüber dem Grund und Boden).

Veräußerung greifbar sei[153]. Die Verkehrsanschauung werde durch einen etwaigen gemeinsamen Zweck der einzelnen Teile, der Festigkeit der Verbindung der Teile (z.B. § 93 BGB), den Zeitraum, auf den die gemeinsame Nutzung und Verbindung angelegt ist, und das äußere Erscheinungsbild bestimmt. Dieses spreche z.B. dann für ein einheitliches Wirtschaftsgut, wenn der eine Teil ohne den anderen unvollständig erscheine[154].

Bei der Frage, unter welchen Voraussetzungen Gebäudeteile gegenüber der Gebäudeeinheit als selbständige Wirtschaftsgüter anzusehen sind, hat der Große Senat auf das Vorliegen eines einheitlichen Nutzungs- und Funktionszusammenhangs abgestellt. Zu dem einheitlichen Wirtschaftsgut, der Bewertungseinheit „Gebäude", seien alle Gebäudebestandteile zu zählen, die in dem einheitlichen Nutzungs- und Funktionszusammenhang des Gebäudes als solches stünden. Als gegenüber der Gebäudeeinheit selbständige Wirtschaftsgüter seien Gebäudeteile nur dann anzusehen, wenn sie unmittelbar besonderen Zwecken dienten und daher in einem anderen Funktionszusammenhang stünden als die eigentliche Gebäudenutzung[155].

Die Rechtsprechung knüpft damit an die bewertungsrechtliche Behandlung als Ausgangspunkt an. Gemäß § 2 Abs. 1 S. 3 BewG ist „nach den Anschauungen des Verkehrs zu entscheiden", was als wirtschaftliche Einheit zu gelten hat. In § 2 Abs. 1 S. 4 BewG wird beispielhaft erläutert, was unter den „Anschauungen des Verkehrs" zu verstehen ist. Zu berücksichtigen seien die örtliche Gewohnheit, die tatsächliche Übung, die Zweckbestimmung und die wirtschaftliche Zusammengehörigkeit der einzelnen Wirtschaftsgüter. Das Vorliegen einer wirtschaftlichen Einheit wird demnach nach objektiven und subjektiven Kriterien bestimmt, wobei die vom Willen des Eigentümers abhängige Zweckbestimmung und teilweise

---

[153] BFH v. 8.2.1996 - III R 126/93, BStBl II 1996, 542 = BFHE 180, 480; BFH v. 28.9.1990 - III R 77/89, BStBl II 1991, 361 = BFHE 164, 156; BFH v. 16.2.1990 - III B 90/88, BStBl II 1990, 794 (795) = BFHE 160, 364.

[154] BFH v. 8.2.1996 - III R 126/93, DStZ 669; BFH v. 28.9.1990 - III R 178/86, BStBl II 1991, 187 = BFHE 162, 177; BFH v. 28.9.1990 - III R 77/89, BStBl II 1991, 361 = BFHE 164, 156.

[155] BFH v. 26.11.1973 - GrS 5/71, BStBl II 1974, 132 (135) = BFHE 111, 242 (für Gebäudeteile, die in einem gegenüber der Gebäudenutzung gesonderten Funktionszusammenhang stehen müßten); *Bordewin*, in: *Hartmann/Böttcher/Nissen/Bordewin*, §§ 4 - 5 EStG Rdnr. 713; *Wiedmann*, in: FS für *Moxter*, 1994, S. 453 (456).

auch die tatsächliche Übung als subjektive Merkmale anzusehen sind, die allerdings objektiviert verstanden werden[156]. Die wirtschaftliche Zusammengehörigkeit wird als objektives Abgrenzungsmerkmal angesehen. Sie sei gegeben, wenn mehrere Wirtschaftsgüter in einem objektiven Funktionszusammenhang stünden, die Wirtschaftsgüter also zu einer gemeinsamen Nutzung geeignet seien[157]. Der BFH hat in der Folgezeit diesen Gedanken u.a. auf die Behandlung von Grund und Boden im Verhältnis zum Gebäude[158] und Leitungsnetze im Verhältnis zu einem Gesamtnetz ausgedehnt[159].

Teile der Literatur ziehen das Vorliegen eines betrieblichen Nutzungs- und Funktionszusammenhangs allgemein zur Abgrenzung für das Vorliegen eines einheitlichen oder mehrerer selbständiger Wirtschaftsgüter heran[160]. Bei der Frage, unter welchen Voraussetzungen ein selbständiges bewertungsfähiges Wirtschaftsgut vorliegt, wird auch in der Literatur auf die jeweils konkreten betrieblichen Funktionen und Bedürfnisse abgestellt. Entscheidend sei nicht eine abstrakte Verkehrsfähigkeit oder eine sonst übliche Zweckbestimmung, sondern nur die tatsächliche Verwendung im Betrieb[161]. Der Begriff „Wirtschaftsgut" sei ein betriebsbezogener Begriff[162]. Nach anderer Ansicht ist die von der Rechtsprechung vorgenommene Herleitung mit Hilfe der selbständigen Bewertbarkeit abzulehnen. Die Zusammenfassung zu einem Wirtschaftsgut oder die Aufspaltung in

---

156 BFH v. 15.10.1954 - III 148/54 U, BStBl III 1955, 2 = BFHE 60, 1; BFH v. 2.10.1970 - III R 163/66, BStBl II 1970, 822 = BFHE 100,213; BFH v. 9.12.1970 - III R 47/69, BStBl II 1971, 232 = BFHE 101, 123; BFH v. 16.2.1979 - III R 67/76, BStBl II 1979, 279 (280) = BFHE 127, 58; *Gürsching/Stenger*, § 2 BewG Rdnr. 49, 51.3 (in die Tat umgesetzter, objektivierter Wille sei entscheidend, soweit er nicht zu objektiven Umständen im Widerspruch stehe).

157 *Gürsching/Stenger*, § 2 BewG Rdnr. 51.4.

158 BFH v. 18.8.1977 - VIII R 7/74, BStBl II 1977, 796 (798) = BFHE 123, 176.

159 BFH v. 16.12.1987 - X R 12/82, BStBl II 1988, 539 (540) = BFHE 152, 284; vgl. auch BFH v. 28.6.1983 - VIII R 179/79, BStBl II 1984, 196 = BFHE 139, 509; BFH v. 10.8.1989 - X R 176-177/87, BStBl II 1990, 15 = BFHE 158, 53.

160 *Werndl*, in: *Kirchhof/Söhn*, § 6 EStG Rdnr. A 153; *Körner*, Wpg 1976, 430 (436): "Bewertungseinheit als Funktionseinheit".

161 BFH v. 27.3.1963 - I 201/62 U, BStBl III 1963, 304 = BFHE 76, 837; *Werndl*, in: *Kirchhof/Söhn*, § 6 EStG Rdnr. A 153, I 31; *Herrmann/Heuer/Raupach*, § 6 EStG Rdnr. 1272 (zu § 6 Abs. 2 S. 2 EStG).

162 *Werndl*, in: *Kirchhof/Söhn*, § 6 EStG Rdnr. A 153.

verschiedene Wirtschaftsgüter richte sich nach steuerrechtlichen Grundsätzen. Ausschlaggebend sei für die Annahme eines einheitlichen Wirtschaftsgutes die „Einsatzmöglichkeit zur Erzielung von Einkünften". Es liege ein einheitliches Wirtschaftsgut vor, wenn der Steuerpflichtige das Wirtschaftsgut als Einheit zur Erzielung von Einkünften einsetzen müsse[163].

Rechtsprechung und Teile der Literatur gehen auch dann vom Vorliegen eines einheitlichen Wirtschaftsgutes aus, wenn mehrere Güter ohne gesonderte Berechnung und ohne Aufteilbarkeit des Entgelts veräußert werden. Mit dieser Begründung hat der BFH Computerhardware und Software, die im Rahmen eines sogenannten „Bundlings" erworben wurden, als einheitliches Wirtschaftsgut eingeordnet[164]. Nach anderer Ansicht stellt der gesonderte Ausweis eines Preises kein entscheidendes Kriterium für das Vorliegen eines einheitlichen Wirtschaftsgutes dar[165].

II. Stellungnahme zu den Voraussetzungen für das Vorliegen eines selbständigen Wirtschaftsgutes unter Berücksichtigung der Wirtschaftsgutdefinition

Zunächst ist zu prüfen, nach welchen Grundsätzen die Einordnung überhaupt vorzunehmen ist, ob es sich um eine Ansatz- oder Bewertungsfrage handelt. Die in Rechtsprechung und Literatur für die Einordnung als entscheidend angesehenen Voraussetzungen werden im Anschluß kritisch gewürdigt. Schwerpunkt ist die Entwicklung einer Abgrenzungsformel, die die bisherigen Ergebnisse zur abstrakten Bilanzierungsfähigkeit berück-

---

[163] Vgl. *Costede*, StuW 1995, 115 (118 f.), der folgende Beispiele nennt: 1. die steuerrechtliche Trennung von Grund und Boden einerseits und Gebäuden anderseits, die im Gegensatz zur zivilrechtlichen Regelung der Eigentumsverhältnisse in § 93 BGB stehe, 2. An- und Umbauten, die nach der Rechtsprechung zu neuen Wirtschaftsgütern neben schon vorhandenen Gebäuden führen könnten, wenn diese einem eigenen betrieblichen Zweck dienten und sich nicht in den Nutzungs- und Funktionszusammenhang des Gebäudes einfügten, Hintergrund sei die Absetzung, die wegen der unterschiedlichen Nutzungsdauer nicht einheitlich sei.

[164] BFH v. 16.2.1990 - III B 90/88, BStBl II 1990, 794 (795) = BFHE 160, 364; *Zahrnt*, BB 1993, 1670 bis 1676.

[165] *v. Braunschweig*, CR 1994, 193 (195): Es sei heute gängige Praxis, auch beim Erwerb von Personalcomputern, z.B. Textverarbeitungsprogramme ohne einen besonderen Ausweis im Preis zu veräußern, obwohl es sich nicht um maschinengebundene Anwenderprogramme (selbständige Wirtschaftsgüter) handele.

sichtigt. Zudem wird zur Frage Stellung genommen, welche Bedeutung eine gesonderte Berechnung für das Vorliegen eines selbständigen Wirtschaftsgutes hat.

1. Verhältnis von Ansatz- und Bewertungsebene

Teilweise wird die Frage, ob eine Bewertungseinheit vorliegt, als Bewertungsfrage verstanden[166]. Eine andere Literaturansicht ordnet die Problematik des Vorliegens einer funktionalen Bewertungseinheit zumindest systematisch dem Ansatzbereich zu. Die Kriterien eines „einheitlichen Nutzungs- und Funktionszusammenhangs" und die „allgemeine Verkehrsauffassung" seien Ausdruck des Objektivierungsgedankens, der auch mitbestimmend für die Wirtschaftsgutdefinition sei[167].

Die Frage, unter welchen Voraussetzungen ein einheitliches Wirtschaftsgut vorliegt, kann nur insoweit als Bewertungsfrage verstanden werden, als es um die Bewertung der Höhe nach geht. Diese Sichtweise wird indirekt durch § 6 Abs. 1 S. 1 EStG bestätigt, der vorsieht, daß die einzelnen Wirtschaftsgüter zu bewerten sind. Diese Vorschrift setzt die Voraussetzungen für das Vorliegen einzelner Wirtschaftsgutes voraus, regelt sie aber nicht selbst. Die einzelnen Teile im Rahmen eines einheitlichen Wirtschaftsgutes sind unselbständig und haben keine Wirtschaftsgutqualität. Daraus ergibt sich gleichzeitig, daß die Abgrenzungskriterien inhaltlich gewährleisten müssen, daß den (einheitlichen[168]) selbständigen Wirtschaftsgütern tatsächlich Wirtschaftsgutqualität zukommt. Deshalb können die Voraussetzungen für eine etwaige Aufspaltung eines Wertes in mehrere Wirtschaftsgüter und für die Wirtschaftsgutqualität nicht nach unterschiedlichen Grundsätzen beurteilt werden. Zumindest insoweit hat die Wirtschaftsgutdefinition und damit auch der Maßgeblichkeitsgrundsatz Bedeutung für das Vorliegen selbständiger (einheitlicher) Wirtschaftsgüter.

---

[166] *Körner*, WPg 1976, 430 (431); *Costede*, StuW 1995, 115 (118 f.).

[167] *Weber-Grellet*, Das Steuerbilanzrecht, 1996, S. 94.

[168] Die Frage der Wirtschaftsgutqualität bei Zusammenfassung unselbständiger Teile ist in der Regel weniger problematisch.

2. Ableitung von Voraussetzungen unter Berücksichtigung der Wirtschaftsgutdefinition

Die Rechtsprechung und Teile der Literatur sehen die Frage der selbständigen Bewertbarkeit als entscheidend dafür an, ob selbständige Wirtschaftsgüter vorliegen. Liegen selbständige Wirtschaftsgüter vor, so sind diese aufgrund des Grundsatzes der Einzelbewertung auch anzusetzen[169]. Der Abgrenzung mit Hilfe der selbständigen Bewertbarkeit ist unter Berücksichtigung der Ergebnisse zu den einzelnen Voraussetzungen der Wirtschaftsgutdefinition grundsätzlich zuzustimmen, weil die selbständige Bewertbarkeit eine entscheidende Objektivierungsfunktion im Rahmen der Definition hat[170].

Allerdings ist die weitere Konkretisierung der Rechtsprechung nicht konsequent. Wird an die Wirtschaftsgutdefinition angeknüpft, so kann die weitere Konkretisierung nicht nach Bewertungsvorschriften erfolgen[171]. Auf der Grundlage der Wirtschaftsgutdefinition der Rechtsprechung ist zentrales Kriterium für das Vorliegen eines (selbständigen) Wirtschaftsgutes, daß der Vorteil greifbar aufgrund seiner selbständigen Bewertbarkeit ist[172]. Im Rahmen der allgemeinen Wirtschaftsgutdefinition sieht der BFH einen Wert dann als greifbar an, wenn ein gedachter Betriebserwerber für den Wert ein gesondertes Entgelt ansetzen würde. Ist der Erwerb nicht abgeleitet, so ist demnach die Sichtweise eines gedachten Erwerbers entscheidend. Wird der Wert entgeltlich am Markt erworben, so ist grundsätzlich entscheidend, ob die Parteien den als selbständiges Wirtschaftsgut in Betracht kommenden Vorteil im Rahmen der Vereinbarung berücksichtigt haben. Das kann insbe-

---

169 Vgl. *Wiedmann*, in: FS für *Moxter*, 1994, S. 453 (455).

170 Siehe 1. Teil. 1. Abschnitt. A. VII. 1., S. 25 ff. zur Objektivierungsfunktion dieses Kriteriums.

171 Anders insoweit *Weber-Grellet*, Das Steuerbilanzrecht, 1996, S. 94 (einheitliche und selbständige Nutzbarkeit i.S. des § 6 Abs. 2 EStG sei maßgeblich); *Tismer*, DB 1982, 1431; ders., DB 1983, 149; *Zitzmann*, DB 1983, 1565.

172 Siehe 1. Teil. 1. Abschnitt. A. I. 1. a), S. 8 f.; ebenfalls auf die selbständige Bewertbarkeit für den Verlust der Selbständigkeit für den Bereich der Investitionszulagen abstellend, allerdings ohne nähere Begründung: *Söffing, M.*, in: *Lademann/Söffing/Brockhoff*, § 2 InvZulG Rdnr. 25.

sondere durch ein besonderes Entgelt geschehen[173]. Grundgedanke ist dabei, daß die Handhabung der Parteien grundsätzlich auch mit derjenigen eines gedachten Erwerbers übereinstimmt.

Die Greifbarkeit und selbständige Bewertbarkeit als zentrale Kriterien im Rahmen der Wirtschaftsgutdefiniton werden maßgeblich durch zwei Grundsätze bestimmt[174]:

- objektive Auslegung des Begriffs (aufgrund der notwendigen Objektivierung),
- betriebsindividuelle Betrachtung (aufgrund des Anknüpfens an eine „Fortführungsvermögensbilanz").

Diese Grundsätze sind zu berücksichtigen, wenn Kriterien für das Vorliegen eines einheitlichen Wirtschaftsgutes aufgestellt werden. Deshalb ist zweifelhaft, ob die selbständige Bewertbarkeit mit Hilfe der Verkehrsanschauung sachgerecht ermittelt werden kann.

Das Anknüpfen an eine Betriebsveräußerung bei gleichzeitiger Betriebsfortführung trägt dem Umstand Rechnung, daß die Handelsbilanz eine „Fortführungsbilanz" ist[175]. Die Möglichkeit, mit einem Gut in der Zukunft Mittel zu erwirtschaften, um etwaige Schulden zu tilgen, hängt wesentlich von der Nutzbarkeit des Gutes im Betrieb ab. Aus diesem Grunde ist es angemessen, an ein einheitliches Wirtschaftsgut anzuknüpfen, wenn sich aufgrund eines Nutzbarkeitszusammenhangs nicht entscheiden läßt, welcher Nutzen dem Betrieb zukünftig von welchem Teil zufließt[176]. Das Vorliegen eines Funktionszusammenhangs ist dabei nicht als gleichberechtigtes Kriterium neben dem Erfordernis eines Nutzbarkeitszusammenhangs anzusehen, sondern ist Hilfsmittel zur Bestimmung eines Nutzungszusammenhangs. Allerdings dürfte bei einem Funktionszusammenhang grundsätzlich auch ein Nutzbarkeitszusammenhang vorliegen, der eine getrennte Betrachtung der

---

[173] Siehe 1. Teil. 1. Abschnitt. B. II. 3., S. 40 ff. zur entscheidenden objektiven Sichtweise und zur Bedeutung eines gesondert ausgewiesenen Entgelts.

[174] Siehe 1. Teil. 1. Abschnitt. A. VII. 1., S. 25 ff.

[175] Siehe 1. Teil. 1. Abschnitt. A. VI. 2., S. 22 f.; *Gschwendtner*, in: FS für *Beisse*, 1997, S. 215 (229).

[176] Ähnlich *Adler/Düring/Schmaltz*, § 252 HGB Rdnr. 54, 56; *Gschwendtner*, in: FS für *Beisse*, 1997, S. 215 (232).

einzelnen Teile ausschließt. Diese einschränkende Formel trägt damit auch dem Einzelbewertungsgrundsatz Rechnung, mit dem es nicht vereinbar ist, mehrere Wirtschaftsgüter zu einer „Sammelposition" zusammenzufassen[177].

Ein selbständiges Wirtschaftsgut liegt demnach nicht vor, soweit:

- ein Nutzbarkeitszusammenhang besteht,
- wobei bei einem Funktionszusammenhang grundsätzlich ein solcher Nutzbarkeitszusammenhang vorliegt.

Überträgt man die zwei zentralen Grundsätze, welche die Greifbarkeit und selbständige Bewertbarkeit bestimmen, auf die weitere Konkretisierung der Voraussetzungen für einen einheitlichen Nutzbarkeitszusammenhang, so ist auch dieser objektiv und gleichzeitig unter Berücksichtigung des betriebsindividuellen Zusammenhangs zu bestimmen. Diese, aus den Grundsätzen ordnungsgemäßer Buchführung und der aus diesen entwickelten abstrakten Wirtschaftsgutdefinition abgeleiteten Kriterien, bestätigen den in Literatur und Rechtsprechung vertretenen Ansatz, wonach die konkreten betrieblichen Funktionen, die tatsächliche Verwendung und Bedürfnisse für die Bestimmung eines einheitlichen Nutzbarkeitszusammenhangs maßgeblich sind, nicht aber eine abstrakte Verkehrsfähigkeit oder eine übliche Zwecksetzung[178].

Einschränkend ist aber herauszustellen, daß eine unübliche Zwecksetzung nur dann beachtlich sein kann, wenn diese Zwecksetzung in objektiven Umständen zum Ausdruck kommt. Entscheidend ist auch hier die Sicht eines gedachten Erwerbers bei einer Betriebsveräußerung. Da dieser von der jeweiligen betriebsindividuellen Situation ausginge, ist auch bei dieser Sichtweise die tatsächliche Verwendbarkeit im Betrieb entscheidend. Ein gedachter Erwerber müßte den Nutzen den einzelnen Teilen zuordnen können.

---

[177] *Weber-Grellet*, Das Steuerbilanzrecht, 1996, S. 94.

[178] *Werndl*, in: *Kirchhof/Söhn*, § 6 EStG Rdnr. 131; *Herrmann/Heuer/Raupach*, § 6 EStG Rdnr. 1272 (zu § 6 Abs. 2 S. 2 EStG); BFH v. 27.3.1963 - I 201/62 U, BStBl III 1963, 304 = BFHE 76, 837.

3. Bedeutung einer besonderen vertraglichen Vereinbarung und eines besonders ausgewiesenen Entgelts

Die Bedeutung einer vertraglichen Vereinbarung für die selbständige Bewertbarkeit und damit auch die Wirtschaftsgutqualität soll am Beispiel der Abgrenzung von immateriellen Einzelwirtschaftsgütern vom Geschäfts- und Firmenwert[179] näher untersucht werden.

Ein Gut ist nach der BFH-Rechtsprechung greifbar und selbständig bewertbar, wenn ein Erwerber des ganzen Unternehmens ein besonderes Entgelt ansetzen würde[180]. Deshalb liegt bei einer tatsächlichen Veräußerung des Unternehmens grundsätzlich die Fallgestaltung vor, für die die Rechtsprechung von der Greifbarkeit des Vorteils ausgeht, wenn der Erwerber als „gedachter Erwerber" im Sinne der Definition anzusehen ist. Die Rechtsprechung hat die bloße äußerliche Bezeichnung durch die Vertragspartner als nicht entscheidend für einen gesonderten Ausweis als Einzelwirtschaftsgut unabhängig vom Geschäfts- und Firmenwert angesehen[181]. Ob

---

[179] Rechtsprechung und Teile der Literatur sehen den Geschäfts- und Firmenwert als ein immaterielles Gesamtwirtschaftsgut an [BFH v. 1.10.1975 - I R 207/73, BStBl II 1976, 202 = BFHE 117, 235; BFH v. 18.6.1975 - I R 24/73, BStBl II 1975, 809 = BFHE 116, 474], nicht als bloße Bilanzierungshilfe zur Vermeidung einer hohen, sofort gewinnwirksamen Aufwandsbuchung [BFH v. 2.3.1973 - III R 88/69, BStBl II 1973, 475 (476) = BFHE 109, 63 zum BewG; BFH v. 26.2.1975 - I R 72/73, BStBl II 1976, 13 (14) = BFHE 115, 238; BFH v. 24.3.1987 - I R 202/83, BStBl II 1987, 705 (706) = BFHE 149, 552; BFH v. 28.6.1989 - I R 25/88, BStBl II 1989, 982 (983) = BFHE 158, 97; *Plewka*, in: *Lademann/Söffing/Brockhoff*, § 5 EStG Rdnr. 880]. Andere Teile des Schrifttums, insbesondere des handelsrechtlichen, lehnen dagegen die Vermögensgegenstandsqualität des Geschäfts- und Firmenwertes ab [*Richter*, in: *Wysocki/Schulze-Osterloh*, HdJ, Abt. II/2 (1990), Die immateriellen Anlagewerte, Rdnr. 3: Bilanzierungshilfe; *Schneider*, WPg 1971, 607 (608 f.); *Moxter*, BB 1978, 1629 (1631); *Müller- Dahl*, BB 1981, 274 (277 f.); *Pfeiffer*, StuW 1984, 326 (337); *Martens/Röttger*, DB 1990, 1097 (1098); *Eibelshäuser*, Immaterielle Anlagewerte, 1983, S. 252], da dieser an den Betrieb gebunden sei und nicht selbständig veräußert werden könne. Dies ist abzulehnen, weil selbständige Einzelverkehrsfähigkeit keine Voraussetzung für das Vorliegen eines Vermögensgegenstandes ist. (siehe 1. Teil. 1. Abschnitt. A. VII. 1., S. 25 zu den Gründen; vgl. auch die Einordnung in § 266 Abs. 2 A I 2 HGB unter dem Posten "immaterielle Vermögensgegenstände).

[180] Siehe 1. Teil. 1. Abschnitt. A. I. 1. a), S. 8 f.; BFH v. 1.10.1975 - I R 207/73, BStBl II 1976, 202 = BFHE 117, 235; BFH v. 18.6.1975 - I R 24/73, BStBl II 1975, 809 = BFHE 116, 474.

[181] BFH v. 25.11.1981- I R 54/77, BStBl II 1982, 189 (190) = BFHE 134, 434; BFH v. 7.11.1985 - IV R 7/83, BStBl II 1986, 176 (177) = BFHE 145, 194.

die Parteien besondere Werte berücksichtigt haben, sei unter Beachtung der objektiven Gegebenheiten zu bestimmen. Es sei objektiv festzustellen, ob immaterielle Wirtschaftsgüter beim Erwerb des Unternehmens übergegangen sind[182]. Nehmen die Parteien bei ihrer Preisfindung erkennbar eine objektiv nachvollziehbare Einzelbewertung bestimmter rechtlicher oder tatsächlicher Vorteile vor, so sei grundsätzlich vom Vorliegen selbständig bewertbarer immaterieller Einzelwirtschaftsgüter auszugehen[183]. Dabei wird in einigen Entscheidungen bei der Bestimmung der Wirtschaftsgutqualität besonders auf den gesonderten Ausweis eines Geldbetrages abgestellt[184].

Es erscheint zweifelhaft, ob eine fehlende gesonderte Berechnung zur Annahme eines einheitlichen Wirtschaftsgutes führen kann. Die Bedeutung eines gesondert ausgewiesenen Betrags darf nicht überschätzt werden. Insbesondere ist nicht erforderlich, daß in dem Vertrag ein Geldbetrag für bestimmte immaterielle Wirtschaftsgüter ausgewiesen wird. Das Problem der Aufteilung eines Gesamtpreises ist auch außerhalb der speziellen Problematik der Abgrenzung vom Geschäfts- bzw. Firmenwert und immateriellen Einzelwirtschaftsgütern bekannt und stellt sich insbesondere auch beim Erwerb bebauter Grundstücke und beim Erwerb ganzer Unternehmen (Kauf von Betrieben oder Betriebsteilen), wenn für einzelne materielle Wirtschaftsgüter nicht einzelne Preise angesetzt werden. Wird kein Preis gesondert ausgewiesen, so ist der Kaufpreis nach allgemeinen Grundsätzen aufzuteilen[185], notfalls zu schätzen. Zu ermitteln ist in einem solchen Fall der „vermutliche Konsenspreis“[186], wobei insbesondere Umstände zu berücksichtigen sind, die die Parteien bei der Kaufpreisfindung herangezogen haben (z.B. Sachverständigengutachten, Berechnungen u.ä.). Entscheidend

---

[182] BFH v. 5.2.1969 - I R 26/66, BStBl II 1969, 334 = BFHE 95, 151; BFH v. 5.8.1970 - I R 180/66, BStBl II 1970, 804 (805) = BFHE 100, 89.

[183] Vgl. BFH v. 7.11.1985 - IV R 7/83, BStBl II 1986, 176 (177 f.).

[184] BFH v. 26.7.1972 - I R 146/70, BStBl II 1972, 937 = BFHE 107, 118; BFH v. 25.11.1981 - I R 54/77, BStBl II 1982, 189 (190) = BFHE 134, 434; BFH v. 7.11.1985 - IV R 7/83, BStBl II 1986, 176 (178) = BFHE 145, 149.

[185] *Ellrott/Schmidt-Wendt*, in : Beck' scher Bilanzkommentar, § 255 HGB Rdnr. 80 ff. den Grundsätzen für eine Aufteilung; *Mayer-Wegelin*, in: *Hartmann/Böttcher/Nissen/Bordewin*, § 6 EStG Rdnr. 159 (zur Aufteilung der Anschaffungskosten auf Grund und Boden, wobei die Aufteilung nach objektiven Kriterien zu erfolgen habe).

[186] *Ellrott/Schmidt-Wendt*, in: Beck'scher Bilanz-Kommentar, § 255 HGB Rdnr. 81.

ist, wie die Parteien den Kaufpreis bei Anwendung von „ernsthaften wirtschaftlichen Maßstäben" aufgeteilt, was sie für die einzelnen Vermögensgegenstände angesetzt hätten[187]. Die Aufteilung eines Gesamtkaufpreises entspricht dabei dem Grundsatz der Einzelbewertung[188]. Demnach hängt die Greifbarkeit nur bedingt davon ab, daß ein gesonderter Preis ausgewiesen wird.

Da demnach in Übereinstimmung mit der Rechtsprechung zur Abgrenzung immaterieller Einzelwirtschaftsgüter vom Geschäfts- und Firmenwert objektiv festzustellen ist, ob einzelne immaterielle Werte übergegangen sind, muß dies auch im Rahmen der Voraussetzungen für das Vorliegen selbständiger, also nicht einheitlicher Wirtschaftsgüter gelten. Entscheidend ist bei einer objektiven Sichtweise wiederum die Nutzbarkeit, die grundsätzlich unabhängig von der vertraglichen Vereinbarung ist, sich aber häufig in ihr widerspiegelt. Jedenfalls ist die Vereinbarung aus der Sicht eines gedachten Erwerbers zu betrachten, wenn der tatsächliche Erwerber und die von ihm ausgehandelte Vereinbarung nicht diesem Bild entspricht. Aus diesem Grunde kann es nicht überzeugen, wenn allein eine nicht gesonderte Berechnung als entscheidend für das Vorliegen eines einheitlichen Wirtschaftsgutes angesehen wird. Eine solche Sichtweise läßt sich letztendlich nur mit praktischen Argumenten begründen, stellt aber eine Abweichung von den genannten Grundsätzen zur Aufteilung eines Gesamtkaufpreises dar.

Liegt keine Veräußerung (des Betriebes) vor (z.B. bei einer Einlage), so kann nicht an eine vertragliche Vereinbarung angeknüpft werden, weil eine solche fehlt. Aus diesem Grunde ist in einem solchen Fall bei der Ermittlung des Abgrenzungsgegenstandes allein auf einen gedachten Erwerber abzustellen.

---

187 BFH v. 28.3.1966 - VI 320/64, BStBl III 1966, 456 = BFHE 85, 433.

188 *Ellrott/Schmidt-Wendt*, in: Beck'scher Bilanzkommentar, § 255 HGB Rdnr. 80.

2. Abschnitt: Abstrakte Abgrenzung durch methodengerechte Auslegung

Bei Wirtschaftsgütern aus materiellen und immateriellen Teilen, muß für die Einordnung als materiell oder immateriell zunächst bestimmt werden, welche Komponente des (einheitlichen) Wirtschaftsgutes im Vordergrund steht[189]. Eine Verknüpfung materieller und immaterieller Teile ist dabei nicht als Besonderheit anzusehen, sondern als Normalfall[190], denn es gibt kaum Wirtschaftsgüter, die ausschließlich aus materiellen oder immateriellen Teilen bestehen. Praktisch jedes industriell hergestellte Produkt enthält neben dem materiellen Teil einen immateriellen Wert, nämlich das im Produkt verkörperte Know-how[191].

Das EStG enthält keine Definition des Begriffs „immateriell“. Es handelt sich um einen unbestimmten Rechtsbegriff, dessen Inhalt und Umfang näher zu konkretisieren sind[192].

A. Bedeutung einer methodengerechten Auslegung und Vorgaben für die Auslegung

I. Rechtsstaatliche Bedeutung einer methodengerechten Auslegung

In der Literatur wird die Bedeutung einer methodengerechten Auslegung für die Tatbestandsmäßigkeit der Besteuerung, die Rechtssicherheit und die Gleichmäßigkeit der Besteuerung betont.[193] Bei einem etwaigen Methodenmangel werde diesen Grundsätzen nicht genügend Rechnung getragen, weil insbesondere die Grenzen der Auslegung nicht erkennbar seien[194]. Auch an der Wirtschaftsgutdefinition in Literatur und Rechtsprechung[195] wird kriti-

---

[189] *Hegenloh*, Die steuerbilanzielle Behandlung von Forschung und Entwicklung, 1985, S. 178, der zusätzlich ausführt, der entscheidende Wert müsse bestimmt werden..

[190] FG Berlin v. 27.10.1982 - II 138/80, EFG 1983, 439; *Kählert/Lange*, BB 1993, 613 (614).

[191] FG Berlin v. 26.2.1975 - II 139/73, EFG 1975, 403; *Schön*, Aktivierung von immateriellen Anlagewerten in den USA im Vergleich zur deutschen Rechnungslegung, 1997, S. 77.

[192] *Engisch*, Einführung in das juristische Denken, 1977, S. 108.

[193] Germ, VerwArch 1989, 415 (430 f.), Erfordernis der Verfassung, insbesondere des Willkürverbots und der Bindung des Auslegenden an Recht und Gesetz i.S. des Art. 20 GG.

[194] *Tipke/Lang*, Steuerrecht, 1996, § 5 Rdnr. 40.

[195] Siehe 1. Teil. 1. Abschnitt. A. I. 1. a), S. 7 ff.

siert, die Begründungen seien aus rechtsstaatlicher Sicht nicht ausreichend und stellten einen Verstoß gegen das Prinzip der Rechtssicherheit dar[196].

Die Abgrenzung von materiellen und immateriellen Wirtschaftsgütern wird in Rechtsprechung und Literatur kaum auf dogmatische Grundlagen zurückgeführt und methodisch abgeleitet, sondern ist stark von pragmatischen Erwägungen geprägt[197]. Dieser Methodenmangel ist im Anschluß an die oben genannten Ansichten in der Literatur zu kritisieren. Es ist richtig, daß die Grenzen der Auslegung ansonsten verschwimmen. Hinzu kommt, daß ansonsten die Zielsetzung des Gesetzesvorbehalts, die u.a. darin zu sehen ist, grundrechtsrelevante Eingriffe vorhersehbar zu machen[198], weitgehend ins Leere geht. Diese Vorhersehbarkeit ist bei Einzelfallentscheidungen ohne methodische Absicherung nicht gewährleistet.

II. Getrennte Betrachtung der Begriffe „immateriell" und „Wirtschaftsgut"

Beim Erarbeiten der einzelnen Wirtschaftsgutkriterien wurde bereits erwähnt, daß Literatur und Rechtsprechung im Rahmen der Wirtschaftsgutdefinition nicht zwischen materiellen und immateriellen Wirtschaftsgütern unterscheiden[199]. In der Literatur wird der Begriff „immateriell" teilweise zusammen mit dem Begriff „Wirtschaftsgut" im Rahmen der Wirtschaftsgutdefinition definiert. Es müsse ein „immaterieller wirtschaftlicher Wert" vorhanden sein[200]. Zwar ist eine Abgrenzung im Rahmen der Wirtschaftsgutdefinition möglich, und es sind Querverbindungen zwischen beiden Begriffen vorhanden, weil sich zeigen wird, daß die Abgrenzung und Wirt-

---

[196] *Häcker*, Der steuerrechtliche Begriff "Wirtschaftsgut", 1980, S. 128 ff., der als Alternative eine präzisere gesetzliche Methode fordert.

[197] Siehe 1. Teil. 2. Abschnitt. F. II. u. III., S. 88 ff. u. 95 ff. im einzelnen zur Abgrenzung in Literatur und Rechtsprechung.

[198] BVerfG v. 12.11.1958 - 2 BvL 4,26,40/56,1,7/57, BVerfGE 8, 274 (325); siehe auch 2. Teil. 1. Abschnitt. B. III. 3. b) und c), S. 133 ff. (zur Zulässigkeit einer teleologischen Reduktion).

[199] Siehe 1. Teil. 1. Abschnitt. A. I., S. 6.

[200] Z.B. *Pfeiffer*, Das immaterielle Wirtschaftsgut, 1982, S. 140 ff.; ebenfalls gesondert "konkretisiert" das Tatbestandsmerkmal "immateriell" *Keitz*, Immaterielle Güter in der internationalen Rechnungslegung, 1997, S. 43 ff.

schaftsgutdefinition nach denselben Grundlagen zu erfolgen hat[201], doch besteht bei einer Zusammenfassung der Begriffe die Gefahr, daß die weitere Auslegung und Konkretisierung des Begriffs „immateriell" ausbleibt[202]. Die getrennte Definition berücksichtigt auch, daß der Begriff „immaterielle" Tatbestandsmerkmal des § 5 Abs. 2 EStG ist, der die konkrete Bilanzierungsfähigkeit regelt, die abstrakte aber voraussetzt[203].

Im Rahmen der Wirtschaftsgutdefinition ergeben sich Unterschiede zwischen materiellen und immateriellen Wirtschaftsgütern, insbesondere im Hinblick auf den Grad der Greifbarkeit. Das Aktivierungsverbot soll aber gerade den Unsicherheiten über die Werthaltigkeit auf der Ansatzebene Rechnung tragen[204]. Die Tatsache, daß Probleme hinsichtlich der Wirtschaftsgutqualität praktisch nur im Bereich der immateriellen Werte auftreten, darf aber nicht darüber hinwegtäuschen, daß es auf der Ebene der abstrakten Bilanzierungsfähigkeit zunächst lediglich darum geht, ob sich die Aufwendungen in einem Wert mit Wirtschaftsgutqualität verdichtet haben. Auch insoweit gilt die Regel, daß abstrakte und konkrete Bilanzierungsfähigkeit voneinander zu trennen sind.

III. Verhältnis der Auslegungskriterien zueinander

Zu unterscheiden sind die folgenden klassischen Auslegungskriterien:

- die grammatische (Auslegung nach dem Wortlaut),
- die historische (Auslegung nach der Entstehungsgeschichte),
- die systematische (Auslegung nach dem Sinnzusammenhang),
- die teleologische Auslegung[205].

---

[201] Siehe 1. Teil. 2. Abschnitt. D. V. 2. a), S. 67 f.

[202] Dies zeigt sich im Ansatz von *Pfeiffer*, Das immaterielle Wirtschaftsgut, 1982, S. 141 f., der eine getrennte Auslegung der Begriffe nicht vornimmt, da seine Abgrenzung vorrangig auf die Frage ausgerichtet ist, unter welchen Voraussetzungen sich die Aufwendungen zu einem Wert mit Wirtschaftsgutqualität verdichten, und in Abweichung von dem im übrigen angewandten teleologischen Ansatz in strittigen Entscheidungen bei der Abgrenzung von materiellen und immateriellen Wirtschaftsgütern auf die Verkehrsauffassung verweist.

[203] Siehe 1. Teil. 1. Abschnitt. A. VII. 3., S. 30 f. zum Verhältnis von abstrakter Bilanzierungsfähigkeit und entgeltlichem Erwerb.

[204] Siehe 1. Teil. 2. Abschnitt. E. I. 2., S. 74 ff.

[205] Z.B.*Gersch*, in: *Koch/Scholz*, § 4 AO Anm. 7 d): genannt wird daneben noch die "logische" Auslegung.

Es ist umstritten, ob eine Rangfolge der Auslegungskriterien besteht.[206] Teilweise werden die grammatische, systematische und historische Auslegung nur neben die teleologische Auslegung gestellt. Die übrigen Auslegungskriterien seien nur ein Mittel, den Gesetzeszweck festzustellen[207]. Das Bundesverfassungsgericht hat für die Rangfolge die Grundaussage getroffen, für die Auslegung sei der in der Gesetzesvorschrift zum Ausdruck kommende objektivierte Wille des Gesetzgebers maßgebend. Die Entstehungsgeschichte habe für die Auslegung nur Bedeutung als Bestätigung für die Richtigkeit des so gewonnenen Auslegungsergebnisses.[208] Teile der Literatur erkennen keine Rangfolge an.[209] Die einzelnen Kriterien stünden nicht beziehungslos nebeneinander, sondern seien in ihrer Funktion und in ihrem Zusammenspiel zu sehen. Es bestünde ein wechselseitiger Zusammenhang, wobei sich die einzelnen Kriterien gegenseitig unterstützen könnten.[210] Zum Teil wird dies auch damit begründet, daß die Methodenwahl und die Reihenfolge der Kriterien ihrerseits am Verfassungsrecht zu messen seien. Die Auslegung habe nach „Recht und Gesetz" zu erfolgen.[211]

Zumindest der Wortlaut des Gesetzes als Grenze der Auslegung wird unabhängig von der unterschiedlichen Beurteilung einer etwaigen Rangfolge anerkannt. Der Wortlaut sei auch die Grenze für eine teleologische Auslegung[212], da der Wille des Gesetzgebers nur in dem Umfang berücksichtigt werden könne, in dem er auch im Gesetz erkennbar zum Ausdruck kommt[213].

Ausgangspunkt jeder Auslegung muß der Wortlaut sein. Ein generelles Rangverhältnis der Auslegungskriterien untereinander sollte nicht anerkannt

---

[206] Vgl. hierzu umfassend Germ, VerwArch 1989, 415 (422 ff.).
[207] *Tipke/Lang*, Steuerrecht, 1996, § 5 Rdnr. 51.
[208] BVerfG v. 21.5.1952 - 2 BvH 2/52, BVerfGE 1, 299 (312).
[209] BFH v. 14.11.1972 - VIII R 22/68, BStBl II 1973, 182 = BFHE 108, 65; *Gersch*, in: *Koch/Scholz*, § 4 AO Anm. 7 e); Larenz, Methodenlehre der Rechtswissenschaft, 1991, S. 343 ff.; differenzierend Germ, VerwArch 1989, 415 (422 ff.).
[210] Larenz, Methodenlehre der Rechtswissenschaft, 1991, S. 343 ff..
[211] Germ, VerwArch 1989, 415 (431).
[212] *Tipke/Lang*, Steuerrecht, 1996, § 4 Rdnr. 53; *Larenz*, Methodenlehre der Rechtswissenschaft, 1991, S. 322; *Häcker*, Der steuerrechtliche Begriff "Wirtschaftsgut", S. 97 ff.; BFH v. 9.2.1972 - I R 205/66, BStBl II 1972, 455 (457) = BFHE 105, 15.
[213] BVerfG v. 17.5.1969 - 2 BvL 11/59, 11/60, BVerfGE, 11, 126 (129 f).; Lamers, Aktivierungsfähigkeit und Aktivierungspflicht, 1981, S. 67.

werden. Die Frage des Rangverhältnisses stellt sich ohnehin nur, wenn die einzelnen Auslegungskriterien zu gegenläufigen Ergebnissen führen. Auch in einem solchen Kollisionsfall sollte das Gewicht der einzelnen Kriterien nur im Hinblick auf den jeweiligen Auslegungsvorgang beurteilt werden, nicht generell, insbesondere weil der Gehalt der einzelnen Kriterien voneinander abweichen kann. Auch die folgenden Ausführungen werden zeigen, daß die historische[214] und systematische Auslegung die teleologische Auslegung bei der Abgrenzung ergänzen[215], und diese nebeneinander stehen.

B. Grammatische Auslegung

Die Grenze des möglichen Wortsinns ist gleichzeitig die Grenze der Auslegung[216]. Unter „Wortsinn" wird in diesem Zusammenhang der Sinn verstanden, der nach dem allgemeinen Sprachgebrauch noch mit dem im Gesetz gebrauchten Ausdruck verbunden werden kann[217]. Bei einer wirtschaftlichen Betrachtungsweise ist es möglich, Begriffe mit einem bestimmten zivilrechtlichen Inhalt im Rahmen des möglichen Wortsinns enger oder weiter zu fassen[218]. Wird die Grenze des sprachlich möglichen Wortsinns überschritten, so handelt es sich bereits um eine gesetzesergänzende oder gesetzesberichtigende Rechtsfortbildung[219]. Diese Grenze hat im Steuerrecht besondere Bedeutung, da hier die Gesetzmäßigkeit der Besteuerung von Bedeutung ist und Zulässigkeit und Grenzen einer Analogie umstritten

---

[214] Insbesondere die herausgearbeiteten Motive, wobei die Frage, ob von der subjektiven oder objektiven Theorie im Rahmen der Auslegung auszugehen ist [vgl. hierzu *Tipke/Lang*, Steuerrecht, 1996, § 5 Rdnr. 55], nicht näher untersucht werden soll, weil sich insoweit keine wesentlichen Gegensätze ergeben, wie die weitere Auslegung zeigen wird.

[215] Siehe 1. Teil. 2. Abschnitt. E. I. 2., S. 74.

[216] BVerfG v. 23.10.1985 - 1 BvR 1053/82, BVerfGE 71, 108 (115); Larenz, Methodenlehre der Rechtswissenschaft, 1991, S. 322; *Zippelius*, Juristische Methodenlehre, 1994, § 9 II (S. 43).

[217] *Tipke/Lang*, Steuerrecht, 1996, § 4 Rdnr. 53; **andere Begriffsbildung** bei *Gersch*, in: *Klein/Orlopp*, § 4 AO Anm. 9: Es sei zwischen den Begriffen "Wortsinn" und "Wortlaut" zu unterscheiden, wobei sich der Wortsinn auch aus dem Zusammenhang der Vorschrift mit anderen Bestimmungen, u.U. auch mit anderen Gesetzen ergebe.

[218] *Beisse*, StuW 1981, 1 (8).

[219] *Zippelius*, Juristische Methodenlehre, 1994, § 9 II (S. 43 f.).

sind[220]. Damit hat gleichzeitig die Frage der Unterscheidung zwischen Auslegung und Analogie besondere Bedeutung. Problematisch ist es, die Grenze der Auslegung im Einzelfall zu ermitteln. Die Grenze der Auslegung sollte dabei unter Berücksichtigung des Grundes dieser Grenze ermittelt werden. Ziel des Rechtsstaats ist es, die Rechtssicherheit zu gewährleisten. Steuerrechtliche Eingriffe sind am Gesetzesvorbehalt zu messen, welcher der Rechtsstaatlichkeit Rechnung trägt. Der Steuerpflichtige soll sich auf etwaige Eingriffe einstellen und diese vorhersehen können. Der grundrechtsrelevante Eingriff muß meßbar, vorhersehbar und berechenbar sein[221]. Bezogen auf das Erfordernis einer am Wortlaut orientierten Auslegung muß es für den Steuerpflichtigen vorhersehbar sein, daß die Fallgestaltung von der Norm erfaßt wird.

In der Literatur wird teilweise zwischen einem fachsprachlichen und umgangssprachlichen Sprachgebrauch unterschieden[222]. Der mögliche Wortsinn sei überschritten, wenn dieser nach dem gewöhnlichen Sprachgebrauch oder nach fachsprachlichen Kategorien nicht mehr möglich ist. Auf diese Unterscheidung muß nicht näher eingegangen werden, weil sich im Hinblick auf die Wortlautgrenze keine Unterschiede ergeben. Dem umgangssprachlichen Sprachgebrauch nach ist ein Gut als immateriell anzusehen, wenn es nicht stofflich und nicht körperlich, sondern geistig ist. Im Bereich der Fachsprache wird meist ebenfalls an die Körperlichkeit angeknüpft, wobei allerdings Forderungen und Finanzwerte überwiegend nicht erfaßt werden[223]. Der Wortlaut wird nicht überschritten, wenn an einen körperlichen Träger gebundene Teile als immateriell eingeordnet werden, obwohl rein äußerlich Körperlichkeit vorliegt. Der Wortlaut schließt es nicht aus, an einen im Vordergrund stehenden Teil anzuknüpfen, also eine relative Betrachtung vorzunehmen. Die Grenze des Wortlauts ist aber zumindest dann überschritten, wenn Wirtschaftsgüter ohne jegliche körperliche Substanz nicht als immateriell eingeordnet werden sollen. Die Nichtanwendung des § 5

---

220 Siehe 2. Teil. 1. Abschnitt. B. III. 3. b), S. 133 ff. zur Zulässigkeit und zu den Grenzen einer teleologischen Reduktion.

221 BVerfG v. 12.11.1958 - 2 BvL 4, 26, 40/56, 1 7/57, BVerfGE 8, 274 (325)

222 *Tipke/Lang*, Steuerrecht, 1996, § 5 Rdnr. 63.

223 Siehe 1. Teil. 2. Abschnitt. F. I. 1., S. 83 ff. zur grundsätzlichen Definition in der Literatur.

Abs. 2 EStG kann in einem solchen Fall nur durch eine teleologische Reduktion begründet werden[224].

Die Problematik, im konkreten Fall die Grenze des Wortlauts zu bestimmen, soll am Beispiel von Elektrizität verdeutlicht werden. Es ist nicht eindeutig, ob elektrische Energie dem Wortlaut nach als materiell oder immateriell einzuordnen ist. In der Literatur wird es zum Teil noch als vom Wortlaut erfaßt angesehen, wenn Elektrizität nicht als immateriell eingeordnet wird, weil insoweit eine Veränderung in der Umwelt erfolge, also keine Beschränkung auf den rein geistigen Bereich vorliege[225]. In der zivilrechtlichen Literatur wird elektrischer Energie („Elektrizität“) die Sachqualität abgesprochen. Zwar sei in Form von Elektronen Materie vorhanden, doch komme es nach der Lebensanschauung nur auf die Eigenschaften und Fähigkeiten der Elektrizität an (z.B. Erzeugung von Licht und Wärme)[226]. Dies wird indirekt von der zivilrechtlichen Rechtsprechung bestätigt, die elektronische Daten als solche unabhängig davon, auf welchem Datenträger (z.B. Diskette oder Festplatte) diese gespeichert sind, nicht als Sachen i.S. des § 90 BGB ansieht. Sachen kämen nur in drei Aggregatzuständen (fest, flüssig, gasförmig) vor, während elektronische Daten aus elektronischen Spannungen bestünden und daher nicht unter den Sachbegriff des Sachenrechts fielen[227]. Auch im Bereich des Strafrechts wird Elektrizität die Sachqualität abgesprochen, was die Ergänzung von § 242 StGB (Diebstahl) durch § 248c StGB (Entziehung elektrischer Energie) zeigt.

Die Überlegung, daß es nach der Lebensanschauung nur auf die Eigenschaften der Elektrizität ankommt, läßt sich auf die grammatische Auslegung des Begriffs „immateriell“ übertragen. Da der natürliche Wortlaut entscheidet, ist die Grenze des Wortlauts auch unter Berücksichtigung der Lebensanschauung zu bestimmen. Elektrizität ist deshalb nach dem natürlichen Wortlaut als immateriell anzusehen.

---

[224] Siehe 2. Teil. 1. Abschnitt. B. III. 3. a), S. 133 f. zur Grenze der Auslegung bei neuen Übertragungsformen ohne Datenträger.

[225] Vgl. *Uelner*, StKr 1975, 95 (101).

[226] *Heinrichs*, in: *Palandt*, § 90 BGB Rdnr. 2; vgl. auch Holch, in: Münchener Kommentar, § 90 BGB Rdnr. 6.

[227] LG Konstanz v. 10.5.1996 - 1 S 292/95, NJW 1996, 2662.

C. Historische Auslegung

Im Rahmen der historischen Auslegung werden Anhaltspunkte für den Gesetzeszweck aus der Entstehungsgeschichte abgeleitet[228]. Im Hinblick auf die historische Auslegung des Tatbestandsmerkmals „immateriell" ist zu berücksichtigen, daß gerade im Bereich der Abgrenzung von materiellen und immateriellen Wirtschaftsgütern Zweifelsfragen durch neue technische Entwicklungen auftreten. Diese technischen Entwicklungen waren bei der Aufnahme des Aktivierungsverbotes ins EStG im Jahre 1969 praktisch in der jetzigen Form nicht absehbar. Das zeigt sich insbesondere bei den Abgrenzungsproblemen, die im Zusammenhang mit Software auftreten[229]. In diesem Bereich läßt die historische Auslegung im Hinblick auf das konkrete Abgrenzungsproblem kaum Rückschlüsse zu.

I. Motive zu § 5 Abs. 2 EStG

§ 5 Abs. 2 EStG geht auf einen Entwurf der Bundesregierung[230] zurück. Nach diesem Entwurf sollte klargestellt werden, daß die Ansatzfrage von Wirtschaftsgütern in der Steuerbilanz allein nach den handelsrechtlichen Grundsätzen ordnungsgemäßer Buchführung beurteilt werden sollte. Das Verbot der Aktivierung nicht entgeltlich erworbener immaterieller Wirtschaftsgüter (vgl. § 153 Abs. 3 AktG 1965) sollte demnach nur zur Klarstellung in § 5 EStG aufgenommen werden, da es ohnehin als Ausdruck der allgemein geltenden Grundsätze ordnungsgemäßer Buchführung zu werten sei. § 5 Abs. 2 EStG ist somit § 153 Abs. 3 AktG 1965 nachgebildet[231]. Dies wurde mit Hinweis auf die durch die unterschiedlichen Meinungen über die Auswirkungen der Änderungen des Aktiengesetzes auf das Steuerrecht begründet, denn nach Einführung des § 153 Abs. 3 AktG 1965 war umstritten, ob das dort aufgestellte Aktivierungsverbot auch für die Steuerbilanz Geltung hatte[232]. Zudem sollte die Angleichung von Steuer- und Handelsbilanz gesichert werden. Die Bundesregierung sah die Gefahr, daß

---

[228] *Tipke/Lang*, Steuerrecht, 1996, § 5 Rdnr. 57.

[229] Siehe 2. Teil. 1. Abschnitt. B. IV. 4., S. 151 ff., zur Einordnung von Software.

[230] BT - Drucksache V/3187, Anlage 1.

[231] Vgl. die Gegenäußerung der Bundesregierung zu der Stellungnahme des Bundesrates, BT- Drucksache V/ 3187, Anlage 3, S. 6; BT- Drucksache V/ 2773, S. 2.

[232] Vgl. die Nachweise zum damaligen Streitstand bei *Littmann*, DStR 1969, 321.

Steuer- und Handelsbilanz über die Unterschiede aufgrund des steuerrechtlichen Bewertungsvorbehalts hinaus auseinanderfallen könnten. Nachdem der Bundesrat den Gesetzesentwurf zunächst abgelehnt hatte, nahm der Bundestag den Entwurf unverändert an[233]. Auch der Bundesrat stimmte daraufhin zu[234].

Bedeutung für das Verständnis von § 5 Abs. 2 EStG hat zudem die gleichzeitig erfolgte Änderung des § 6 Abs. 1 S. 1 EStG (Wortlaut: „Für die Bewertung der einzelnen Wirtschaftsgüter, die nach § 4 Abs. 1 oder nach § 5 EStG als Betriebsvermögen anzusetzen sind..."). Diese Änderung sollte ausdrücklich klarstellen, was auch in dem Regierungsentwurf zum Ausdruck gekommen war, nämlich daß über § 5 EStG nach den handelsrechtlichen Grundsätzen ordnungsgemäßer Buchführung zu beurteilen sei, ob ein Wirtschaftsgut anzusetzen ist. Die Bewertung richtet sich dagegen ausschließlich nach § 6 EStG[235], der also nicht als eigenständige steuerrechtliche Bilanzierungsvorschrift dem Grunde nach anzusehen ist[236].

II. Motive zu § 153 Abs. 3 AktG 1965

Zusammenfassend ist festzuhalten, daß der sich aus der Begründung zu § 153 Abs. 3 AktG 1965 (Wortlaut von § 153 Abs. 3 AktG 1965: „Für immaterielle Anlagewerte darf ein Aktivposten nur angesetzt werden, wenn sie entgeltlich erworben wurden.") ergebene Sinn und Zweck des Aktivierungsverbots auch nach der Begründung des Entwurfs der Bundesregierung[237] weiterhin für die Auslegung des § 5 Abs. 2 EStG Bedeutung hat. Das ist bei der noch vorzunehmenden teleologischen Auslegung zu berücksichtigen. Da durch die Aufnahme des umgestalteten § 5 Abs. 2 ins EStG auch maßgeblich ein Auseinanderfallen von Handels- und Steuerbilanz im Hinblick auf das Aktivierungsverbot des § 153 Abs. 3 AktG 1965 verhindert werden sollte, sind auch die Motive zu untersuchen, die zur Aufnahme dieses Aktivierungsverbotes in das Aktiengesetz geführt haben.

---

[233] BR- Drucksache 107/69.
[234] Vgl. zum Gesetzgebungsverfahren: *Döllerer*, BB 1969, 501 (503).
[235] Vgl. auch *Döllerer*, BB 1969, 501 (505).
[236] *Knobbe-Keuk*, Bilanz- und Unternehmenssteuerrecht, 1993, S. 86 f.
[237] Siehe 1. Teil. 2. Abschnitt. C. I., S. 50 f. (vorherige Seite).

Aus dem Regierungsentwurf zum AktG[238] ergibt sich, daß durch die Änderung die Anwendung einer bewährten kaufmännischen Übung gesichert werden sollte, wobei zweifelhaft ist, ob eine solche kaufmännische Übung zum Zeitpunkt der Änderung tatsächlich bestand[239]. Nicht körperliche Anlagewerte sollten demnach nur in die Bilanz aufgenommen werden, wenn ihr Wert durch den Markt in einem entgeltlichen Rechtsgeschäft bestätigt wurde. Das sei erforderlich, weil immaterielle Anlagewerte ohne eine Bestätigung durch den Markt unsichere und flüchtige Posten mit schwer zu schätzendem Wert seien[240].

III. Motive zu § 248 Abs. 2 HGB

§§ 238 ff. HGB[241] fußen auf der Vierten Gesellschaftsrechtlichen Richtlinie des Ministerrates der EG vom 25.7.1978[242] („Bilanzrichtlinie"). Diese Richtlinie hat Bedeutung für die Auslegung der §§ 238 ff. HGB, da richtlinienkonform auszulegen ist[243]. Die Bilanzrichtlinie ließe eine weitergehende Regelung zu, als diejenige Regelung, die zur Zeit und vor Erlaß der Richtlinie in § 153 Abs. 3 AktG 1965 vorgesehen war. § 248 Abs. 2 HGB sollte keine Rechtsänderung, verglichen mit der bisherigen Regelung, herbeiführen. Aus diesem Grunde bleibt es demnach auch unter Berücksichtigung des § 248 Abs. 2 EStG dabei, daß bei der Auslegung des § 5 Abs. 2 EStG 1969 auf § 153 Abs. 3 AktG 1965 zurückzugreifen ist.

Der Wortlaut des § 248 Abs. 2 HGB weicht allerdings etwas vom § 5 Abs. 2 EStG ab, denn § 248 Abs. 2 HGB setzt einen immateriellen Vermögensgegenstand, also kein immaterielles Wirtschaftsgut voraus. Im

---

238 Begründung zum Regierungsentwurf eines AktG, BT -Drucksache IV/171, S. 177.

239 Das Bestehen einer solchen Übung lehnt BFH v. 3.2.1969 - GrS 2/68, BStBl II 1969, 291 (293) ab, die Begründung zum Regierungsentwurf des AktG 1965 nehme offenbar auf ältere, teilweise noch vertretene Auffassungen Bezug; vgl. auch die Nachweise bei *Kropff*, in: *Geßler/Hefermehl/Eckardt/Kropff*, § 153 AktG Rdnr. 40 zum damaligen Streitstand; *Crezelius*, ZGR 1987, 1 (17).

240 Begründung zum Regierungsentwurf eines AktG, BT -Drucksache IV/171, S. 177.

241 Gesetz zur Durchführung der Vierten, Siebten und Achten Richtlinie des Rates der Europäischen Gemeinschaft zur Koordinierung des Gesellschaftsrechts (Bilanzrichtlien - Gesetz) v. 19.12.1985, BGBl I 1985, 2355.

242 Amtsblatt L 222, S. 11.

243 Z.B. EuGH v. 13.11.1990 - C-106/89, EuGHE 1990, 4135 (4158) (*Marleasing*) zur richtlinienkonformen Auslegung.

Ergebnis handelt es sich dabei jedoch nicht um eine sachliche Abweichung[244], weil nach Rechtsprechung und h.M. der handelsrechtliche Begriff „Vermögensgegenstand" und der steuerrechtliche Begriff „Wirtschaftsgut" aufgrund des in § 5 Abs. 1 EStG festgeschriebenen Maßgeblichkeitsgrundsatzes identisch sind[245]. Außerdem deutet der Wortlaut des § 248 Abs. 2 HGB („darf") für den Fall des entgeltlichen Erwerbs auf ein Wahlrecht hinsichtlich der Aktivierung hin. Überwiegend wird jedoch aufgrund des Vollständigkeitsgebotes (§ 246 Abs. 1 S. 1 HGB) ein Aktivierungswahlrecht für entgeltlich erworbene Vermögensgegenstände auch aus handelsrechtlicher Sicht abgelehnt[246]. Es besteht demnach bei entgeltlichem Erwerb eines immateriellen Vermögensgegenstandes auch handelsrechtlich eine Aktivierungspflicht[247].

Da § 248 Abs. 2 HGB auf die Bilanzrichtlinie zurückgeht, ist zu prüfen, ob sich aus der Richtlinie Maßstäbe für eine weitere Konkretisierung ergeben. Art. 9 Aktiva C I der Bilanzrichtlinie zählt bestimmte immaterielle Anlagewerte auf. Den Einzelstaaten wird im Hinblick auf den Umfang, in dem sie die Aktivierung immaterieller Anlagewerte zulassen wollen, ein gesetzgeberischer Spielraum eingeräumt. Immaterielle Anlagewerte sind demnach zu aktivieren, wenn sie entgeltlich erworben wurden. Sie können darüber hinaus aktiviert werden, wenn dies die Rechtsvorschriften der entsprechenden Einzelstaaten zulassen (Art. 9 Aktiva C I 2 der Bilanzricht-

---

244 *Gail*, WPg 1969, 273 (275); z.B. *Nissen*, DStZ 1969, 129 (132); *Thiel, R.*, FR 1969, 165 (166) zu § 153 AktG 1965.

245 Siehe 1. Teil. 1. Abschnitt. A. V., S. 19; BFH v. 26.2.1975 - R 72/73, BStBl II 1976, 13 (14) = BFHE 115, 243; BFH v. 6.12.1978 - I R 35/78, BStBl II 1979, 262 = BFHE 126, 549; BFH GrS v. 24.3.1987 - I R 202/83, BStBl II 1987, 705 (706) = BFHE 149, 542; BFH v. 26.10.1987 - GrS 2/86, BStBl II 1988, 348 (352) = BFHE 151, 523; BFH v. 26.8.1992 - I R 24/91, BStBl II 1992, 977 = BFHE 169, 163; *Claussen*, in: Kölner Kommentar, § 240 HGB Rdnr. 11; *Falterbaum*, Buchführung und Bilanz, 1996, S. 367; *Kupsch*, WPg, 1977, 663 (666); *Kruse*, JbFfSt 1978/79, 172 (185); *Beisse*, BB 1980, 637 (638); *Groh*, StbJb 1988/89, 187 (197); *Westerfelhaus*, DB 1995, 885 f.; **a.A.** scheinbar ohne nähere Begründung: *Wichmann*, DStR 1987, 718; abweichend auch *Costede*, StuW 1995, 115 (116).

246 Vgl. auch BT - Drucksache 10/ 317, S. 80; *Richter*, in: *Wysocki/Schulze-Osterloh*, HdJ, Abt. II/2 (1990), Die immateriellen Anlagewerte, Rdnr. 51; *Weber-Grellet*, in: *Schmidt*, 1997, § 5 EStG Rdnr. 161; *Claussen*, in: Kölner Kommentar, § 266 HGB Rdnr. 16; *Falterbaum*, Buchführung und Bilanz, 1996, S. 367.

247 Vgl. *Döllerer*, BB 1987, Beilage 12, 1 (2).

linie). Der Geschäfts- oder Firmenwert kann nur bei entgeltlichem Erwerb aktiviert werden (Art. 9 Aktiva C I 3 der Bilanzrichtlinie). Die Bilanzrichtlinie ließe demnach eine weitergehende Regelung zu, als die augenblicklich in HGB und EStG verwirklichte. Für entgeltlich erworbene immaterielle Wirtschaftsgüter ist die Aktivierung allerdings zwingend vorzusehen.

Die Bilanzrichtlinie enthält jedoch keine Hinweise darauf, wie der Begriff „immateriell" zu definieren und materielle und immaterielle Wirtschaftsgüter voneinander abzugrenzen sind. Aus der Aufzählung immaterieller Werte in der Bilanzrichtlinie in Art. 9 Aktiva C I lassen sich keine Rückschlüsse ziehen, wie der Begriff „immateriell" auszulegen ist. Es handelt sich nur um eine beispielhafte Aufzählung, die die problematischen Fallgruppen nicht erfaßt, und deren Bedeutung mit der entsprechenden handelsrechtlichen Aufzählung in § 266 Abs. 2 A HGB vergleichbar ist[248].

D. Systematische Auslegung

I. Bedeutung der handelsrechtlichen Gliederungsvorschriften für die systematische Auslegung

Die handelsrechtlichen Gliederungsvorschriften (§ 266 Abs. 2 A. HGB) nennen eine Reihe von immateriellen Wirtschaftsgütern. Anknüpfend an diese Gliederungsvorschriften sind folgende immaterielle Wirtschaftsgüter zu unterscheiden:

- Konzessionen, gewerbliche Schutzrechte und ähnliche Rechte und Werte sowie Lizenzen an solchen Rechten und Werten,
- der Geschäfts- oder Firmenwert,
- geleistete Anzahlungen.

Konzessionen in diesem Sinne sind insbesondere Mineralgewinnungs - und Bergbaurechte, Brenn- und Braurechte, Verkehrskonzessionen, Wasserrechte (z.B. Fährbetriebe oder Brunnenanlagen). Gewerbliche Schutzrechte sind z.B. Patente und Markenrechte. Ähnliche Rechte sind u.a. Urheberrechte (insbesondere Verlagsrechte), Nutzungsrechte, Wettbewerbsabreden und Lieferrechte. Als ähnliche Werte kommen z.B. in Betracht: Rezepte,

---

[248] Siehe 1. Teil. 2. Abschnitt. D. I., S. 54 ff. zur Bedeutung dieser Gliederungsvorschrift.

Geheimverfahren, Know-how und der Kundenstamm, soweit dieser nicht Teil des Firmen- oder Geschäftswertes ist[249]. Problematisch sind im Hinblick auf die abstrakte Bilanzierungsfähigkeit insbesondere die „ähnlichen Werte“[250]. Finanzanlagen (z.B. Beteiligungen und Wertpapiere) und Forderungen werden getrennt von den immateriellen Vermögensgegenständen ausgewiesen. Das weist darauf hin, daß Finanzanlagen nicht zu den immateriellen Vermögensgegenständen zu zählen sind[251]. Zudem werden grundstücksgleiche Rechte und Bauten auf fremden Grundstücken in § 266 Abs. 2 A. II Nr. 1 HGB unter „Sachanlagen“ eingeordnet[252].

1. Ansichten im Schrifttum zur Bedeutung der Gliederungsvorschriften

In der Literatur wird diese Aufzählung nicht als abschließend, sondern nur als beispielhaft angesehen. Es handele sich nur um eine „Mindestgliederungsvorschrift“, die für den Fall anzuwenden sei, daß entsprechende Wirtschaftsgüter in die Bilanz aufzunehmen sind[253]. Diese beispielhafte Aufzählung bestätige zudem indirekt, daß der Begriff „immateriell“ kaum abschließend im Wege einer grammatischen Auslegung eingegrenzt werden könne[254]. Die Gliederungsvorschrift regele dagegen nicht die Frage, ob und unter welchen Voraussetzungen die in ihr aufgeführten Posten überhaupt ansetzbar seien[255].

Nach anderer Ansicht sind die Gliederungsvorschriften zur Auslegung des Begriffs „Vermögensgegenstand“ heranzuziehen, da die Bilanzgliederungsvorschriften keine Posten enthalten könnten, die nicht auch als

---

[249] Vgl. zu den Beispielen im einzelnen *Glade, A.*, Praxishandbuch der Rechnungslegung, § 266 HGB Rdnr. 31 ff.

[250] Siehe 1. Teil. 1. Abschnitt. A. VII. 1., S. 27.

[251] *Glade, A.*, Praxishandbuch der Rechnungslegung, § 266 HGB Rdnr. 22; *Kessler*, BB 1994, Beilage 12, 1 (8).

[252] Vgl. zur Bedeutung der Gliederungsvorschrift (allerdings noch zum früheren § 151 AktG bei Bauten auf fremden Grundstücken): *Kupsch*, BB 1981, 212 (214 f.).

[253] *Hegenloh*, Die steuerbilanzielle Behandlung von Forschung und Entwicklung, 1985, S. 173.

[254] *Knepper*, in: FS für *Döllerer*, 1988, S. 299 (308).

[255] *Piltz*, DB 1975, 2054 (2055); *Knobbe-Keuk*, StuW 1979, 305 (306); *Kupsch*, BB 1981, 212 (214) zum früheren § 151 AktG (für Bauten auf fremden Grundstücken, die in der handelsrechtlichen Gliederungsvorschrift als Sachanlagevermögen aufgeführt werden); siehe 2. Teil. 1. Abschnitt. B. V. 1., S. 171 ff. zu Bauten auf fremden Grundstücken.

Vermögensgegenstände in Betracht kämen[256]. Nach weitergehender Ansicht ist die Aufgliederung als Normierung von Grundsätzen ordnungsgemäßer Buchführung anzusehen. Sie enthalte allgemeingültige Aussagen dazu, welche Vermögensgegenstände immateriell bzw. zu den Sachanlagen zu zählen seien[257].

2. Stellungnahme zur Bedeutung der handelsrechtlichen Gliederungsvorschriften für die systematische Auslegung

Schon die Bezeichnung als Gliederungsvorschrift zeigt, daß der Regelungsinhalt der Vorschrift darin besteht, zu bestimmen, an welcher Stelle die genannten Posten auszuweisen sind. Im Bereich der abstrakten Bilanzierungsfähigkeit ist selbstverständlich, daß z.B. bei ähnlichen Werten (§ 266 Abs. 2 A. I. 1. HGB) weiter zu konkretisieren ist, unter welchen Voraussetzungen solche Werte überhaupt bilanzierungsfähig sind[258]. Bei „Bauten auf fremden Grundstücken" (§ 266 Abs. 2 A. II. 1. HGB) kann der Gliederungsvorschrift ebenfalls nicht entnommen werden, ob z.B. auch Fälle erfaßt werden, in denen der Bauende nicht wirtschaftlicher Eigentümer wird[259].

Umgekehrt gesehen sind keine konkreten Hinweise ersichtlich, die auf eine weitergehende Bedeutung der vorliegenden Gliederungsvorschriften hindeuten. Die abstrakte und konkrete Bilanzierungsfähigkeit, also auch die Einordnung der jeweiligen Wirtschaftsgüter als materiell oder immateriell, werden deshalb nicht von der Gliederungsvorschrift geregelt, sondern von ihr vorausgesetzt. Das gilt für die in der Vorschrift genannten Posten insgesamt, nicht nur für einzelne Posten.

---

[256] *Gschwendtner*, in: FS für Beisse, 1997, S. 215 (223): auch zur Frage, ob es erheblich ist, daß es sich um eine für Kapitalgesellschaften geltende Gliederungsvorschrift (§ 266 Abs. 2 HGB) handelt, was zu verneinen sei.

[257] *Kempermann*, in: *Kirchhof/Söhn*, § 5 EStG Rdnr. B 40.

[258] Siehe 1. Teil. 1. Abschnitt. A. VII. 1., S. 27.

[259] Siehe 2. Teil. 1. Abschnitt. B. V. 1. b) und c), S. 172 ff.; Moxter, BB 1998, 259 (261); Groh, BB 1996, 1487 (1489 f.); Gschwendtner, in: FS für Beisse, 1997, S. 215 (232).

II. Systematische Stellung des § 5 Abs. 2 im EStG

Aus systematischer Sicht ist bei der Auslegung zu berücksichtigen, daß § 5 Abs. 2 EStG den Ansatz immaterieller Wirtschaftsgüter dem Grunde nach, also die konkrete Bilanzierungsfähigkeit regelt. Die Begriffe „immaterielle" und „Wirtschaftsgüter" werden dagegen im Rahmen dieser Vorschrift nicht geregelt, sondern vorausgesetzt. Zudem ist auf § 5 Abs. 6 EStG hinzuweisen, wonach insbesondere auch die Vorschriften über die Bewertung zu befolgen sind. Daraus läßt sich der Umkehrschluß ziehen, daß § 5 Abs. 2 EStG eine reine Ansatzvorschrift ist, die Bewertung der Höhe nach also grundsätzlich unberücksichtigt zu bleiben hat. Diese Einordnung als Ansatzvorschrift ist bei der Auslegung zu berücksichtigen, insbesondere bei der Ermittlung von Sinn und Zweck des Aktivierungsverbotes im Rahmen der teleologischen Auslegung.

III. Zweischneidigkeit des Aktivierungsverbotes und - gebotes

Zu berücksichtigen ist, daß § 5 Abs. 2 EStG nicht nur ein Aktivierungsverbot, sondern gleichzeitig auch ein Aktivierungsgebot enthält, die zu unterscheiden sind[260]. Das Aktivierungsgebot trägt inhaltlich dem Vollständigkeitsgebot Rechnung, das ein Grundsatz ordnungsgemäßer Buchführung[261] und deshalb für die Steuerbilanz schon über § 5 Abs. 1 EStG verbindlich ist. Jede Anwendung des Aktivierungsverbotes führt gleichzeitig zu einer Einschränkung des Aktivierungsgebotes. Eine weitere Auslegung des einen Prinzips führt zur Einschränkung des anderen.

IV. Gültigkeit des Maßgeblichkeitsprinzips für die Abgrenzung materieller und immaterieller Wirtschaftsgüter

Zu untersuchen ist, ob sich die Maßgeblichkeit der Handelsbilanz für die Steuerbilanz auch auf die Frage erstreckt, ob ein Wirtschaftsgut materiell oder immateriell ist.

---

[260] Vgl. auch *Schreiber*, in: *Blümich*, § 5 EStG Rdnr. 521.

[261] Siehe 1. Teil. 1. Abschnitt. A. VI. 1., S. 22 zum Vollständigkeitsprinzip.

1. Grundsätzliche Anwendbarkeit des Maßgeblichkeitsprinzips

Das Bilanzrecht läßt sich in ein aus 3 Ebenen bestehendes Normengefüge unterteilen[262]:

- „reines" Handelsbilanzrecht („transformiertes Handelsrecht"[263]),
- deckungsgleiches Handels- und Steuerrecht,
- „reines" Steuerbilanzrecht.

Teile der Literatur sehen § 5 Abs. 2 EStG lediglich als klarstellend an, weil das handelsrechtliche Aktivierungsverbot aufgrund des Maßgeblichkeitsprinzips ohnehin auch steuerrechtlich gelte[264]. Teilweise wird § 5 Abs. 2 EStG als besonderer Gesetzesvorbehalt bezeichnet[265]. Übertragen auf die soeben vorgenommene Unterteilung des Normgefüges ergibt sich die Geltung des § 5 Abs. 2 EStG aufgrund „reinen" Handelsrechts oder deckungsgleichen Handelsrechts.

Um die Anwendung reinen Handelsrechts geht es, wenn das Aktivierungsverbot als Grundsatz ordnungsgemäßer Buchführung anzusehen ist. Das ist beim handelsrechtlich in § 248 Abs. 2 HGB normierte Aktivierungsverbot der Fall, weil Grundlage das Vorsichtsprinzip ist. Legt man diesen Ausgangspunkt zugrunde, so ist das Aktivierungsverbot deckungsgleich mit der handelsrechtlichen Regelung des § 248 Abs. 2 HGB[266] und als Grundsatz ordnungsgemäßer Buchführung nach handelsrechtlichen Grundsätzen

---

262 *Beisse*, StuW 1984, 1 (5); *Crezelius*, DB 1994, 689 (690), der zudem den Einfluß von allgemein bürgerlich-rechtlich und gesellschaftsrechtliche Vorgänge nennt..

263 *Weber-Grellet*, in: *Schmidt*, 1997, § 5 EStG Rdnr. 30.

264 *Knobbe-Keuk*, Bilanz- und Unternehmenssteuerrecht, 1993, S.21 (§ 2 II 1); *Claussen*, in: Kölner Kommentar, § 240 HGB Rdnr. 9; vgl. auch *Döllerer/Rädler*, FR 1994, 808 (808).

265 *Mathiak*, in: *Kirchhof/Söhn*, § 5 EStG Rdnr. A 7 f., der allerdings daraus keine abweichende Auslegung von § 5 Abs. 2 EStG als bei Geltung des Maßgeblichkeitsgrundsatzes ableiten will, da durch diesen Gesetzesvorbehalt nur sichergestellt werden solle, daß § 248 Abs. 2 HGB auch dann angewandt wird, wenn der Vorschrift der Charakter eines handelsrechtlichen Grundsatzes ordnungegemäßer Buchführung abgesprochen werden sollte; *Schilling*, Bauten auf fremden Grundstücken im Einkommensteuerrecht, 1997, S. 82 knüpft offenbar auch an einen besonderen Gesetzesvorbehalt an, will die Vorschrift aber als einen "Beispielfall mangelnder Leistungsfähigkeit" ansehen und nach steuerrechtlichen Grundsätzen auslegen.

266 Vgl. *Beisse*, BB 1980, 637, der insoweit von "einem erweiterten Maßgeblichkeitsgrundsatz" spricht.

auszulegen. Auch in den Motiven kommt zum Ausdruck, daß das Aktivierungsverbot als Grundsatz ordnungsgemäßer Buchführung angesehen wurde. Durch die Aufnahme ins EStG sollte lediglich eine einheitliche Behandlung in Handels- und Steuerbilanz gesichert werden, falls das Aktivierungsverbot für nicht entgeltlich erworbene Wirtschaftsgüter des Anlagevermögens nicht als Grundsatz ordnungsgemäßer Buchführung angesehen werden sollte[267]. Deshalb ist davon auszugehen, daß es um die Anwendung „reinen" Handelsrechts geht. Auch der BFH knüpft an die Grundsätze ordnungsgemäßer Bilanzierung an, indem er diese aufgrund des Maßgeblichkeitsprinzips als dafür entscheidend ansieht, ob ein Wirtschaftsgut vorliegt und die weiteren Voraussetzungen für die Aktivierung des Wirtschaftsgutes erfüllt sind[268].

Wird § 5 Abs. 2 EStG abweichend als besonderer Gesetzesvorbehalt angesehen und direkt als steuerrechtliche Regelung angewandt, so ändert sich im Ergebnis nichts am Anwendungsbereich, weil bei diesem Ausgangspunkt deckungsgleiches Handels- und Steuerrecht vorliegt. Aus den Motiven ergibt sich, unabhängig von der Frage, ob das Aktivierungsverbot ein Grundsatz ordnungsgemäßer Buchführung ist, zumindest, daß § 5 Abs. 2 EStG der aktienrechtlichen Regelung § 153 Abs. 3 AktG 1965 nachgebildet ist. Da sich aus dem fast deckungsgleichen Wortlaut von § 5 Abs. 2 EStG und § 248 Abs. 2 HGB[269] und der systematischen Stellung nichts gegenteiliges ergibt, ist § 5 Abs. 2 EStG auch bei Annahme eines besonderen Gesetzesvorbehalts wie § 248 Abs. 2 HGB auszulegen[270].

2. Vereinbarkeit der Grundsätze ordnungsgemäßer Buchführung mit den Grundsätzen der Steuerbilanz

Aus dem Maßgeblichkeitsprinzip ergibt sich, daß das in § 5 Abs. 2 EStG und § 248 Abs. 2 HGB normierte Aktivierungsverbot nach denselben Grundsätzen auszulegen ist. Unter Berücksichtigung der zunehmenden

---

[267] Siehe 1. Teil. 2. Abschnitt. C. I., S. 50 f. zu den Motiven bei Einführung des § 5 Abs. 2 EStG.

[268] BFH v. 28.5.1979 - I R 1/76, BStBl II 1979, 734 = BFHE 128, 367; *Döllerer/Rädler*, FR 1994, 808 (809).

[269] Siehe 1. Teil. 2. Abschnitt. C. III., S. 52 f. zu den Abweichungen im Wortlaut.

[270] Vgl. *Mathiak*, in: *Kirchhof/Söhn*, § 5 Rdnr. A 7 f.

Kritik am Maßgeblichkeitsgrundsatz und dessen verstärkter Zurückdrängung in Teilen der Literatur[271], soll untersucht werden, ob diese gesetzgeberische Entscheidung mit den Zwecken der Steuerbilanz vereinbar ist. Die Kritik am Maßgeblichkeitsprinzip[272] knüpft insbesondere auch daran an, daß die Vereinbarkeit von handels- und steuerrechtlichen Prinzipien bezweifelt und deshalb eine einschränkende, verstärkt steuerrechtlichen Prinzipien Rechnung tragende, Auslegung vorgenommen wird[273].

a) Grundsätze ordnungsgemäßer Buchführung im Hinblick auf die Abgrenzungsfrage

Grund für das Aktivierungsverbot ist das Vorsichtsprinzip[274]. Selbst geschaffene immaterielle Vermögensgegenstände, deren Realisierbarkeit sich am Markt noch nicht bestätigt hat, sollen nur eingeschränkt berücksichtigt werden[275]. Hintergrund ist, daß immaterielle Wirtschaftsgüter als unsichere Werte angesehen werden, die ohne entgeltlichen Erwerb nur schwer oder überhaupt nicht nachweisbar sind[276]. Das Aktivierungsverbot ist damit gleichzeitig eine Ausprägung des Grundsatzes der kaufmännischen Vorsicht[277].

Eine weite Fassung des Begriffs „immateriell“ trägt dem Vorsichtsprinzip Rechnung. Dies ist ein Unterschied zur Wirtschaftsgutdefinition, bei der bei einer weiten Definition des Begriffs „Wirtschaftsgut“ die Objektivierung gerade abnimmt. Je weiter der Begriff „immateriell“ verstanden wird, desto mehr Wirtschaftsgüter sind nur unter den besonderen Voraussetzungen, die

---

271 Vgl. 1.Teil. 1. Abschnitt. A. II. 2., S. 16 f. zur abstrakten Bilanzierungsfähigkeit.

272 *Weber-Grellet*, BB, 1994 30 (31 ff.); ders. DB 1994, 288..

273 Siehe 1. Teil. 1. Abschnitt. A. III. 2., S. 16 f. zur abstrakten Bilanzierungsfähigkeit.

274 Siehe 1. Teil. 2. Abschnitt. D. IV. 1., S. 58 f. zur Einordnung als Grundsatz ordnungsgemäßer Buchführung.

275 *Costede*, StuW 1995, 115 (119).

276 Siehe 1. Teil. 2. Abschnitt. E. I., S. 72 ff. näher zum Zweck; *Thiel, J.*, DStJG 1991, 161 (167).

277 Siehe 1. Teil. 2. Abschnitt. D. IV. 1., S. 58 f.; FG Münster v. 21.10.1980 - VI 2429/76 E, EFG 1981, 279 (280); *Kempermann*, in: *Kirchhof/Söhn*, § 5 EStG Rdnr. B 96; *Nieland*, in: *Littmann/Bitz/Hellwig*, §§ 4, 5 EStG Rdnr. 682; *Tipke/Lang*, Steuerrecht, 1996, § 9, Rdnr. 320; *Mathiak*, StuW 1988, 274; *Siegers*, DStR 1992, 1570 (1571 f.); vgl auch BT-Drucksache V/ 3187, S. 3 ("das Aktivierungsverbot des § 153 Abs. 3 AktG, das als Ausdruck der allgemein geltenden Grundsätze ordnungsgemäßer Buchführung zu werten ist").

§ 5 Abs. 2 EStG aufstellt, zu aktivieren[278]. Zu berücksichtigen ist, daß eine Betonung des Vorsichtsprinzips gleichzeitig dazu führt, daß das Vollständigkeitsprinzip zurückgedrängt wird[279]. Das Aktivierungsverbot ist demnach ein Kompromiß zwischen Vorsichts- und Vollständigkeitsprinzip, zwischen denen der Gesetzgeber als gegenläufige Prinzipien einen Ausgleich geschaffen hat.

b) Prinzipien der Steuerbilanz und ihre Bedeutung für die Abgrenzungsfrage

Die Steuergerechtigkeit wird maßgeblich durch die Gleichmäßigkeit und Gesetzmäßigkeit der Besteuerung bestimmt[280]. Grundlegender Zweck der Steuerbilanz ist es, den Gewinn für eine gerechte Einkommenbesteuerung zu ermitteln[281], die grundsätzlich eine periodengerechte Gewinnermittlung voraussetzt[282].

aa) Gesetzmäßigkeit der Besteuerung

Das Erfordernis der Gesetzmäßigkeit der Besteuerung ist allgemein aus Art. 2 Abs. 1 (Einschränkung der allgemeinen Handlungsfreiheit nur durch Gesetz) und Art. 20 Abs. 3 GG (Bindung der vollziehenden Gewalt an Gesetz und Recht) abzuleiten[283]. Der Grundsatz ist zudem „einfachgesetzlich“ in § 3 Abs. 1 und § 38 AO festgeschrieben. Aus dem Grundsatz der Gesetzmäßigkeit der Besteuerung ist insbesondere die Tatbestandsmäßigkeit der Besteuerung als Erfordernis abzuleiten[284]. Der Bestimmtheitsgrundsatz ergänzt den Grundsatz der Gesetzmäßigkeit der Besteuerung und läßt sich aus dem Prinzip der Rechtssicherheit ableiten, das sich wiederum mit Rückgriff auf das Rechtsstaatsprinzip ergibt[285]. Gegen die

---

278 *Uelner*, StKr 1975, 95 (101).
279 Siehe 1. Teil. 1. Abschnitt. A. VI. 1., S. 21 f..
280 *Tipke/Lang*, Steuerrecht, 1996, § 4 Rdnr. 63.
281 *Costede*, StuW 1995, 115 (116).
282 Z.B. *Strobl*, StbJb 1994/95, 77 (85) m.w.N.
283 *Tipke/Lang*, Steuerrecht, 1996, § 4 Rdnr. 153 f.; *Pezzer*, DStJG 1991, 3 (5).
284 *Tipke/Lang*, Steuerrecht, 1996, § 4 Rdnr. 158.
285 BVerfG v. 14.12.1965 - 1 BvR 571/60, BVerfGE 19, 253 (267); BVerfG v. 28.2.1973 - 2 BvL 19/70, BVerfGE 34, 348 (365); BVerfG v. 12.12.1978 - 2 BvR 154/74, BVerfGE

Verwendung unbestimmter Rechtsbegriffe bestehen allerdings keine Bedenken[286].

Aufgrund der Rechtsfolgen, die insbesondere in § 5 Abs. 2 EStG an die Unterscheidung zwischen materiellen und immateriellen Wirtschaftsgütern geknüpft werden, ist eine Unterscheidung notwendig, die rechtsstaatliche Erfordernisse beachtet. Als Anforderungen für die Bilanzierung läßt sich daraus ableiten, daß die Tatbestandsvoraussetzungen feststehen und auf objektive Grundlagen zurückzuführen sein müssen[287]. Dabei ist zu beachten, daß § 5 Abs. 2 EStG von seiner Zwecksetzung her schon eine Objektivierungsfunktion hat, die die Rechtssicherheit der Besteuerung erhöht, indem die konkrete Bilanzierungsfähigkeit an zusätzliche objektive Voraussetzungen, nämlich einen entgeltlichen Erwerb, der eine objektive Marktbestätigung voraussetzt, geknüpft wird.

bb) Gleichmäßigkeit der Besteuerung

Nach der Rechtsprechung sind unter Berücksichtigung von Art. 3 Abs. 1 GG Belastungen durch die Besteuerung auf die Steuerpflichtigen im Verhältnis ihrer wirtschaftlichen Leistungsfähigkeit zu verteilen[288]. Dieser Ansatz wird

---

49, 343 (362); *Stern, K.*, Staatsrecht I, 1984, § 20 IV 4b (S. 805 f.); *Tipke/Lang*, Steuerrecht, 1996, § 4 Rdnr. 167.

[286] BVerfG v. 10.10.1961 - 2 BvL 1/59, BVerfGE 13, 153 (160); das BVerfG hat im Ergebnis noch keine steuerrechtliche Norm wegen zu großer Unbestimmtheit für verfassungswidrig erklärt, vgl. *Tipke/Lang*, Steuerrecht, 1996, § 4 Rdnr. 168 m.w.N.; *Pezzer*, DStJG 1991, 3 (6) unter Hinweis auf Hedemann, Die Flucht in die Generalklauseln, 1933, S. 58: "Stücke offengelassener Gesetzgebung".

[287] *Freericks*, Bilanzierungsfähigkeit und Bilanzierungspflicht in Handels- und Steuerbilanz, 1976, S. 268 und *Pfeiffer*, Das immaterielle Wirtschaftsgut, 1982, S. 91, allerdings beide zur abstrakten Bilanzierungsfähigkeit.

[288] Vgl. die Rechtsprechung des Bundesverfassungsgerichts: BVerfG v. 17.1.1957- 1 BvL 4/54, BVerfGE 6, 55 (67) (Haushaltsbesteuerung); BVerfG v. 24.6.1958- 2 BvF 1/57, BVerfGE 8, 51 (68 f.) (Parteispenden); BVerfG v. 14.4.1959- 1 BvL 23, 34/57, BVerfGE 9, 237 (243); BVerfG v. 11.7.1961 - 1 BvL 32/57, BVerfGE 13, 290 (297); BVerfGE 14, 34 (41); BVerfG v. 2.10.1969- 1 BvL 12/68, BVerfGE 27, 58 (64); BVerfG v. 9.2.1972 - 1 BvL 16/69, BVerfGE 32, 333 (339); BVerfG v. 2.10.1973 - 1 BvR 345/73, BVerfGE 36, 66 (72); BVerfG v. 23.11.1976 - 1 BvR 150/76, BVerfGE 43, 108 (118 ff.) (Kinderfreibetrag); BVerfG v. 11.10.1977 - 1 BvR 343/73, 83/74, 183 u. 428/75, BVerfGE 47, 1 (29); BVerfG v. 10.12.1980 - BvF 3/77, BVerfGE 55, 274 (302); BVerfG v. 3.11.1982 - 1 BvR 620/78, 1335/78, 1104/79, 363/80, BVerfGE 61, 319 (343 ff.) (Ehegattensplitting); BVerfG v. 22.2.1984 - 1 BvL 10/80, BVerfGE 66, 214 (223)

auch im Schrifttum besonders im Bereich des Einkommensteuerrechts betont, das auf die Leistungsfähigkeit des einzelnen Steuerpflichtigen hin angelegt sei[289].

An dieser Stelle soll lediglich untersucht werden, ob es mit dem Prinzip der Besteuerung nach der Leistungsfähigkeit vereinbar ist, wenn eine etwaige Erhöhung der Leistungsfähigkeit nicht schon beim Vorliegen der abstrakten Bilanzierungsfähigkeit berücksichtigt wird. § 5 Abs. 2 EStG stellt insoweit weitere Voraussetzungen auf, indem bei immateriellen Wirtschaftsgütern des Anlagevermögens die konkrete Bilanzierungsfähigkeit an einen entgeltlichen Erwerb geknüpft[290], also eine zusätzliche Objektivierung vorausgesetzt[291] und die periodengerechte Besteuerung eingeschränkt wird.

Folgende Gewinnauswirkungen ergeben sich im Zusammenhang mit einer zulässigen oder ausgeschlossenen Aktivierung[292]:

- Gewinnerhöhung durch die Aktivierung in Höhe der getätigten Aufwendungen, weil die Aktivierung gleichzeitig zur Folge hat, daß insoweit kein Betriebsausgabenabzug zulässig ist,
- Gewinnminderung,
  - wenn eine Aktivierung erfolgt und Absetzungen für Abnutzungen zulässig sind,
  - wenn keine Aktivierung erfolgt und aus diesem Grunde ein Betriebsausgabenabzug in voller Höhe der getätigten Aufwendungen zulässig ist.

Bei immateriellen Wirtschaftsgütern des Anlagevermögens besteht ein Aktivierungsverbot, wenn kein entgeltlicher Erwerb vorliegt. Die Aufwendungen sind sofort abziehbare Betriebsausgaben, die den Gewinn sofort in

---

(Unterhaltsaufwendungen); BVerfG v. 17.10.1984 -1 BvR 527/80, 528/81 und 441/82, BVerfGE 68, 143 (152 f.); BVerfG v. 29.5.1990 - 1 BvL 20, 26, 184 u. 4/86, BVerfGE 82, 60 (86 f.) (Familienexistenzminimum); vgl. aus der Literatur z.B. *Tipke/Lang*, Steuerrecht, 1996, § 4, Rdnr. 81 ff.; *Pezzer*, DStJG 1991, 3 (6).

289 *Tipke/Lang*, Steuerrecht, 1996, § 4, Rdnr. 81.

290 Hierzu *Costede*, StuW 1995, 115 (122).

291 Hierzu *Moxter*, DB 1978, 1804 ff.

292 Vgl. auch *Costede*, StuW 1995, 115 (120).

voller Höhe mindern[293]. Werden immaterielle Wirtschaftsgüter nicht aktiviert, weil das Aktivierungsverbot eingreift, so wird dadurch die periodengerechte Erfassung des Gewinns eingeschränkt[294]. Das ist die notwendige Folge der zusätzlichen Objektivierungserfordernisse, die § 5 Abs. 2 EStG aufstellt[295]. Die Aktivierung führt dagegen grundsätzlich zur Gewinnerhöhung, da dadurch der Abzug der für das Wirtschaftsgut getätigten Betriebsausgaben ausgeglichen wird. Allerdings geht mit der Aktivierung gleichzeitig zumindest eine teilweise Gewinnminderung einher, wenn es sich um abnutzbare Wirtschaftsgüter handelt und Absetzungen für Abnutzungen möglich sind[296]. Die Gewinnauswirkungen verteilen sich dann auf die Nutzungsdauer.

Auch eine Aktivierung ohne eine entsprechende Objektivierungshürde würde letztendlich dem Leistungsfähigkeitsprinzip nicht Rechnung tragen. Die Folge könnte eine Übermaßbesteuerung sein, wenn auch nicht gesichert erscheinende Vorteile der Besteuerung unterworfen werden, weil ein zweifelhafter Vermögenszuwachs kein sicheres Indiz persönlicher Leistungsfähigkeit ist[297]. Daraus ergibt sich gleichzeitig, daß die zusätzlichen Voraussetzungen, die durch das Aktivierungsverbot für die konkrete Bilanzierungsfähigkeit aufgestellt werden, keine Einschränkung der Besteuerung nach der persönlichen Leistungsfähigkeit beinhalten.

Selbst dann, wenn man von einer Einschränkung der Besteuerung nach der persönlichen Leistungsfähigkeit ausginge, ergibt sich nichts abweichendes. Trotz unterschiedlicher Grundsätze in Handels- und Steuerbilanz liegt kein Widerspruch zu den steuerrechtlichen Erfordernissen im Hinblick auf die Auslegung des § 5 Abs. 2 EStG vor (bzw. der Auslegung des Begriffs „immaterielle“)[298]. Auch aus steuerrechtlicher Sicht stünden sich gegen-

---

293 Siehe auch 2. Teil. 2. Abschnitt, Seite 179 ff. zur praktischen Bedeutung.

294 Siehe 1. Teil. 1. Abschnitt. A. VI. 3., Seite 23 f. zu den unterschiedlichen Bilanztheorien.

295 *Moxter*, DB 1978, 1804 (1805).

296 Vgl. *Costede*, StuW 1995, 115 (121 f.).

297 *Pezzer*, DStJG 1991, 3 (24), allerdings zur Vereinbarkeit des Imparitätsprinzips mit dem Leistungsfähigkeitsprinzip.

298 Vgl. auch *Pezzer*, DStJG 1991, 3 (20 ff.) zur Frage, inwieweit Ausprägungen des Vorsichtsprinzip mit dem Maßgeblichkeitsprinzip, daß insbesondere unter Berücksichtigung des Leistungsfähigkeitsprinzips auszulegen sei, vereinbar sind; grundsätzlich enger

läufige Grundsätze mit dem Erfordernis der Gesetzmäßigkeit der Besteuerung und der Gleichmäßigkeit der Besteuerung gegenüber[299]. Das eine Prinzip läßt sich nicht verwirklichen, ohne daß das andere zurücktritt. Dies bedeutet gleichzeitig (indirekt) eine gesetzgeberische Entscheidung, durch die ein Ausgleich der widerstreitenden Grundsätze mit Verfassungsrang in der Form geschaffen wird, daß insoweit jedenfalls dem Rechtsstaatsprinzip (bzw. dem daraus abzuleitenden Erfordernis der Tatbestandsmäßigkeit der Besteuerung) der Vorrang vor der Gleichmäßigkeit der Besteuerung eingeräumt wird, indem die Objektivierung erhöht wird[300].

V. Entwicklung von Kriterien zur Abgrenzung unter Berücksichtigung der Ergebnisse zur Bestimmung des Abgrenzungsgegenstandes

Es soll im folgenden untersucht werden, welche Folgerungen aus den Ergebnissen zum Vorliegen eines Wertes mit Wirtschaftsgutqualität und eines selbständigen Wirtschaftsgutes für die Abgrenzung materieller und immaterieller Wirtschaftsgüter zu ziehen sind. Dazu soll zunächst grundsätzlich gezeigt werden, daß die Abgrenzung unter Berücksichtigung der Grundsätze ordnungsgemäßer Buchführung und der Wirtschaftsgutdefinition zu erfolgen hat, mit der sie aufgrund gleicher Grundlagen nicht im Widerspruch stehen darf. Die Voraussetzungen werden herausgearbeitet, die der im Vordergrund stehende Teil unter Berücksichtigung der Wirtschaftsgutdefinition und der Voraussetzungen für das Vorliegen eines selbständigen Wirtschaftsgutes insbesondere erfüllen muß. Im Anschluß werden unter Berücksichtigung dieser Voraussetzungen Kriterien für die Abgrenzung materieller und immaterieller Wirtschaftsgüter vorgeschlagen.

Im Rahmen der folgenden Darstellung werden demnach zwar aus der abstrakten Wirtschaftsgutdefinition Grundsätze hergeleitet, nach denen die Abgrenzung der Begriffe „materiell" und „immateriell" vorzunehmen ist, gleichzeitig wird aber zwischen den Begriffen „Wirtschaftsgut" und „imma-

---

Costede, StuW 1995, 115 (116), der stärker die gerechte Besteuerung des Einkommens als Zweck der Steuerbilanz herausstellt.

[299] *Moxter*, DB 1978, 1804 (1808).

[300] Vgl. auch *Kraus-Grünewald*, in: FS *Beisse*, S. 285 (297): "Balanceakt zwischen Schutzfunktion durch notwendige Vorsicht und Vermeidung eines Subventionseffektes durch übertriebene Vorsicht..

teriell" unterschieden, da in Grenzfällen eine weitere Konkretisierung der Abgrenzungsmerkmale notwendig ist, die über die herkömmliche Wirtschaftsgutdefinition hinausgeht[301].

1. Abgrenzung materieller und immaterieller Wirtschaftsgüter als Konkretisierungsaufgabe

Die abstrakte Bilanzierungsfähigkeit (Vorliegen eines Wirtschaftsgutes, das selbständig sein muß) und die konkrete Bilanzierungsfähigkeit (Voraussetzungen des § 5 Abs. 2 EStG) sind aufgrund des Maßgeblichkeitsprinzips unter Berücksichtigung der Grundsätze ordnungsgemäßer Buchführung zu konkretisieren.[302] Zu berücksichtigen sind demnach insbesondere das Vorsichtsprinzip und der Grundsatz der Unternehmensfortführung[303]. Auch die Voraussetzungen für das Vorliegen eines selbständigen Wirtschaftsgutes wurden aus dem Kriterium „selbständige Bewertbarkeit", das Teil der Wirtschaftsgutdefinition ist, entwickelt. Es handelt sich im Ergebnis um eine Konkretisierung der Wirtschaftsgutdefiniton[304].

Die Einordnung eines Wirtschaftsgutes als materiell oder immateriell hat ebenfalls unter Berücksichtigung der Wirtschaftsgutdefinition zu erfolgen, weil im Ergebnis der im Vordergrund stehende Teil auch die Wirtschaftsgutqualität im Rahmen des Nutzbarkeitszusammenhangs bestimmen muß, damit die durch das Aktivierungsverbot angestrebte Objektivierung erreicht wird. Die Kriterien müssen deshalb gewährleisten, daß sich kein Widerspruch zur Wirtschaftsgutdefinition ergibt. Der im Vordergrund stehende Teil muß die Voraussetzungen der Definition erfüllen.

2. Vorgaben für die Abgrenzung aufgrund der Bestimmung des Abgrenzungsgegenstandes

Vorgaben für die weitere Konkretisierung lassen sich aus der Wirtschaftsgutdefinition und den Voraussetzungen für das Vorliegen selbständiger Wirtschaftsgüter ableiten.

---

301 Siehe 1. Teil. 2. Abschnitt. A. II., S. 44 f. zur getrennten Prüfung der Begriffe.
302 Siehe 1. Teil. 1. Abschnitt. A. III., S. 14 f. zur grundsätzlichen Anwendbarkeit.
303 Siehe 1. Teil. 1. Abschnitt. A. VI. 1. und 2., S. 21 ff.
304 Siehe 1. Teil. 1. Abschnitt. B. II. 2., S. 37 ff.

a) Vorgaben aufgrund der Wirtschaftsgutdefinition

Materielle und immaterielle Wirtschaftsgüter werden in Literatur und Rechtsprechung im Rahmen einer Definition erfaßt. Als entscheidende inhaltliche Kriterien der Wirtschaftsgutdefinition für die Einordnung als immateriell sind die Greifbarkeit durch selbständige Bewertbarkeit und die mehrjährige Nutzbarkeit herausgearbeitet worden[305]. Im Hinblick auf den Grad der Greifbarkeit und der Sicherheit der selbständigen Bewertbarkeit der Nutzbarkeit ergeben sich inhaltlich Unterschiede zwischen materiellen und immateriellen Wirtschaftsgütern. Daneben weist häufig auch die Art der Nutzbarkeit bei immateriellen Wirtschaftsgütern grundlegende Unterschiede zu derjenigen bei materiellen Wirtschaftsgütern auf. Insbesondere diese beiden zentralen Voraussetzungen (Greifbarkeit und die Nutzbarkeit über mehrere Wirtschaftsjahre) muß der im Vordergrund stehende Teil bestimmen.

Zu untersuchen ist, ob sich Rückschlüsse auf die Einordnung als materiell aufgrund des Vorliegens von Greifbarkeit des hergestellten Endprodukts ziehen lassen. Solche Rückschlüsse auf den materiellen Charakter eines Wirtschaftsgutes sind nicht möglich[306]. Die Greifbarkeit ist Teil der Wirtschaftsgutdefinition und damit schon Voraussetzung dafür, daß den Werten überhaupt Wirtschaftsgutqualität zukommt. Die Abgrenzung der Begriffe "materiell" und "immateriell" kann nicht nach Kriterien erfolgen, die schon Teil der Wirtschaftsgutdefinition sind[307]. Zu unterscheiden ist die Frage, ob ein Wert überhaupt greifbar ist, von derjenigen, nach dem Grad der Greifbarkeit eines Wirtschaftsgutes.

Aufgrund von zweifelhafter Greifbarkeit des Wertes insgesamt sind Rückschlüsse auf die Einordnung dagegen möglich. In der Literatur wird § 5 Abs. 2 EStG für anwendbar gehalten und damit das Vorliegen eines immateriellen Wirtschaftsguts bejaht, wenn die Nichtfaßbarkeit und Flüchtigkeit des Wertes ein solches Maß erreicht, daß schon zweifelhaft ist, ob

---

305 Siehe 1. Teil. 1. Abschnitt. A. VII. 1., S. 26 f.

306 A.A. *Kessler*, BB 1994, Beilage 12, 1 (9).

307 Vgl. auch *Hegenloh*, Die steuerbilanzielle Behandlung von Forschung und Entwicklung, 1985, S. 175: für die Bestimmung des Begriffs "immateriell" seien keine Kriterien zu verwenden, die durch den übergeordneten Wirtschaftsgutbegriff nicht gedeckt seien.

dem Wert überhaupt Wirtschaftsgutqualität zukommt[308]. Auch bei dieser Definition verliert das Bilanzierungsverbot allerdings nicht seine Bedeutung,[309] weil zu unterscheiden ist zwischen völlig fehlender und zweifelhafter Greifbarkeit. Bei abstrakt bilanzierungsfähigen wirtschaftlichen Werten mit zweifelhafter Greifbarkeit handelt es sich regelmäßig auch um immaterielle Wirtschaftsgüter.

Der unterschiedliche Konkretisierungsgrad der einzelnen Teile im Rahmen des einheitlichen Wirtschaftsgutes könnte Hinweise auf die Einordnung geben. Bei der Abgrenzung immaterieller Einzelwirtschaftsgüter vom Geschäftswert wird die Greifbarkeit als entscheidend für einen gesonderten Ausweis angesehen. An den Nachweis der Greifbarkeit werden dabei in Abhängigkeit von der Objektivierung des jeweiligen Wertes unterschiedliche Anforderungen gestellt, wobei Rechte im Gegensatz zu rein wirtschaftlichen Werten grundsätzlich als „greifbar" angesehen werden[310]. Die unterschiedliche Objektivierung und der Grad der Greifbarkeit sind allerdings zur Ermittlung des im Vordergrund stehenden Teils im Rahmen eines einheitlichen Wirtschaftsguts nicht geeignet. Auch bei geringer Objektivierung des immateriellen Teils kann dieser als im Vordergrund stehend anzusehen sein, wenn die Greifbarkeit und die Nutzbarkeit durch den weniger objektivierten immateriellen Teil bestimmt wird. Entscheidend für das Vorliegen eines materiellen Wirtschaftsgutes ist, ob der materielle Teil die Greifbarkeit, also die selbständige Bewertbarkeit bestimmt. Auch Wirtschaftsgüter, die übereinstimmend als materiell eingeordnet werden, bestehen häufig aus miteinander verknüpften materiellen und immateriellen Teilen[311], wobei bei diesen materiellen Wirtschaftsgütern der materielle Teil die Greifbarkeit des Wirtschaftsgutes bestimmt. Der Grad der Greifbarkeit der jeweiligen Teile im Rahmen eines einheitlichen Wirtschaftsgutes erlaubt daher keine Rückschlüsse für die Einordnung des einheitlichen Wirtschafts-

---

308 *Littmann*, DStR 1969, 321(332).

309 So aber *Hegenloh*, Die steuerbilanzielle Behandlung von Forschung und Entwicklung, 1985, S. 177 f.

310 Vgl. Hommel, ZfbF 1997, 345 (354 f.).

311 FG Berlin v. 27.10.1982 - II 138/80, EFG 1983, 439; *Kählert/Lange*, BB 1993, 613 (614).

gutes. Auch ein immaterieller Teil mit geringer Greifbarkeit kann im Vordergrund stehen.

b) Vorgaben aufgrund der Voraussetzungen für das Vorliegen selbständiger Wirtschaftsgüter

Die Voraussetzungen für das Vorliegen eines immateriellen Wirtschaftsgutes und eines selbständigen Wirtschaftsgutes richten sich jeweils nach dem Maßgeblichkeitsgrundsatz. Deshalb sind in beiden Fällen die Grundsätze ordnungsgemäßer Buchführung anzuwenden. Zu untersuchen ist, inwieweit sich aus den Voraussetzungen für das Vorliegen selbständiger Wirtschaftsgüter eine weitere Konkretisierung ableiten läßt.

Ein einheitliches Wirtschaftsgut liegt vor, wenn ein einheitlicher Nutzbarkeitszusammenhang im jeweiligen Betrieb besteht, der grundsätzlich beim Vorliegen eines Funktionszusammenhangs zu bejahen ist. Der Nutzbarkeitszusammenhang als Kriterium enthält eine nähere Konkretisierung der selbständigen Bewertbarkeit[312]. Anders ausgedrückt wird dadurch festgelegt, welche Teile nicht selbständig bewertbar sind. Bei der Frage, ob es sich um ein einheitliches Wirtschaftsgut handelt, geht es allerdings nicht darum, einen im Vordergrund stehenden Teil zu ermitteln, sondern um die Zusammenfassung von einzelnen Teilen, denen Wirtschaftsgutqualität zukommen kann, aber nicht muß, zu einer (Bewertungs-) Einheit. Doch muß ein im Vordergrund stehender Teil auch diesen Nutzbarkeitszusammenhang bestimmen.

3. Ableitung eines Abgrenzungskriteriums unter Berücksichtigung der Vorgaben

Der im Vordergrund stehende Teil muß demnach die Wirtschaftsgutqualität im Rahmen des Nutzbarkeitszusammenhangs bestimmen. Da zentrales Kriterium der Wirtschaftsgutdefinition die Nutzbarkeit über mehrere Wirtschaftsjahre und deren selbständige Bewertbarkeit ist und es für das Vorliegen eines selbständigen Wirtschaftsgutes auf einen Nutzbarkeitszusammenhang ankommt, wird durch Abstellen auf den die Nutzbarkeit bestimmenden

---

[312] Siehe 1. Teil. 1. Abschnitt. B. II. 2., S. 38 f.

Teil den Vorgaben aus der Bestimmung des Abgrenzungsgegenstandes Rechnung getragen. Hinweise auf die Nutzbarkeit gibt dabei die Funktion des jeweiligen Teils im Rahmen des einheitlichen Wirtschaftsgutes und damit auch im Betrieb.

Demnach sind im Anschluß an die Ergebnisse der systematischen Auslegung die folgenden zwei Prüfungsschritte vorzunehmen:

- Bestimmung der Nutzbarkeit des Wirtschaftsgutes,
- Bestimmung des Teils, der diese Nutzbarkeit bestimmt.

4. Betriebsindividuelle Bestimmung des die Nutzbarkeit bestimmenden Teils

Das Kriterium der Nutzbarkeit als entscheidendes Merkmal für die Einordnung ist weiter zu konkretisieren. Diese Konkretisierung ist unter Berücksichtigung der herausgearbeiteten Grundsätze ordnungsgemäßer Buchführung vorzunehmen. Da die Frage der Wirtschaftsgutqualität, des Vorliegens eines einheitlichen Wirtschaftsgutes und die Einordnung als immateriell oder materiell jeweils unter Berücksichtigung der Grundsätze ordnungsgemäßer Buchführung zu erfolgen hat, kann auf die bisher herausgearbeiteten Grundsätze zurückgegriffen werden. Das Vorliegen eines immateriellen (Einzel-) Wirtschaftsgutes ist auf der Ebene der abstrakten Bilanzierungsfähigkeit objektiv, aber betriebsbezogen zu bestimmen[313]. Entscheidend ist deshalb die Sicht eines gedachten Erwerbers, weil eine objektive Betrachtung vorzunehmen ist. Zudem ist auf den Fall einer Veräußerung des gesamten Betriebes bei gleichzeitiger Unternehmensfortführung abzustellen, da der Grundsatz der Unternehmensfortführung zu beachten ist[314].

Demnach ist für die Bestimmung der Nutzbarkeit des im Vordergrund stehenden Teils zusammengefaßt entscheidend:

- die Sicht eines gedachten Erwerbers bei einer Betriebsveräußerung (objektive Betrachtung),
- bei gleichzeitiger Unternehmensfortführung (betriebsindividuelle Betrachtung).

---

[313] Siehe 1. Teil. 1. Abschnitt. A. VII. 1., S. 26 ff.

[314] Siehe 1. Teil. 1. Abschnitt. A. VI. 2., S. 22 f. zu diesem Grundsatz.

Daraus ergibt sich gleichzeitig, daß die jeweilige vertragliche Vereinbarung nur Ausgangspunkt dafür sein kann, ob ein materieller oder immaterieller Wert übergeht. Die Vereinbarung ist im Hinblick darauf zu überprüfen, ob sich aus der Sicht eines gedachten Erwerbers bei einer Betriebsveräußerung abweichendes ergäbe. Die Rechtsprechung des BFH, die auf das wirtschaftliche Interesse mit Rücksicht auf den jeweiligen Erwerber und auf die jeweilige vertragliche Vereinbarung abstellt[315], ist unter diesem Vorbehalt zu verstehen. Es geht nicht darum, was der Erwerber erwerben will, sondern darum, was er aus objektiver Sicht erwirbt, wobei auf die Sicht eines gedachten Erwerbers des gesamten Betriebs abzustellen ist.

Die praktische Abgrenzung kommt allerdings nicht ohne weitere Kriterien aus, die als Indizien dafür anzusehen sind, welcher Teil die Nutzbarkeit bestimmt. Die weiteren Kriterien sind aber unter Berücksichtigung der soeben herausgearbeiteten Grundsätze zu verstehen. Wichtiges Indiz ist insoweit die Funktion der einzelnen Teile im Rahmen des einheitlichen Wirtschaftsgutes aus objektiver, betriebsindividueller Sicht.

Die so vorgenommene Auslegung führt allerdings zu einer nur eingeschränkten Objektivierung, weil die Einordnung als immateriell nicht starr ist, sondern sich unter Berücksichtigung der aktuellen, betriebsindividuellen Verhältnisse ändern kann. Das ist eine Folge der erforderlichen betriebsindividuellen Betrachtung. Richtig ist es demnach, daß die Einordnung von Wirtschaftsgütern einer bestimmten Gruppe als materiell oder immateriell auch zeitlich gesehen nicht allgemeingültig objektiv bestimmt werden kann[316], sondern Änderungen unterliegt. Dies gilt unabhängig davon, daß sich auch aufgrund der wirtschaftlichen Entwicklung die Einordnung als materiell oder immateriell ändern kann[317].

---

[315] BFH v. 22.5.1979 - III R 129/74, BStBl II 1979, 634 (635) = BFHE 128, 289: Es wird darauf abgestellt, ob es dem Erwerber auf den Erwerb technischen Wissens ankam.

[316] *Pfeiffer*, Das immaterielle Wirtschaftsgut, 1982, S. 142.; ablehnend *Hegenloh*, Die steuerbilanzielle Behandlung von Forschung und Entwicklung, 1985, S. 181.

[317] Siehe 1. Teil. 2. Abschnitt. E. IV., S. 81 f. zur Möglichkeit der Änderung der Einordnung aus teleologischen Gründen.

E. Teleologische Auslegung

I. Konkretisierung von Sinn und Zweck des § 5 Abs. 2 EStG

Zunächst sind der Sinn und der Zweck der Vorschrift zu konkretisieren, um die Auslegung überhaupt zu ermöglichen.

1. Sinn und Zweck des § 5 Abs. 2 EStG nach Literatur und Rechtsprechung

In der Literatur wird als Grund für das Aktivierungsverbot für nicht entgeltlich erworbene immaterieller Wirtschaftsgüter des Anlagevermögens angesehen, daß es sich um besonders unsichere Werte handele, bei denen Nutzungsmöglichkeit und Nutzungszeitraum häufig nicht absehbar seien[318]. Dadurch komme es zu Objektivierungsproblemen, die in diesem Umfang bei materiellen Wirtschaftsgütern unbekannt seien[319]. Die Vermögenslage solle durch den Ansatz schwer greifbarer Güter nicht zu günstig dargestellt werden[320]. Auch in der Rechtsprechung wird an die Unsicherheit immaterieller Wirtschaftsgüter angeknüpft. Wegen der Unsicherheiten sei eine Bestätigung am Markt in Gestalt von Anschaffungskosten zu fordern[321]. Grundlage der Marktbestätigung ist die These von der grundsätzlichen Ausgeglichenheit von Leistung und Gegenleistung bei unter Marktteilnehmern frei ausgehandelten Preisen. Ohne eine solche Marktbestätigung müßte vorrangig auf die subjektive Auffassung des Kaufmanns als Grundlage für die Aktivierung zurückgegriffen werden[322]. Ohne vorrangige Bildung eines Wertes wäre der Wertansatz willkürlich, da die Wirtschaftsgüter auch wertlos sein könnten[323].

---

[318] *Knobbe-Keuk*, Bilanz- und Unternehmenssteuerrecht, 1993, S. 90.

[319] *Moxter*, BB 1979, 1102.

[320] *Schreiber*, in: *Blümich*, § 5 EStG Rdnr. 522; **abweichend** *Costede*, StuW 1995, 115 (119), der auf die steuerrechtlichen Folgen bei Aktivierung abstellt: Zweck sei es, den Steuerpflichtigen bei selbst geschaffenen Wirtschaftsgütern vorerst zu schonen und einen erfolgswirksamen Abzug von angefallenen Betriebsausgaben zuzulassen.

[321] BFH v. 16.2.1975 - I R 72/73, BStBl II 1976, 13 (14) = BFHE 115, 243; BFH v. 25.11.1976 - IV R 90/72, BStBl II 1977, 467 (472) = BFHE 120, 499; BFH v. 20.8.1986 - I R 150/82, BStBl II 1987, 455 (457) = BFHE 149, 25; BFH v. 26.8.1992 - I R 24/91, BStBl II 1992, 977 = BFHE 169, 163; FG Bremen v. 25.6.1992 - I 198/90 K, EFG 1993, 162 (163).

[322] Vgl. *Uelner*, StKr 1975, 95 (106).

[323] *Tiedtke*, Einkommensteuer- und Bilanzsteuerrecht, 1995, S. 358.

Der Grund dieser Unsicherheiten bei immateriellen Wirtschaftsgütern wird darin gesehen, daß sich der Wert immaterieller Wirtschaftsgüter ausschließlich aufgrund des Ertragswertes ergebe. Dieser sei jedoch wegen des ausgeprägt individuellen Charakters schwer zu ermitteln. Der Unterschied zu materiellen Wirtschaftsgütern, für deren Werthaltigkeit grundsätzlich auch der Ertragswert entscheidend ist, liege darin, daß materielle im Unterschied zu immateriellen Wirtschaftsgütern aufgrund ihrer Vergleichbarkeit untereinander im Wert objektivierbar seien[324].

Umstritten ist, ob Zweck des § 5 Abs. 2 EStG auch die Verhinderung von Schwierigkeiten bei der Bewertung der Höhe nach ist. Teile der Literatur sehen die Verhinderung von Bewertungsschwierigkeiten als nicht vom Sinn und Zweck erfaßt an[325]. Nach anderer Ansicht sollen durch das Aktivierungsverbot auch Bewertungsschwierigkeiten verhindert werden[326]. Die Aktivierung solle auf Fälle beschränkt werden, in denen eine Bewertung möglich sei[327].

Eine abweichende Ansicht im Schrifttum verfolgt einen grundsätzlich anderen Ansatz, indem die Vorschrift als „Beispielfall mangelnder Leistungsfähigkeit" verstanden wird[328]. Der Unterschied zur herkömmlichen Auffassung ist darin zu sehen, daß nicht an das Vorsichtsprinzip als grundlegendes Prinzip für die Auslegung des Aktivierungsverbotes angeknüpft wird, sondern an das Leistungsfähigkeitsprinzip.

---

[324] Siegers, Die verdeckte Einlage immaterieller Wirtschaftsgüter, S. 92, der jedoch auch auf Bewertungsschwierigkeiten abstellt.

[325] *Wolffgang*, in: *Kirchhof/Söhn*, § 5 EStG Rdnr. C 51; *Nieland*, in: *Littmann/Bitz/Hellwig*, §§ 4, 5 EStG Rdnr. 691 zum Tausch; vgl. *auch Herrmann/Heuer/Raupach*, § 5 EStG Rdnr. 1735 ebenfalls zum Tausch, wonach die Frage nach der Wertfindung und der Höhe des Bilanzansatzes nur sekundäre Bedeutung habe, wenn man die Marktgängigkeit und die Erbringung einer konkretisierten, selbständig erfaßbaren Gegenleistung als entscheidend ansehe.

[326] So wohl *Claussen*, in: Kölner Kommentar, § 240 HGB Rdnr. 9 für § 248 Abs. 2 HGB; *Uelner*, StKr 1975, 95 (106); *Siegers*, DStR 1992, 1570 (1571); trotz Berufung auf die BFH-Rechtsprechung wohl auch FG Berlin v. 27.1.1982 - II 153/81, EFG 1982, 505 (506); jetzt auch *Herrmann/Heuer/Raupach*, § 5 EStG Rdnr. 1735; **ablehnend** *Nieland*, in: *Littmann/Bitz/Hellwig*, §§ 4, 5 EStG Rdnr. 691.

[327] Vgl. hierzu *Siegers*, DStR 1992, 1570 (1571); siehe auch *Falterbaum*, Buchführung und Bilanz, 1996, S. 368, wonach auf die Wertbestätigung und Wertfindung abzustellen sei.

[328] *Schilling*, Bauten auf fremden Grundstücken im Einkommensteuerrecht, 1997, S. 82.

2. Stellungnahme zum Sinn und Zweck der Vorschrift

Entscheidend für die teleologische Auslegung ist der sich häufig nicht mit betrieblichen Vorstellungen deckende immanente Gesetzeszweck[329]. Ausgangspunkt für eine weitere Konkretisierung des Sinns und Zwecks des § 5 Abs. 2 EStG ist dabei unter Berücksichtigung des Maßgeblichkeitsprinzips das Vorsichtsprinzip[330]. Daher erscheint die in Literatur und Rechtsprechung vertretene Zweckrichtung, die Aktivierung von immateriellen Wirtschaftsgütern des Anlagevermögens als unsichere Werte von einer zusätzlichen Marktbestätigung abhängig zu machen, sachgerecht. Die so verstandene Zweckrichtung der Vorschrift deckt sich im wesentlichen auch mit den herausgearbeiteten Motiven des Gesetzgebers beim Erlaß der Vorschrift[331] und der systematischen Stellung als Ansatzvorschrift im EStG[332].

Abzulehnen ist der abweichende methodische Ansatz, der nicht an eine systematische Einschränkung des § 5 Abs. 2 EStG anknüpft, sondern die Vorschrift von vornherein unter Mißachtung des Maßgeblichkeitsgrundsatzes nicht nach handelsrechtlichen, sondern nach steuerrechtlichen Grundsätzen auslegt. § 5 Abs. 2 EStG kann zwar als „Beispielfall mangelnder Leistungsfähigkeit" verstanden werden, allerdings ist dann zu berücksichtigen, daß der Gesetzgeber die sich aus den Grundsätzen ordnungsgemäßer Buchführung ergebene Bilanzierungsfähigkeit als Anknüpfungspunkt für eine Erhöhung der persönlichen Leistungsfähigkeit gewählt hat. Dies ist eine gesetzgeberische Entscheidung, die in der Systematik des EStG Ausdruck gefunden hat und nicht durch den Rückgriff auf übergeordnete Prinzipien, z.B. der Forderung nach einer Erhöhung der Leistungsfähigkeit, umgangen werden darf[333].

---

[329] Vgl. *Beisse*, BB 1980, 637 (644), auch zur Möglichkeit einer wirtschaftlichen Betrachtungsweise, die allerdings nicht mit einer betriebswirtschaftlichen Betrachtungsweise gleichzusetzen sei.

[330] Siehe 1. Teil. 2. Abschnitt. D. IV. 1., S. 58 f. zur Anwendbarkeit des Maßgeblichkeitsprinzips auf die Abgrenzung und den sich daraus ergebenen Folgen.

[331] Siehe 1. Teil. 2. Abschnitt. C. I., S. 50 f. zu den Motiven.

[332] Siehe 1. Teil. 2. Abschnitt. D. II., S. 57 zur systematischen Stellung.

[333] So aber *Schilling*, Bauten auf fremden Grundstücken im Einkommensteuerrecht, 1997, S. 83 f.

a) Zur Frage, ob § 5 Abs. 2 EStG auch Schwierigkeiten bei der Bewertung der Höhe nach verhindern soll

Sieht man als Zweck auch die Vermeidung von Bewertungsschwierigkeiten an, so werden die Bilanzierung dem Grunde und der Höhe nach nicht hinreichend voneinander getrennt. Die abstrakte Bilanzierung richtet sich ausschließlich nach § 5 EStG, wobei § 5 Abs. 1 EStG auf die Grundsätze ordnungsgemäßer Buchführung verweist, während die Aktivierung der Höhe nach, also die Bewertung der dem Grunde nach zu aktivierenden Wirtschaftsgüter, nach den Grundsätzen der §§ 6 ff. EStG zu erfolgen hat. Dies ergibt sich aus dem Bewertungsvorbehalt des § 5 Abs. 6 EStG[334]. Diese Trennung zwischen der Bilanzierung dem Grunde und der Höhe nach ist auch bei der Auslegung der Ansatzvorschrift des § 5 Abs. 2 EStG zu berücksichtigen[335].

Zweck des Aktivierungsverbotes ist es demnach, ausschließlich aus Gründen kaufmännischer Vorsicht, Unsicherheiten bei der Feststellung entgegenzuwirken, ob sich Aufwendungen überhaupt zu einem Wert verdichtet haben, und aufgrund dessen ein Wirtschaftsgut anzusetzen ist[336]. Dem kann nicht entgegengehalten werden, daß das Aktivierungsverbot auch bei Wirtschaftsgütern eingreife, deren Wert nicht zweifelhaft sei[337], weil dies letztendlich mit dem vom Gesetzgeber gewählten Kriterium „entgeltlich" zusammenhängt, das an objektive Umstände anknüpft.

Die Ansatz- und Bewertungsebene stehen allerdings nicht völlig isoliert nebeneinander, was schon die Definition des Begriffs „Wirtschaftsgut" zeigt, die u.a. Greifbarkeit und selbständige Bewertbarkeit voraussetzt[338]. Jedoch geht es auch insoweit lediglich um die Bewertbarkeit, also die Möglichkeit einer Bewertung. Dagegen ist für die Wirtschaftsgutdefinition unerheblich, ob sich Schwierigkeiten bei der Bewertung der Höhe nach ergeben. Allerdings haben diese Trennung und die enge Fassung des Gesetzeszwecks gleichzeitig zur Folge, daß Unsicherheiten, die durch eine weite Fassung des

---

[334] Vgl. auch *Werndl*, in: *Kirchhof/Söhn*, § 6 EStG Rdnr. A 1 allgemein zur Trennung von abstrakter Bilanzierungsfähigkeit und Bewertung.

[335] Siehe 1. Teil. 2. Abschnitt. D. II., S. 57 f. zur systematischen Stellung.

[336] *Nieland*, in: *Littmann/Bitz/Hellwig*, §§ 4, 5 EStG Rdnr. 691.

[337] *Uelner*, StKr 1975, 95 (106).

[338] Siehe 1. Teil. 1. Abschnitt. A. VII. 1., S. 26 ff.

Sinns und Zwecks des Aktivierungsverbotes auf der Ansatzebene ausgeschlossen werden könnten, auf die Ebene der Aktivierung der Höhe nach verlagert werden[339].

b) Bestätigung des herausgearbeiteten Sinns und Zwecks durch die nicht erfolgende Erfassung von Umlaufvermögen

Der so herausgearbeitete Sinn und Zweck der Vorschrift findet eine zusätzliche argumentative Stütze aufgrund der gesetzgeberischen Entscheidung, daß immaterielle Wirtschaftsgüter des Umlaufvermögens nicht vom Aktivierungsverbot erfaßt werden. Der Grund dafür ist eine abweichende Risikolage im Bereich des Umlaufvermögens[340]. Die abweichende Risikolage, die die Nichtanwendbarkeit des § 5 Abs. 2 EStG rechtfertigt, ergibt sich insbesondere aus dem Umstand, daß das zu erwartende Entgelt eine ausreichende Grundlage für die Bewertbarkeit gibt[341]. Daraus läßt sich gleichzeitig schließen, daß § 5 Abs. 2 EStG nicht eingreift, wenn sich die Werthaltigkeit hinreichend aus anderen Umständen ergibt.

II. Bedeutung der wirtschaftlichen Betrachtungsweise im Rahmen der teleologischen Auslegung

Teile der Literatur räumen dem Zivilrecht den Vorrang ein bei der Abgrenzung materieller und immaterieller Wirtschaftsgüter[342]. Nach anderer Ansicht ist die zivilrechtliche Behandlung nicht entscheidend für die Abgrenzung im Einkommensteuerrecht[343]. Diese unterschiedlichen Ansichten über die Bedeutung des Zivilrechts für die einkommensteuerrechtliche Einordnung sind vor dem Hintergrund einer abweichenden Schwerpunktsetzung im Rahmen einer wirtschaftlichen Betrachtungsweise zu sehen.

---

339 Vgl. z.B. *Marx*, BB 1994, 2379 (2383).

340 Siehe 2. Teil 2. Abschnitt II. 1., S. 183 ff.

341 *Depping*, DB 1991, 2048 (2049), der allerdings von einer ausreichenden "Bewertungsgrundlage" spricht (siehe 1. Teil. 2. Abschnitt. E. I. 1. u. 2., S. 72 f. u. 74 ff. zur abzulehnenden Ansicht, daß Sinn und Zweck des § 5 Abs. 2 EStG auch die Verhinderung von Schwierigkeiten bei der Bewertung der Höhe nach sind).

342 *Knepper*, in: FS für *Döllerer*, 1988, S. 299 (309).

343 Die zivilrechtliche Einordnung halten z.B. nicht für entscheidend: *Stapperfend*, Die steuer- und bilanzrechtliche Behandlung von Software, 1991, S. 67 (für Software); vgl. auch *Schreiber*, in: *Blümich*, § 5 EStG Rdnr. 639.

Die Schwerpunkte beim Verständnis der wirtschaftlichen Betrachtungsweise (Auslegung) haben in der Vergangenheit gewechselt. Im wesentlichen lassen sich drei grundsätzliche Ansätze herausarbeiten[344] :

- die wirtschaftliche Betrachtungsweise als Mittel, die zivilrechtlichen Begriffe an die besonderen Bedürfnisse des Steuerrechts anzupassen[345] ,
- wirtschaftliche Betrachtungsweise als Mittel zur Verwirklichung einer einheitlichen Rechtsordnung mit einer Vorrangstellung des Zivilrechts[346] ,
- wirtschaftliche Betrachtungsweise als Teil der teleologischen Auslegung[347] .

Zu prüfen ist, von welchem Ansatz für die Abgrenzung materieller und immaterieller Wirtschaftsgüter auszugehen ist. Der Begriff „immateriell" wird im Zivilrecht nicht unmittelbar verwandt und kann nicht als Gegenstück des zivilrechtlichen Begriffs „Sache" (§ 90 BGB[348]) verstanden werden, weil auch in anderen Vorschriften innerhalb des BGB's der Begriff „Sache" nicht auf körperliche Gegenstände i.S. dieser Legaldefinition begrenzt wird, z.B. im Rahmen der §§ 119 Abs. 2, 459 BGB[349] . Die Bedeutung kann daher für das Steuerrecht nicht im Umkehrschluß aus dem Begriff „Sache" abgeleitet werden. Auch aus der Auslegung der Begriffe im Rahmen der einzelnen Normen sind Rückschlüsse nur begrenzt möglich, weil im Zivilrecht ebenfalls grundsätzlich eine normbezogene Auslegung vorgenommen wird.

---

[344] Schwerpunkte und Phasen sind angelehnt an *Tipke/Lang*, Steuerrecht, 1996, § 5 Rdnr. 66 ff. und *Beisse*, StuW 1981, 1 (4).

[345] Insbesondere *Becker, E.*, Anm. 1a zu § 4 AO; StuW 1932, 481 (542 f.); vgl. zum historischen Hintergrund *Beisse*, StuW 1981, 1 (4).

[346] Z.B. *Crezelius*, Steuerrechtliche Rechtsanwendung und allgemeine Rechtsordnung, 1983.

[347] *Tipke/Lang*, Steuerrecht, 1996, § 5 Rdnr. 69; *Beisse*, StuW 1981, 1 (14), auch zu den Grenzen; Papier, Die finanzrechtlichen Gesetzesvorbehalte, 1973, S. 185 ff.; *Walz, W. R.*, Steuergerechtigkeit und Rechtsanwendung, 1980, S. 211 ff; *Gersch*, in: *Klein/Orlopp*, § 4 AO Anm. 7 f).

[348] Enthält eine Legaldefinition mit dem Inhalt, daß Sachen im Sinne des Gesetzes nur körperliche Gegenstände seien.

[349] *Heinrichs*, in: *Palandt*, vor § 90 BGB Rdnr. 1.

Der BGH hat z.B. in einer Entscheidung Datenträger von Standardsoftware zusammen mit den darin verkörperten Programmen als körperliche Sachen i.S. des § 90 BGB angesehen und §§ 459 ff. BGB entsprechend angewandt. Gleichzeitig stellte der BGH in dieser Entscheidung jedoch klar, daß sich seine Einordnung nur auf die zivilrechtlichen Fragen des Gewährleistungsrechts und die Anwendbarkeit des Abzahlungsgesetzes, nicht dagegen auf die Behandlung von Software im Steuerrecht beziehe, da sich das Steuerrecht mit anders gelagerten Fragestellungen zu befassen habe[350]. Deshalb ist die Übertragung der entsprechenden Ergebnisse auf die steuerrechtliche Ebene grundsätzlich ausgeschlossen. Die Ergebnisse und die argumentative Herleitung im Bereich des Zivilrechts sind demnach nur in engen Grenzen auf den Bereich des Einkommensteuergesetzes übertragbar.

Der zuletzt genannte Ansatz, der die wirtschaftliche Betrachtungsweise als Teil der teleologischen Auslegung ansieht, entspricht der überwiegenden aktuellen Ansicht[351]. Diesem Ansatz ist zu folgen, weil er zu Recht an die wirtschaftliche Betrachtungsweise als ein Mittel anknüpft, den Sinn und Zweck der Vorschrift zu ermitteln.[352] Eine unreflektierte Übernahme von zivilrechtlichen Begriffsinhalten berücksichtigt nicht genügend, daß auch im Zivilrecht, wie das Beispiel gezeigt hat, die teleologische Auslegung zentrale Bedeutung hat. Dennoch kann sich im Einzelfall auch eine identische Auslegung zivilrechtlicher und einkommensteuerrechtlicher Begriffe ergeben. Eine solche Konstellation wird in der Literatur u.a. angenommen, wenn im Gesetz eine Anknüpfung an das Zivilrecht zum Ausdruck kommt[353]. Das ist der Fall, wenn ein zivilrechtlicher Begriff unmittelbar

---

[350] BGH v. 18.10.1989-VIII ZR 325/88,NJW 1990, 320 (321) = BGHZ 109, 97; BGH v. 4.11.1987 - VIII ZR 314/86, NJW 1988, 406 = BGHZ 102, 135; BGH v. 24.1.1990 - VIII ZR 22/89, NJW 1990, 1290 (1291) = BGHZ 110, 130; **anders** die Rechtsprechung des BFH v. 3.7.1987 - III R 7/86, BStBl II 1987, 728 = BFHE 150, 259.

[351] *Tipke/Lang*, Steuerrecht, 1996, § 5 Rdnr. 69; *Beisse*, StuW 1981, 1 (14), auch zu den Grenzen; Papier, Die finanzrechtlichen Gesetzesvorbehalte, 1973, S. 185 ff.; *Walz, W. R.*, Steuergerechtigkeit und Rechtsanwendung, 1980, S. 211 ff; *Gersch*, in: *Klein/Orlopp*, § 4 AO Anm. 7 f).

[352] Siehe 1. Teil. 2. Abschnitt. E. I. 2., S. 74 zu den weiteren Auslegungskriterien als Mittel, den Gesetzeszweck festzustellen.

[353] *Beisse*, StuW 1981, 1 (14), der folgende Kostellationen nennt: a) aus dem Gesetz geht selbst hervor, daß der Begriff wie im Zivilrecht gebraucht wird, b) die Entstehungsgeschichte spricht für eine zivilrechtliche Auslegung und aus systematischer Sicht ergibt sich

Tatbestandsmerkmal einer Steuerrechtsnorm ist[354]. Bedient sich das Gesetz eines zivilrechtlichen Begriffs, so ist grundsätzlich von der zivilrechtlichen Beurteilung auszugehen, wobei allerdings von dieser Beurteilung aus sachlich einleuchtenden Gründen abgewichen werden kann[355]. Zu betonen ist aber, daß in diesen Fällen die Identität der Auslegung im Steuer- und Zivilrecht das Ergebnis des Auslegungsvorgangs sein muß. Der Sinngehalt der steuerrechtlichen Vorschriften muß mit Hilfe der herkömmlichen Auslegungsmethoden ermittelt werden[356].

Bei der Auslegung des § 5 Abs. 2 EStG ergibt sich eine Verknüpfung mit dem Handelsrecht, weil unter Berücksichtigung der Grundsätze ordnungsgemäßer Buchführung auszulegen ist, und damit an eine „Zivilrechtstruktur“ angeknüpft wird[357]. In der Literatur gibt es dagegen, insbesondere auch bezogen auf das vorliegende Abgrenzungsproblem, Tendenzen, lediglich an eine nicht weiter konkretisierte Verkehrsanschauung anzuknüpfen[358]. Das läuft auf eine „außerrechtliche Betrachtungsweise“[359] hinaus, die aus rechtsstaatlichen Gründen abzulehnen ist[360].

Die wirtschaftliche Betrachtungsweise hat im Rahmen der demnach erforderlichen teleologischen Auslegung in zweifacher Hinsicht Bedeutung[361]:

- der Sinn und Zweck der Norm ist im Hinblick auf den darin zum Ausdruck kommenden wirtschaftlichen Gehalt zu ermitteln,
- der Sachverhalt ist nach wirtschaftlichen Gesichtspunkten zu beurteilen.

---

nichts abweichendes, 3. die Rechtsprechung hat in langjähriger Praxis eine solche Auslegung vertreten, ohne daß eine Korrektur durch den Gesetzgeber erfolgt wäre.

354 BFH v. 27.8.1968 - II R 82/67, BStBl II 1968, 781 (783) = BFHE 93, 344.

355 BVerfG v. 22.7.1970 - 1 BvR 285/66, BVerfGE 29, 104; *Gersch*, in: *Klein/Orlopp*, § 4 AO Anm. 7 f).

356 BFH v. 27.8.1968 - II R 82/67, BStBl II 1968, 781 (783) = BFHE 93, 344.

357 *Moxter*, StuW 1989, 232 (240).

358 *David*, Die Abgrenzung materieller und immaterieller Güter im Jahresabschluß und ihre Konkretisierung am Beispiel der Software, 1985, S. 22 (auch unter Berufung auf eine "wirtschaftliche Betrachtungsweise").

359 *Moxter*, StuW 1989, 232 (240).

360 Siehe 1. Teil. 2. Abschnitt. A. I., S. 43 f.

361 Angelehnt an *Pfeiffer*, StuW 1984, 326 (331).

In der Literatur wird zur Frage, aus welcher Sicht die wirtschaftliche Betrachtungsweise vorzunehmen ist, ausgeführt, daß die Beurteilung von „wirtschaftenden Menschen" ausschlaggebend sei[362]. Unter Berücksichtigung der Ergebnisse der systematischen Auslegung, wonach für die Beurteilung an den Blickwinkel einer unterstellten Betriebsveräußerung anzuknüpfen ist[363], ist diese Aussage dahingehend zu präzisieren, daß die Sichtweise der beteiligten Wirtschaftskreise entscheidend ist, also derjenigen Personen, die als Betriebserwerber tatsächlich in Betracht kämen.

III. Übertragung der Ergebnisse der teleologischen Auslegung auf die Abgrenzung materieller und immaterieller Wirtschaftsgüter

Entscheidend ist demnach für die Einordnung als immateriell, ob ein Wert bei wirtschaftlicher Betrachtungsweise als unsicher anzusehen ist und deshalb ein Ansatz dem Grunde nach im Vergleich zum Ansatz von materiellen Wirtschaftsgütern nur unter zusätzlichen Voraussetzungen erfolgen sollte. Dies ist für den jeweiligen Einzelfall im Rahmen der teleologischen Auslegung zu prüfen. Hilfreich ist dabei folgende Kontrollfrage:

- Führt ein entgeltlicher Erwerb zu einer erhöhten Sicherheit im Hinblick auf die Werthaltigkeit des Wirtschaftsgutes?

Unerheblich ist, daß auch unstreitig als materiell eingeordnete Wirtschaftsgüter unsichere Werte sein können, weil der Gesetzgeber eine Einschränkung der konkreten Bilanzierungsfähigkeit nur bei immateriellen Wirtschaftsgütern vorgesehen hat. Im Ergebnis handelt es sich um eine „Typisierung fehlender greifbarer Werthaltigkeit"[364]. Bei konsequenter Anwendung der erforderlichen wirtschaftlichen Betrachtungsweise ist demnach eine Einordnung als immateriell ausgeschlossen, wenn eine Unsicherheit i.S. des Aktivierungsverbotes nicht feststellbar ist. Dadurch wird auch berücksichtigt, daß eine Anwendung des Aktivierungsverbotes gleichzeitig das Aktivierungsgebot einschränkt[365].

---

362 *von Wallis*, in: FS für *Bühler*, 1954, S. 249 (254 f.); *Pfeiffer*, StuW 1984, 326 (331)
363 Siehe 1. Teil. 2. Abschnitt. D. V. 4., S. 70 f.
364 *Moxter*, BB 1998, 259 (261).
365 Siehe 1. Teil. 2. Abschnitt. D. III., S. 57.

IV. Möglichkeit einer sich ändernden Einordnung aufgrund zukünftiger Marktentwicklungen

In der Literatur wird die Einordnung eines Wirtschaftsgutes als materiell oder immateriell nicht als starr angesehen. Die Einordnung sei vielmehr einem Wandel unterworfen[366]. Wenn mit der Rechtsprechung die Einordnung als materielles oder immaterielles Wirtschaftsgut vorrangig nach dem wirtschaftlichen Interesse der Vertragsparteien bestimmt wird[367], so erscheint es nur folgerichtig, daß sich diese Einordnung aufgrund zukünftiger Marktentwicklungen ändern kann, weil diese das wirtschaftliche Interesse beeinflussen. Zudem spiegelt die Marktentwicklung auch das wirtschaftliche Interesse der Marktteilnehmer wider. In der Rechtsprechung wird als immaterielles Wirtschaftsgut, dessen immaterieller Charakter im Zuge der zukünftigen Marktentwicklung untergehen könne, problemorientierte Standardsoftware genannt[368]. Problemorientierte Standardprogramme könnten im Zuge der weiteren Entwicklung demnach u.U. Büchern und Schallplatten gleichzustellen sein.

Der Möglichkeit einer Änderung der Einordnung aufgrund zukünftiger Marktentwicklungen ist zuzustimmen. Allerdings ist in diesem Zusammenhang zwischen den einzelnen Auslegungsebenen zu unterscheiden. Die im Rahmen der systematischen Auslegung ermittelte „Nutzbarkeit" als Kriterium ist von etwaigen Marktentwicklungen nicht abhängig[369]. Einfluß haben zukünftige Marktentwicklungen dagegen auf die notwendige teleologische Auslegung, da diese zu einer sich ändernden Einschätzung des Risi-

---

[366] *Wolffgang*, in: *Kirchhof/Söhn*, § 5 EStG Rdnr. C 71; Vgl. *Herrmann/Heuer/Raupach*, § 5 EStG Rdnr. 1716; Voss, FR 1989, 358 (361).

[367] Siehe 1. Teil. 2. Abschnitt. F. II. 1., S. 88 ff.; z.B. Filme BFH v. 20.11.1970 - VI R 44/69, BStBl II 1971, 186 (187) = BFHE 100, 555; BFH v. 22.5.1979 - III R 129/74, BStBl II 1979, 634 (635) = BFHE 128, 289: Prototypen; BFH v. 14.6.1985 - V R 11/78, BFH/NV 1985, 58; BFH v. 2.9.1988 - III R 38/84, BStBl II 1989, 160 = BFHE 154, 573 (auf Datenträger gespeicherte Adressen); Werbespots: FG Hamburg v. 4.12.1989 - II 208/87, EFG 1990, 463.

[368] BFH v. 5.10.1979 - III R 40/76, BStBl II 1980, 17 = BFHE 129, 110; *Herrmann/Heuer/Raupach*, § 5 EStG Rdnr. 1716; *Werndl*, in: *Kirchhof/Söhn*, § 6 EStG, Rdnr. B 488: dynamische Entwicklung; *Knobbe-Keuk*, Bilanz- und Unternehmenssteuerrecht, 1993, S. 91, FN 150.

[369] Siehe aber 1. Teil. 2. Abschnitt. D. V. 4., S. 70 f. zu einer möglicherweise abweichenden Einordnung aufgrund der notwendigen betriebsindividuellen Betrachtung.

kos führen können, wenn eine etwaige Unsicherheit entfällt. Änderungen vollziehen sich dabei regelmäßig lediglich in eine Richtung, indem ursprünglich als immateriell eingeordnete Wirtschaftsgüter künftig als materiell einzuordnen sind, weil es aufgrund der technischen Entwicklung praktisch nicht zu einer zunehmenden Unsicherheit kommt, die die Anwendung des Aktivierungsverbotes rechtfertigen könnte.

F. Betrachtung der bisherigen Abgrenzung in Literatur und Rechtsprechung unter Berücksichtigung der Auslegungsergebnisse

Zur Abgrenzung in Grenzfällen sind in Literatur und Rechtsprechung verschiedene Kriterien entwickelt worden[370]. Die Rechtsprechung hat sich dabei insbesondere mit der Abgrenzung und der Einordnung von Computersoftware beschäftigt[371]. In wirklichen Grenzfällen ermöglichen die bisher entwickelten Unterscheidungskriterien jedoch häufig keine sichere Abgrenzung. Bilden ein körperlicher Gegenstand und ein immaterieller Wert ein einheitliches Wirtschaftsgut, so wird in der Literatur eine pragmatische und kasuistische Grenzziehung als nicht vermeidbar angesehen[372].

I. Grundsätzliche Definition des Begriffs „immaterielle Wirtschaftsgüter"

Vor der Betrachtung der speziell für die Abgrenzung materieller und immaterieller Wirtschaftsgüter in Literatur und Rechtsprechung entwickelten Kriterien, soll untersucht werden, wie in der Literatur der Begriff „immaterielles Wirtschaftsgut" allgemein definiert wird. Im Anschluß werden die bisher in Literatur und Rechtsprechung entwickelten Kriterien für die weitere Untersuchung grob danach unterteilt, ob die Abgrenzung vorrangig an inhaltlichen oder äußerlichen objektiven Kriterien orientiert ist.

---

[370] Vgl. auch *Kählert/Lange*, BB 1993, 613 (614 ff.).

[371] Grundlegend für den Bereich der Standardsoftware: BFH v. 3.7.1987 - III R 7/86, BStBl II 1987, 728 = BFHE 150, 259.

[372] *Kessler*, BB 1994, Beilage 12, 1 (8).

1. Grundsätzliche Definition in der Literatur[373]

Die ältere Literatur (insbesondere die Literatur vor der Aufnahme des Aktivierungsverbotes ins AktG 1965 und ins EStG 1969) nimmt eine Unterteilung in materielle und immaterielle Werte[374] vor. Als immaterielle Werte werden nicht unmittelbar an körperlichen Dingen haftende Werte angesehen, z.B. Rechte und wirtschaftliche Verhältnisse[375]. Teilweise wird das Vorliegen eines immateriellen Wertes bejaht, wenn der Wert nicht an körperliche, konkrete Dinge gebunden ist, nicht direkte Ansprüche an konkreten Dingen (wie z.B. bei Forderungen) beinhaltet, sondern eine Verbindung zwischen materiellen Leistungen und Gütern darstellt. Der Besitz eines solchen Wertes gewähre eine Sonderstellung, die die wirtschaftliche Wettbewerbsfähigkeit anderer Unternehmen einschränke, gleichzeitig aber diejenige des eigenen Unternehmens erhöhe[376].

Eine andere Literaturansicht sieht den Begriff „immaterielle Werte" als Sammelbegriff an, der alle nicht materiell greifbaren, körperlosen Werte umfasse. Es handele sich um Werte, die nicht Objekte der äußeren Natur

---

[373] Durch Gesetz wurde auch in der Vergangenheit der Begriff "immaterielles Wirtschaftsgut" nicht näher definiert. Die Gliederungsvorschrift § 261a der Aktienrechtsverordnung v. 19.9.1931 ("Verordnung des Reichspräsidenten über Aktienrecht, Bankenaufsicht und über eine Steueramnestie") sah unter der Position A II 5 erstmals auch immaterielle Werte vor (u.a. Konzessionen, Patente, Lizenzen, Marken und ähnliche Rechte). Rechte waren gem. § 261 Nr. 1 HGB wie "Anlagen und andere Vermögensgegenstände, die dauernd zum Geschäftsbetrieb der Gesellschaft bestimmt sind" mit den Anschaffungs- oder Herstellungskosten zu bewerten. Die Gliederungsvorschrift ließ aber keine Rückschlüsse auf die Abgrenzung materieller und immaterieller Werte zu (Vgl. *Lamers*, Aktivierungsfähigkeit und Aktivierungspflicht, 1981, S. 72). Im Rahmen des Aktiengesetzes 1937 wurden die aktienrechtlichen Bestimmungen dann in einem eigenen Gesetz zusammengefaßt und aus dem HGB ausgegliedert. 1965 wurde das Aktivierungsverbot für nicht entgeltlich erworbene immaterielle Anlagewerte ins Aktiengesetz aufgenommen.

[374] 1934 wurde der Wirtschaftsgutbegriff eingeführt, während zuvor die Bezeichnung "immaterielle Werte" gebräuchlich war, vgl. *Pfeiffer*, Das immaterielle Wirtschaftsgut, 1982, S. 56, FN 197.

[375] *Mohr*, Bilanz und immaterielle Werte, 1927, S. 198 f., wobei allerdings Forderungen mit materiellen Werten vergleichbar seien; ähnlich *Brendl*, Immaterielle Werte und Risiken, 1933, S. 18: Werte, die nicht an körperlichen Dingen haften, wobei Guthaben und Forderungen außen vor bleiben sollen.

[376] *Brendl*, Immaterielle Werte und Risiken, 1933, S. 21.

seien[377]. An anderer Stelle wird formuliert, immaterielle Werte seien nicht körperliche Gegenstände oder Rechte an solchen Gegenständen, die geeignet seien, für die Zukunft einen wirtschaftlichen Nutzen zu gewähren[378].

In der Literatur nach Aufnahme von § 5 Abs. 2 ins EStG im Jahre 1969 wird als charakteristisch für immaterielle Wirtschaftsgüter angesehen, daß ihnen die stoffliche Grundlage fehle[379]. Der Begriff „materiell" entspreche dem der Sache nach § 90 BGB[380]. Immaterielle Wirtschaftsgüter werden dagegen definiert als Wirtschaftsgüter, „die keine körperliche Gestalt haben"[381], denen die stoffliche Grundlage fehlt[382]. Daran anknüpfend lassen sich immaterielle Wirtschaftsgüter negativ definieren als alle materiell nicht greifbaren, körperlosen Werte[383].

Zum Teil wird der Begriff „immaterielles Wirtschaftsgut" in einen engen und einen weiten Begriff unterteilt. Im Rahmen des weiten Begriffs „immaterielles Wirtschaftsgut" werden dabei auch Forderungen, Beteiligungen und Verbindlichkeiten erfaßt[384]. Dieser weite Begriff orientiert sich stark an einer negativen Abgrenzung zu den körperlichen Wirtschaftsgütern. Demnach wird grob zwischen materiellen und immateriellen Wirtschaftsgütern auf der Grundlage der Unterteilung in körperliche und unkörperliche Gegenstände unterschieden. Im Rahmen einer weiten Definition sind körperliche Gegenstände Wirtschaftsgüter, deren Substanz sinnlich wahrnehmbar ist, wobei die Verkehrsanschauung entscheidet. Als körperliche Wirtschaftsgüter kommen demnach alle Werte in Betracht, die fest, flüssig, gasförmig durch eigene körperliche Begrenzung oder künstlich im Raum

---

[377] *Greve*, Die Behandlung der immateriellen Werte in der steuerlichen Erfolgsbilanz, 1933, S. 1 f., wobei wiederum Forderungen eine Sonderstellung eingeräumt wird.
[378] *Meis*, Rechtsgrundsätze bei der Bilanzierung von immateriellen Werten, 1935, S. 4.
[379] *Freericks*, FR 1969, 518 (520); vgl. aus der neueren Literatur auch *Weber-Grellet*, Das Steuerbilanzrecht, S. 100.
[380] *Freericks*, DStR 1969, 693; vgl. auch *Hegenloh*, Die steuerbilanzielle Behandlung von Forschung und Entwicklung, 1985, S. 176.
[381] FG Berlin v. 8.7.1981 - II 154/80, EFG 1982, 59; *Sönksen-Söffing*, Kommentar zum BerlinFG, § 14 Rdnr. 86.
[382] *Freericks*, Bilanzierungsfähigkeit und Bilanzierungspflicht in Handels- und Steuerbilanz, 1976, S. 134.
[383] *Paulick*, FR 1968, 449 (452).
[384] *Lademann/Söffing/Brockhoff*, § 6 EStG Rdnr. 209; *Paulick*, FR 1968, 449 (452).

abgegrenzt sind. Immaterielle Wirtschaftsgüter sind demgegenüber jede nicht „in einem körperlichen Vermögensgegenstand substantiell greifbare Besserstellung in der Vermögenssituation". Erfaßt werden demnach neben Rechten auch alle rechtsähnlichen Werte oder sonstigen Vorteile[385].

Davon zu unterscheiden ist der enge Begriff des immateriellen Wirtschaftsgutes, der z.B. Forderungen und Ansprüche nicht als immaterielle Wirtschaftsgüter erfaßt[386]. Immaterielle Wirtschaftsgüter sind nach dieser Definition nicht körperliche Gegenstände, die keinen Anspruch auf Geld verkörpern[387]. Auf der Grundlage dieses engen Begriffs liegen immaterielle Werte vor, wenn ihr Bestand oder Wert bei ihrer Entstehung so unbestimmt ist, daß sie nicht aktiviert werden sollen[388]. Eine Abgrenzung durch Gegenüberstellung mit materiellen oder körperlichen Wirtschaftsgütern sei nicht möglich[389].

Zum Teil wird noch weiter differenziert. In der betriebswirtschaftlichen Literatur[390] werden zwei Formen des „Immateriellen" unterschieden: die „Seinsform des Eigenständig-Immateriellen" und die „Seinsform des Akzessorisch-Immateriellen", die sich in Gestalt von Nominalrepräsentanten zeige. Nominalrepräsentanten werden dabei definiert als „stellvertretende, in allgemein anerkannten Recheneinheiten ausgedrückte Darstellungen realer Güter"[391]. Als Beispiele werden u.a. Forderungen, Beteiligungen und Geld genannt[392]. Die immaterielle Seinsform könne dabei auch durch einen

---

385 *Uelner*, StKr 1975, 95 (101).

386 *Herrmann/Heuer/Raupach*, § 6 EStG Rdnr. 96 a; *Littmann*, DStR 1969, 321 (322):Nichtansatz nach § 5 Abs. 2 EStG auf Wirtschaftsgüter beschränken, deren Nichtfaßbarkeit und Flüchtigkeit ein Maß erreicht, daß schon zweifelhaft ist, ob überhaupt ein Wirtschaftsgut vorliegt.

387 So aber *Ley*, Der Begriff "Wirtschaftsgut" und seine Bedeutung für die Aktivierung, 1987, S. 153; zustimmend: *Mathiak*, StuW 1985, 273 (275).

388 *Herrmann/Heuer/Raupach*, § 4 EStG Rdnr. 17; ähnlich *Littmann*, DStR 1969, 321; *van der Velde*, FR 1969, 339 (441).

389 *Herrmann/Heuer/Raupach*, § 6 EStG Rdnr. 96 a; vgl. auch *Wolffgang*, in: *Kirchhof/Söhn*, § 5 EStG Rdnr. C 69.

390 *Stüdemann*, DB 1985, 345 ff.

391 *Stüdemann*, DB 1985, 345 (348).

392 *Kählert*, Die Abbildung immaterieller Güter im handelsrechtlichen Jahresabschluß, 1995, S. 7.

materiellen Träger vermittelt werden (z.B. im Falle eines auf einem Datenträger gespeicherten EDV-Programms), was jedoch nicht zwingend sei[393].

2. Stellungnahme zur grundsätzlichen Definition des Begriffs „immaterielle" in der Literatur

Zu untersuchen ist, ob die in der Literatur angebotenen Definitionen überzeugen können. Dabei wird besonders betrachtet, ob eine Verknüpfung der Begriffe „immateriell" und „nicht körperlich" gerechtfertigt ist.

a) Unterscheidung zwischen einer normbezogenen und lediglich am Wortlaut orientierten Definition

Anknüpfend an die im Rahmen der Auslegung herausgearbeiteten Grundsätze ist bei der Definition des Begriffs „immaterielle" danach zu unterscheiden, ob, losgelöst von den gesetzlichen Bestimmungen, eine ausschließlich am Wortlaut oder aber eine auch am Sinn und Zweck des Gesetzes orientierte Definition erfolgt. Eine lediglich an den Wortlaut der gesetzlichen Bestimmung anknüpfende Definition ist insoweit nur der erste Schritt zur Auslegung der jeweiligen Norm.

Bei der weiteren Auslegung ist die an den Wortlaut anknüpfende Definition einzuschränken oder zu erweitern. Deshalb kann eine maßgeblich auf den Zweck des § 5 Abs. 2 EStG abstellende Definition nur im Rahmen dieser Vorschrift Geltung beanspruchen, da die Einordnung als immaterielles Wirtschaftsgut in anderen steuerrechtlichen Vorschriften nicht mit dieser Zweckrichtung übereinstimmen muß. Das ist z.B. zu berücksichtigen, wenn immaterielle Wirtschaftsgüter als Werte definiert werden, deren Bestand oder Wert im Zeitpunkt ihrer Erzeugung so unbestimmt ist, daß sie nicht aktiviert werden können[394].

b) Zum Verhältnis der Begriffe „immateriell" und „nicht körperlich"

Bei der Definition des Begriffs „immaterielle" wird demnach in der Literatur häufig an die Körperlichkeit angeknüpft, offenbar in Anlehnung an den

---

393 *Stüdemann*, DB 1985, 345 (349).

394 *Herrmann/Heuer/Raupach*, § 4 EStG Rdnr. 17.

natürlichen Wortlaut[395]. Im folgenden soll unter Berücksichtigung der bisherigen Auslegungsergebnisse untersucht werden, in welchem Umfang dieses Merkmal zur Unterscheidung und Definition geeignet ist.

Wirtschaftsgüter, die an einen körperlichen Träger geknüpft sind, können dennoch als immateriell einzuordnen sein[396]. Darin zeigt sich die Problematik der Verknüpfung der Begriffe „immateriell“ und „unkörperlich“[397]. Ein bloßer Datenträger hat z.B. für die Einordnung grundsätzlich keine Bedeutung[398]. Körperliche Wirtschaftsgüter, bei denen der geistige Gehalt im Vordergrund steht, sind demnach zu den immateriellen Wirtschaftsgütern zu zählen[399]. Gleichzeitig werden Wirtschaftsgüter, die nicht körperlich sind, dennoch nicht zu den immateriellen Wirtschaftsgütern gezählt. Solche nicht körperlichen Wirtschaftsgüter sind z.B. Finanzwerte[400] (§ 266 Abs. 2 A III HGB), die nicht als immaterielle Wirtschaftsgüter angesehen werden, obwohl sie nicht körperlich sind, weil sie auf konkrete materielle Werte gerichtet sind[401]. Auch das Erbbaurecht wird als grundstücksgleiches Recht, als Wirtschaftsgut des Sachanlagevermögens angesehen, obwohl es nicht körperlich ist, wobei auf § 266 Abs. 2 A II 1. HGB verwiesen wird[402].

Die Verknüpfung der Begriffe „immateriell“ und „nicht körperlich“ ist nur grundsätzlich zutreffend, da es eine Reihe von Ausnahmen gibt. Die Begriffe "immateriell" und "nicht körperlich" können aus diesem Grunde nicht ohne weiteres gleichgesetzt werden. Wenn abgeschwächt formuliert wird, der Mangel an physischer Substanz, also nicht das Fehlen der phy-

---

395 Siehe 1. Teil. 2. Abschnitt. B., S. 47 ff. zur grammatischen Auslegung.

396 Siehe 2. Teil. 1. Abschnitt. B. IV., S. 138 ff. zu den Beispielen für einen durch einen körperlichen Träger vermittelten immateriellen Teil.

397 Wolffgang, in: Kirchhof/Söhn, § 5 EStG Rdnr. C 69; *Hegenloh*, Die steuerbilanzielle Behandlung von Forschung und Entwicklung, 1985, S. 177.

398 Vgl. *Müller-Hengstenberg*, NJW 1994, 3128 (3131) aus zivilrechtlicher Sicht.

399 Z.B. BFH v. 9.12.1983 - III R 6/76, BStBl II 1984, 190 (191) = BFHE 128, 367; *Knobbe-Keuk*, Bilanz- und Unternehmenssteuerrecht, 1993, S. 91, FN 148 (§ 4 IV 3 a) bb).

400 *Herrmann/Heuer/Raupach*, § 5 EStG Rdnr. 1716; *Stapperfend*, Die steuer- und bilanzrechtliche Behandlung von Software, 1991, S. 70; *Mathiak*, StuW 1985, 273 (274).

401 *Herrmann/Heuer/Raupach*, § 5 EStG Rdnr. 1716; *Knobbe-Keuk*, Bilanz- und Unternehmenssteuerrecht, 1993, S. 91, FN 149 (§ 4 IV 3 a) bb); *Tipke/Lang*, Steuerrecht, 1996, § 9 Rdnr. 344.

402 Siehe 2. Teil. 1. Abschnitt. B. V. 2., S. 176 f.; BFH v. 4.6.1991 - X R 136/87, BStBl II 1992, 70 (72) = BFHE 165, 349.

sischen Substanz, sei das typische Merkmal von immateriellen Wirtschaftsgütern[403], so kann dem zugestimmt werden. Bei dieser Formulierung wird klargestellt, daß der Umfang der körperlichen Substanz in Relation zum immateriellen Teil nicht ausreicht, um das Wirtschaftsgut als materiell einzuordnen. Die problematischen Fallgruppen zeigen, daß in Zweifelsfällen häufig gerade die physische Substanz nach außen in Erscheinung tritt, während ein etwaiger Vorrang des immateriellen Teils nur aufgrund eines Werturteils ermittelt werden kann. Deshalb ist es richtig, an eine relative Betrachtung anzuknüpfen.

II. Abgrenzung nach inhaltlichen Kriterien

Zunächst sollen die Kriterien betrachtet werden, die eine inhaltliche Abgrenzung darstellen. Unter einer inhaltlichen Abgrenzung in diesem Sinne wird im folgenden verstanden, daß eine wertende Einordnung vorgenommen wird.

1. Abgrenzung nach dem wirtschaftlichen Interesse

Die Rechtsprechung stellt vorrangig auf das wirtschaftliche Interesse ab[404]. Auch in der Literatur wird dieses Kriterium aufgegriffen. Demnach sei bei einem aus körperlichen und immateriellen Teilen zusammengesetzten Wirt-

---

403 *Baetge/von Keitz*, in: *Baetge/Kleekämper/Wollmert* (Hrsg.), Rechnungslegung nach International Accounting Standards (IAS), Teil B, IAS E 50 Rdnr. 16: Die Ausführungen beziehen sich auf den Regelungsbereich des E 50 (Exposure Draft, Proposed International Accounting Standard, Intangible Assets), der in E 50 Abs. 13 ff. Eigenschaften für immaterielle Vermögensgegenstände (intangible assets) nennt, insbesondere auch das Merkmal "without physical substance" (ohne physische Substanz). Für den Fall, daß ein Gut aus immateriellen und materiellen Bestandteilen besteht, bestimmt E 50 Abs. 18, daß das "predominant element" entscheidend sei, wobei eine weitere Konkretisierung fehlt. Es ist jedoch zweifelhaft, ob eine weitere Konkretisierung ohne weiteres mit Hilfe der im deutschen Recht entwickelten Kriterien möglich ist, weil dem IAS-Abschluß abweichende Grundsätze zugrunde liegen (siehe 1. Teil. 1. Abschnitt. A. III, S. 14 f., FN 62).

404 Z.B. Filme BFH v. 20.11.1970 - VI R 44/69, BStBl II 1971, 186 (187) = BFHE 100, 555; BFH v. 22.5.1979 - III R 129/74, BStBl II 1979, 634 (635) = BFHE 128, 289 für Prototypen; BFH v. 14.6.1985 - V R 11/78, BFH/NV 1985, 58; BFH v. 2.9.1988 - III R 38/84, BStBl II 1989, 160 = BFHE 154, 573 (für auf Datenträgern gespeicherte Adressen); FG Berlin v. 8.7.1981 - II 154/80, EFG 1982, 59 (60); FG Berlin v. 29.4.1982 - IV 340/80, EFG 1983, 105 ("kommt es lediglich darauf an, wofür sie die Anschaffungskosten aufgewendet hat"); FG Hamburg v. 4.12.1989 - II 208/87, EFG 1990, 463 (für Werbespots).

schaftsgut der wirtschaftlich im Vordergrund stehende Teil entscheidend[405]. Das wirtschaftliche Interesse werde maßgeblich durch das Motiv des Käufers beim Erwerb des Wirtschaftsgutes bestimmt. Gehe es dem Käufer vorrangig um den Erwerb des immateriellen Gehalts, so liege ein immaterielles Wirtschaftsgut vor[406]. Das wirtschaftliche Interesse sei auch mit Hilfe der Gestaltung des Kaufpreises zu bestimmen. Werde der Kaufpreis überwiegend für den immateriellen Teil gezahlt, so liege insgesamt ein immaterielles Wirtschaftsgut vor[407]. Die Rechtsprechung beschränkt sich bei der Abgrenzung allerdings nicht auf das wirtschaftliche Interesse als Abgrenzungskriterium, sondern greift auch auf andere Kriterien zurück, um den im Vordergrund stehenden Teil zu bestimmen[408].

Zum Teil wird nicht deutlich herausgestellt, ob eine objektive Bestimmung des im Vordergrund stehenden Teils vorzunehmen ist[409]. In der Literatur wird vertreten, die betriebsindividuellen Verhältnisse seien entscheidend, also der individuelle Nutzen des körperlichen und geistigen Teils für das Unternehmen[410]. Zumindest vorrangig seien dabei jedoch objektive Umstände heranzuziehen. Dazu seien z.B. auch interne Betriebsunterlagen

---

405 *Schreiber*, in: *Blümich*, § 5 EStG Rdnr. 532; *Biergans*, Einkommensteuer und Steuerbilanz, 1992, S. 203; ähnlich *Döllerer/Rädler*, FR 1994, 808 (810): entscheidend sei, ob im Rahmen des Nutzungs- und Funktionszusammenhangs im Unternehmen das Interesse an der unkörperlichen Substanz im Vordergrund stehe.

406 BFH v. 3.7.1987 - III R 7/86, BStBl II 1987, 728 (731) = BFHE 150, 259; FG Berlin v. 29.4.1982 - IV 340/80, EFG 1983, 105; **a.A.** *Stapperfend*, Die steuer- und bilanzrechtliche Behandlung von Software, 1991, S. 62: Motivation sei kein taugliches Abgrenzungskriterium.

407 BFH v. 3.7.1987 - III R 7/86, BStBl II 1987, 728 (731) = BFHE 150, 259; *Sontheimer*, DStR 1983, 350 (353).

408 Z.B. BFH v. 3.7.1987 - III R 7/86, BStBl II 1987, 728 (731) = BFHE 150, 259 zur Abgrenzung bei Software.

409 So wohl auch *Pfeiffer*, Das immaterielle Wirtschaftsgut, 1982, S. 142: bei strittigen Entscheidungen sei die Verkehrsauffassung maßgeblich; unklar auch *Walter*, Zur Aktivierungsfähigkeit immaterieller Anlagewerte in der Handels- und Steuerbilanz, 1982, S. 92: Perspektive der am wirtschaftlichen Verkehr beteiligten Kreise sei entscheidend (stellt allerdings zumindest nicht ausdrücklich auf das wirtschaftliche Interesse als Abgrenzungskriterium ab).

410 *Hegenloh*, Die steuerbilanzielle Behandlung von Forschung und Entwicklung, 1985, S. 181.

zu zählen. Hilfsweise sei auf andere Bilanzierungsgrundsätze zurückzugreifen, z.B. auf das Vorsichtsprinzip[411].

Stellt man auf die Abgrenzung der Rechtsprechung nach dem wirtschaftlichen Interesse ab, so ist zusammengefaßt entscheidend, ob im Rahmen des Nutzbarkeitszusammenhangs im Unternehmen das wirtschaftliche Interesse an der körperlichen Substanz vorrangig ist[412]. Problematisch ist, daß die Rechtsprechung nicht näher konkretisiert, wie und nach welchen Grundsätzen das wirtschaftliche Interesse im Einzelfall zu bestimmen ist.

Unter Berücksichtigung der bisher herausgearbeiteten Grundsätze müßte eine solche Konkretisierung an die abstrakte Bilanzierungsfähigkeit anknüpfen. Zentrales Merkmal der Wirtschaftsgutdefinition der Rechtsprechung ist die Greifbarkeit des Wertes durch seine selbständige Bewertbarkeit. Der BFH sieht die selbständige Bewertbarkeit als gegeben an, wenn ein Erwerber des ganzen Unternehmens den Wert besonders bei der Bemessung des Kaufpreises berücksichtigen würde[413]. Wird bei einer tatsächlichen Veräußerung ein immaterieller Teil bei der Bemessung des Kaufpreises, z.B. durch ein besonderes Entgelt, berücksichtigt, so spiegelt dies das wirtschaftliche Interesse des Erwerbers wider. Erfolgt die Veräußerung unter fremden Marktteilnehmern, so entspricht das wirtschaftliche Interesse des tatsächlichen Erwerbers grundsätzlich auch dem Interesse eines gedachten Erwerbers. Das wirtschaftliche Interesse entspricht insoweit inhaltlich dem Kriterium „Greifbarkeit durch selbständige Bewertbarkeit" der Wirtschaftsgutdefinition. Daneben muß der entsprechende Teil insbesondere die Nutzbarkeit für das Unternehmen für mehrere Wirtschaftsjahre bestimmen[414].

Ist tatsächlich eine Veräußerung erfolgt, so kann das wirtschaftliche Interesse mit Hilfe der tatsächlichen vertraglichen Vereinbarung bestimmt werden, wobei die Ausgestaltung des Kaufpreises Hinweis darauf geben kann, auf welchen Teil das wirtschaftliche Interesse gerichtet ist. Die Ab-

---

411 *Döllerer/Rädler*, FR 1994, 808 (810).

412 So *Döllerer/Rädler*, FR 1994, 808 (810); vgl. auch *Knepper*, in: FS für *Döllerer*, 1988, S. 299.

413 Siehe 1. Teil. 1. Abschnitt. A. I. 1. a), S. 8 f.

414 Siehe 1. Teil. 1. Abschnitt. A. VII. 1., S. 27 f. zu diesem Kriterium als Unterscheidungsmerkmal.

grenzung mit Hilfe der Kaufpreisgestaltung wird in der Literatur allerdings kritisiert, weil die Preisgestaltung sich auch nach Angebot und Nachfrage richte. Aus diesem Grunde bestimme sich der Preis häufig nicht nach den Produktionskosten[415]. Es ist richtig, daß eine an Angebot und Nachfrage orientierte Preisgestaltung keine Rückschlüsse auf die Einordnung zuläßt. Aus der Preisgestaltung können nur dann Rückschlüsse gezogen werden, wenn sich aus der Vereinbarung oder aus sonstigen Umständen ergibt, wofür der Kaufpreis gezahlt wird. Ist eine Abgrenzung ohne eine Veräußerung und entsprechende Vereinbarung vorzunehmen, so ergeben sich Schwierigkeiten, das Interesse eines gedachten Erwerbers zu bestimmen. Aus diesem Grunde ist in Grenzfällen eine systematische Prüfung, wie sie hier vorgeschlagen wird, unverzichtbar.

2. Abgrenzung nach der Art der Nutzenstiftung der geistigen und körperlichen Komponente

Im betriebswirtschaftlichen Schrifttum wird der Wert der Nutzenstiftung der geistigen und körperlichen Komponente als entscheidend für die Abgrenzung materieller und immaterieller Wirtschaftsgüter (Vermögensgegenstände) angesehen. Der Wert eines knappen Gutes ergebe sich aus seiner Nutzenstiftung. In einem ersten Schritt sei die Art der Nutzenstiftung der geistigen und körperlichen Komponente und in einem zweiten Schritt der im Vordergrund stehende Teil zu ermitteln[416].

Ergebnisse der Forschung und Entwicklung seien z.B. auch unabhängig von der Wissensabbildung und -gewinnung nutzbar, wenn sie in dreidimensionaler Form vorlägen. Der Nutzen liege in dem eigenständigen Gebrauchswert des körperlichen Teils. Erforderlich sei, daß der Nutzwert unabhängig von der Verwertung des technischen Wissens bestehe. Das sei u.a. anzunehmen, wenn der Gegenstand als Produktionsmittel einsetzbar sei oder an Dritte veräußert werden könne. Der Nutzen des körperlichen Teils stehe dann selbständig neben dem geistigen Teil. Bei dreidimensionalen Gegenständen stehe häufig der körperliche, bei zweidimensionalen Trägern

---

[415] *Stapperfend*, Die steuer- und bilanzrechtliche Behandlung von Software, 1991, S. 63.
[416] *Hegenloh*, Die steuerbilanzielle Behandlung von Forschung und Entwicklung, 1985, S. 178 ff.

dagegen der immaterielle Teil im Vordergrund. Der körperliche Teil habe bei zweidimensionalen Trägern regelmäßig nur eine Trägerfunktion[417]. Im Schrifttum wird dieses Abgrenzungskriterium als weitere Konkretisierung der Abgrenzung mit Hilfe des wirtschaftlichen Interesses angesehen[418]. Kritisiert wird, daß eine eigenständige Abgrenzung nach diesem Kriterium nicht möglich sei, weil die Einordnung erheblich vom subjektiven Ermessen des Bilanzierenden abhänge[419].

Die hier vorgeschlagene Abgrenzung aus systematischer Sicht mit Hilfe des die Nutzbarkeit des Wirtschaftsgutes bestimmenden Teils wurde unter Berücksichtigung der Grundsätze ordnungsgemäßer Buchführung vorgenommen. Sie bestätigt den Ausgangspunkt der an betriebswirtschaftliche Grundsätze anknüpfenden[420] und für den Bereich der Forschung und Entwicklung herausgearbeiteten Abgrenzung mit Hilfe der Art der Nutzenstiftung der geistigen und körperlichen Komponente. Schwäche der in der betriebswirtschaftlichen Literatur vorgeschlagenen Abgrenzung ist, daß eine Ableitung aus den gesetzlichen Vorgaben fehlt. Aus diesem Grunde bleibt unklar, nach welchen Grundsätzen die Art der Nutzenstiftung im Einzelfall bestimmt werden soll[421].

Aus der weiteren Konkretisierung der hier vorgeschlagenen Kriterien ergibt sich, daß auf die Sicht eines gedachten Erwerbers bei einer Betriebsveräußerung und -fortführung abzustellen ist, wobei auf die in Rechtsprechung und Literatur zur abstrakten Bilanzierungsfähigkeit entwickelten Grundsätze zurückgegriffen werden kann. Dadurch ist die erforderliche Objektivierung gewährleistet. Allerdings ist zuzugeben, daß häufig nur das

---

[417] *Hegenloh*, Die steuerbilanzielle Behandlung von Forschung und Entwicklung, 1985, S. 180 f.

[418] *Kählert/Lange*, BB 1993, 613 (616), die dieses Kriterium im Rahmen der Abgrenzung nach dem wirtschaftlichen Interesse einordnen.

[419] *Keitz*, Immaterielle Güter in der internationalen Rechnungslegung, 1997, S. 45; *Kählert/Lange*, BB 1993, 613 (616).

[420] *Hegenloh*, Die steuerbilanzielle Behandlung von Forschung und Entwicklung, 1985, S. 179: da sich der Wert eines knappen Gutes aus seiner Nutzenstiftung ergebe, sei für die Einordnung als materielles bzw. immaterielles Wirtschaftsgut entscheidend, welcher Teil den maßgebenden Nutzen stifte und den entscheidenden Wert des Wirtschaftsgutes präge.

[421] Vgl. *Hegenloh*, Die steuerbilanzielle Behandlung von Forschung und Entwicklung, 1985, S. 186: tatsächliche Verwendung im Unternehmen als Indiz.

subjektive Interesse des Bilanzierenden Anhaltspunkte für das Interesse eines gedachten Erwerbers gibt, wenn eine Einordnung ohne eine gleichzeitige Veräußerung vorzunehmen ist.

Die Abgrenzung mit Hilfe des die Nutzbarkeit bestimmenden Teils ist zudem nur ein Aspekt bei der Abgrenzung materieller und immaterieller Wirtschaftsgüter. Daneben ist eine teleologische Auslegung vorzunehmen.

3. Abgrenzung nach teleologischen Kriterien

In der Literatur wird zur Abgrenzung ebenfalls auf teleologische Gesichtspunkte zurückgegriffen, die sich am Zweck des Aktivierungsverbotes orientieren[422]. Dieser teleologische Ansatz wird dabei häufig benutzt, um den Begriff „immaterielles Wirtschaftsgut" allgemein zu definieren, nicht speziell zur Abgrenzung in Grenzfällen[423]. Merkmal immaterieller Wirtschaftsgüter sei, daß sie besonders unsichere Werte sind. Darüber hinaus sei häufig unsicher, ob und über welchen Zeitraum sie verwertbar sind[424]. Auch der BFH hat neben anderen Kriterien auf teleologische Argumente zurückgegriffen. Immaterielle Wirtschaftsgüter seien nicht körperliche Wirtschaftsgüter, deren Bestand oder Wert im Zeitpunkt der Erzeugung so unbestimmt ist, daß sie nicht aktiviert werden sollen[425]. Anders ausgedrückt liegt ein immaterielles Wirtschaftsgut vor, wenn der Wert des Vorteils oder dessen Bestand zum Zeitpunkt der Herstellung so unbestimmt ist, daß eine Aktivierung ohne Marktbestätigung nicht erfolgen soll, weil es sich um einen besonders unsicheren Wert handelt[426].

Bei einer solchen zweckorientierten Begriffsdefinition ist die Unbestimmtheit charakteristisch für immaterielle Wirtschaftsgüter[427]. Die Definition und Abgrenzung mit Hilfe teleologischer Kriterien führt demnach im

---

[422] *Kessler*, BB 1994, Beilage 12, 1 (8).

[423] Siehe 1. Teil. 2. Abschnitt. F. I. 1., S. 85.

[424] *Tipke/Lang*, Steuerrecht, 1996, § 9, Rdnr. 344.

[425] BFH v. 6.3.1970 - III R 20/66, BStBl II 1970, 489 = BFHE 99, 50; BFH v. 30.5.1974 - III R 75/73, BStBl II 1974, 654 = BFHE 113, 115; BFH v. 9.12.1983 - III R 6/76, BStBl II 1984, 190 = BFHE 128, 367.

[426] *Herrmann/Heuer/Raupach*, § 5 EStG Rdnr. 1716; *Littmann*, DStR 1969, 322; *Stapperfend*, Die steuer- und bilanzrechtliche Behandlung von Software, 1991, S. 69, ausdrücklich für Software.

[427] *Reinhard*, in: *Küting/Weber*, Handbuch der Rechnungslegung, § 247 HGB Rdnr. 27.

Ergebnis dazu, daß der Begriff „immateriell“ i.S. von unsicher und unbestimmt verstanden wird. Teilweise wird in der Literatur die Anwendbarkeit des § 5 Abs. 2 EStG mit der Wirtschaftsgutdefinition verknüpft. Das Aktivierungsverbot sei nur anwendbar, wenn der Wert in einem solchen Maße nicht faßbar und flüchtig ist, daß bereits zweifelhaft ist, ob ihm überhaupt Wirtschaftsgutqualität zukommt[428].

Gegen die Abgrenzung unter Berücksichtigung des Zwecks des Aktivierungsverbotes kann nicht eingewandt werden, daß ein Zirkelschluß vorliege[429], da geprüft werden müsse, welcher Teil vom Wert her überwiege. Auch dann, wenn der immaterielle Teil vom Wert her überwiegt, kann aus teleologischen Gründen dennoch die Einordnung als immateriell abgelehnt werden. Deshalb ist die Ermittlung des Teils, der vom Wert her überwiegt, nicht Voraussetzung für die Durchführbarkeit der teleologischen Auslegung. Es geht darum, ob das einheitliche Wirtschaftsgut unter Berücksichtigung des Sinns und Zwecks des Aktivierungsverbotes als immateriell i.S. des § 5 Abs. 2 EStG anzusehen ist. Zu weitgehend ist es allerdings, den Begriff „immateriell“ in der Weise mit dem Vorliegen eines Wirtschaftsgutes zu verknüpfen, daß ein Wirtschaftsgut nur dann als immateriell angesehen wird, wenn gleichzeitig zweifelhaft ist, ob dem Wert überhaupt Wirtschaftsgutqualität zukommt. Bei konsequenter Anwendung dieser engen Definition des Begriffs „immateriell“ sind Rechte nicht als immateriell anzusehen. Erfaßt würden praktisch nur Werte mit geringer Greifbarkeit, also in erster Linie wirtschaftliche Werte.

Erforderlich ist, daß sich neben der systematischen Auslegung auch aus teleologischer Sicht eine Einordnung als immateriell und die Anwendbarkeit des § 5 Abs. 2 EStG ergibt. Entscheidend ist die weitere Konkretisierung der Grundsätze für eine teleologische Auslegung. Da häufig allein mit Hilfe des Sinns und Zwecks des Aktivierungsverbotes keine präzise Abgrenzung möglich ist, kann auf eine Abgrenzung mit Hilfe der im Rahmen der systematischen Auslegung herausgearbeiteten Kriterien nicht verzichtet werden.

---

428 *Littmann*, DStR 1969, 321 (322).

429 So aber *Kählert/Lange*, BB 1993, 613 (617).

III. Abgrenzung nach objektiven Kriterien

1. Abgrenzung nach der objektiven Wertrelation

Literatur und Rechtsprechung ziehen die Wertrelation zwischen dem materiellen und immateriellen Teil zur Abgrenzung heran[430]. Teilweise wird die fehlende Identität des Wertes des Gutes mit dem Materialwert als Indiz für das Vorliegen eines immateriellen Wirtschaftsgutes gewertet[431]. Entscheidend sei, ob der Wert des Wirtschaftsgutes insgesamt überwiegend durch die Produktionskosten des materiellen Teils und nur gering durch den immateriellen Teil beeinflußt wird. Im Einzelfall sei dabei darauf zu achten, daß der Mehrwert tatsächlich für den immateriellen Teil des Wirtschaftsgutes gezahlt werde. Das sei nicht der Fall, wenn ein erhöhter Kaufpreis durchsetzbar ist, weil auf dem Markt eine erhöhte Nachfrage bestehe[432].

Zur Ermittlung des Wertes des materiellen Teils wird eine kosten- bzw. aufwandsorientierte Betrachtung vorgeschlagen[433]. Die Abgrenzung erfolgt also bei einer Bestimmung mit Hilfe der objektiven Wertrelation vorrangig nach betriebswirtschaftlichen Kriterien[434], weil der Wert des materiellen Teils mit Hilfe betriebswirtschaftlicher Methoden ermittelt wird. In der Literatur wird herausgestellt, daß der Wert des immateriellen Teils nur ausnahmsweise durch die Bestimmung der Herstellungskosten zu ermitteln sei[435]. Auch die Ermittlung durch Abzug des Wertes des materiellen Teils vom Gesamtwert sei problematisch. Häufig werde ein Mehrwert nicht für den immateriellen Teil eines Wirtschaftsgutes gezahlt, z.B. wenn ein

---

430 BFH v. 3.7.1987 - III R 7/86, BStBl II 1987, 728 (731) = BFHE 150, 259; BFH v. 8.2.1996 - III R 76/90, BFH/NV 1996, 643 (644); *Richter*, in: *Wysocki/Schulze-Osterloh*, HdJ, Abt. II/2 (1990), Die immateriellen Anlagewerte, Rdnr. 25: Wertverhältnis zwischen Produktionskosten für den körperlichen Gegenstand und Wert des geistigen Inhalts; *Baetge*, Bilanzen[2], 1992, S. 273 (442.1); *Sontheimer*, DStR 1983, 350 (353); ähnlich: FG Berlin v. 27.10.1982 - II 138/80, EFG 1983, 438 (439), körperliche Bestandteil habe eigenständige Bedeutung, wenn die Materialkosten und Kosten der Speicherung im Verhältnis zur Gesamtheit nicht bedeutungslos seien; ablehnend *Feldhahn*, DStR 1985, 336 f.

431 *Maul*, DB 1972, Beilage 15, 1 (6).

432 *Sontheimer*, DStR 1983, 350 (353).

433 *Kählert/Lange*, BB 1993, 613 (616).

434 *Keitz*, Immaterielle Güter in der internationalen Rechnungslegung, 1997, S. 45.

435 Vgl. *Maul*, DB 1972, Beilage 15, 1 (9).

erhöhter Kaufpreis nur deshalb erzielbar ist, weil auf dem Markt eine erhöhte Nachfrage besteht[436].

Teile der Literatur zweifeln an, daß die Wertrelation überhaupt ein geeignetes Abgrenzungskriterium ist. Der reine Materialwert und der Wert des Wirtschaftsgutes könne auch bei materiellen Wirtschaftsgütern zum Teil erheblich voneinander abweichen, da die Herstellungskosten nicht nur Materialkosten beinhalten[437]. Dennoch erfolge praktisch einhellig eine Einordnung dieser Wirtschaftsgüter als materiell. Bücher würden z.B. grundsätzlich als materiell angesehen[438], obwohl die Kosten für den materiellen Teil aufgrund neuer technischer Möglichkeiten stark abnähmen, da inzwischen Buchtitel z.B. auch auf Mikrofilmen und CD-ROM erscheinen. Bei konsequenter Anwendung dieses Kriteriums müsse in diesen Fällen das Vorliegen eines immateriellen Wirtschaftsgutes bejaht werden[439].

Die in der Literatur gegen die Abgrenzung mit Hilfe der objektiven Wertrelation vorgebrachten Gegenargumente zeigen, daß die Abgrenzung mit Hilfe der Wertrelation problematisch ist, weil auch der Wert des immateriellen Teiles zur Ermittlung der Wertrelation bestimmt werden muß. Diese Wertbestimmung ist aber häufig mit großen Unsicherheiten verbunden, wenn der Wert der jeweiligen Teile nicht konkretisiert ist. Die Problematik, die Werthaltigkeit bei immateriellen Werten zu bestimmen, ist gerade der Grund dafür, die konkrete Aktivierungfähigkeit im Rahmen des § 5 Abs. 2 EStG an besondere Voraussetzungen zu knüpfen[440].

2. Bedeutung der Vervielfältigung für die Abgrenzung

In Literatur und Rechtsprechung wird die Vervielfältigung eines Wirtschaftsgutes als Umstand angesehen, der zur Einordnung eines vorher als immateriell angesehenen Wirtschaftsgutes als materiell führen könne. Eine

---

[436] *Sontheimer*, DStR 1983, 350 (353).

[437] *Hegenloh*, Die steuerbilanzielle Behandlung von Forschung und Entwicklung, 1985, S. 178.

[438] Siehe 2. Teil. 1. Abschnitt. B. IV. 1., S. 139 ff. zur Behandlung von Büchern.

[439] Vgl. auch *König*, DB 1989, Beilage 13, 26 (29).

[440] Siehe 1. Teil. 2. Abschnitt. E. I. 2., S. 74 ff. zum Sinn und Zweck der Vorschrift; vgl. auch *Kählert/Lange*, BB 1993, 613 (617), dort auch näher zu weiteren Möglichkeiten, den Wert des immateriellen Teils zu bestimmen, die aber im Ergebnis ebenfalls nicht gangbar sind.

geistige Leistung könne durch Vervielfältigung materialisiert und zu einem materiellen Wirtschaftsgut werden. Der immaterielle Teil könne dadurch untergehen, daß er häufig auf körperlichen Gegenständen festgehalten werde[441].

Gegen die an eine Vervielfältigung anknüpfende Einordnung wird eingewandt, daß auch Lizenzen und Patente häufig an eine Vielzahl von Abnehmern vergeben würden, deren immaterieller Charakter aber dennoch erhalten bleibe[442]. Die Grenze (z.B. die Auflagenhöhe), ab der der immaterielle Teil des Wirtschaftsgutes untergehe und das Wirtschaftsgut insgesamt als materiell einzustufen sei, könne allein mit dem Kriterium der Vervielfältigung praktisch nicht ermittelt werden[443].

Die Vervielfältigung ist richtiger Anknüpfungspunkt im Hinblick darauf, daß sich durch diese die Risikolage ändern kann. Bei einer abweichenden Risikolage kann aus teleologischer Sicht gleichzeitig eine Einordnung als materiell gerechtfertigt sein. Dagegen kann es nicht überzeugen, wenn aufgrund einer Vervielfältigung eine an formalen Kriterien orientierte Abgrenzung vorgenommen wird. Die Abgrenzung nach inhaltlichen Kriterien ist erforderlich, weil ansonsten nicht bestimmt werden kann, ob durch die Vervielfältigung eine zur Einordnung als materiell führende Risikolage entsteht oder lediglich weitere immaterielle Wirtschaftsgüter „abgespalten" werden. Von einem Patent können z.B. weitere immaterielle Wirtschaftsgüter „abgespalten" werden, wenn ein Patent in mehreren Ländern erteilt wird. Es entstehen dann mehrere selbständige immaterielle Wirtschaftsgüter[444]. Die erforderlichen inhaltlichen Kriterien, nach denen die Abgrenzung vorzunehmen ist, werden vernachlässigt, wenn lediglich an den äußeren Vorgang der Vervielfältigung angeknüpft wird.

---

441 FG Berlin v. 26.2.1975 - II 139/73, EFG 1975, 402 (403); FG Berlin v. 8.7.1981 - II 154/80, EFG 1982, 59 (60); *Freericks*, DStR 1969, 691 (693), für Standardprogramme; *Schmidt, Eberhard*, FR 1985, 149 (152): "Materialisierung"; *Stüdemann*, DB 1985, 345 (349), aus betriebswirtschaftlicher Sicht.

442 *Sontheimer*, DStR 1983, 350 (353); zweifelnd *Keitz*, Immaterielle Güter in der internationalen Rechnungslegung, 1997, S. 46.

443 *Kählert/Lange*, BB 1993, 613 (618).

444 BFH v. 2.6.1976 - I R 20/74, BStBl II 1976, 666 (667) = BFHE 119, 410.

Das Problem einer etwaigen Materialisierung durch Vervielfältigung hat aus praktischer Sicht für die konkrete Bilanzierungsfähigkeit eingeschränkte Bedeutung, wenn die vervielfältigten Wirtschaftsgüter als Umlaufvermögen anzusehen sind, weil das Aktivierungsverbot des § 5 Abs. 2 EStG nur für immaterielle Wirtschaftsgüter des Anlagevermögens gilt[445]. Unabhängig davon können sich allerdings praktische Auswirkungen im Bereich der Investitionszulagen und auf der Bewertungsebene ergeben[446].

3. Abgrenzung nach der Funktion der körperlichen Komponente

Ein weiterer Ansatz für die Abgrenzung ist es, an die Funktion des körperlichen Teils des Wirtschaftsgutes anzuknüpfen[447]. Ein Wirtschaftsgut sei immateriell, wenn der körperliche Teil lediglich zur Dokumentation oder dazu diene, den immateriellen Teil festzuhalten. Komme dem materiellen Teil dagegen eine eigenständige Bedeutung zu, die z.B. über eine bloße Trägerfunktion für den immateriellen Teil hinausgehe, so handele es sich bei der Sachgesamtheit um ein materielles Wirtschaftsgut[448].

Eine eigenständige Bedeutung des materiellen Teils sei z.B. gegeben, wenn die Kaufentscheidung des Käufers auch durch die materielle Aufmachung beeinflußt werde[449]. Die eigenständige Bedeutung des materiellen Teils könne sich auch aufgrund einer selbständigen Verwendbarkeit als (körperliche) Sache ergeben. Der materielle Teil habe z.B. eigenständige Bedeutung, wenn Bücher und Schallplatten als Dekorationsmittel oder zur Schaffung einer Geräuschkulisse benutzt werden[450], oder es dem Erwerber eines Buchs neben dem (immateriellen) Inhalt auch auf eine besondere Auf-

---

[445] Siehe 2. Teil. 2. Abschnitt. A. II., S. 182 ff. zur Beschränkung der Anwendbarkeit auf Anlagevermögen.

[446] Siehe 2. Teil. 2. Abschnitt. B., S. 185 ff.

[447] BFH v. 3.7.1987 - III R 7/86, BStBl II 1987, 728 (731) = BFHE 150, 259 (Datenträger diene nur dazu, "das Programm unverlierbar zu machen und es als Gut im wirtschaftlichen Verkehr umsetzen zu können, sowie als Eingabemedium für den Computer"); ähnlich FG Berlin v. 8.7.1981 - II 154/80, EFG 1982, 59 (60): Verkörperung lediglich zum "Festhalten"; *Kählert/Lange*, BB 1993, 613 (615 f.).

[448] *Kählert/Lange*, BB 1993, 613 (615).

[449] Vgl. *Walter*, Zur Aktivierungsfähigkeit immaterieller Anlagewerte in der Handels- und Steuerbilanz, 1982, S. 145.

[450] FG Berlin v. 29.4.1982 - IV 340/80, EFG 1983, 105 (106); ablehnend *Stapperfend*, Die steuer- und bilanzrechtliche Behandlung von Software, 1991, S. 64.

machung (z.B. bei einem Kochbuch) ankomme. In diesen Fällen gehe die Funktion des körperlichen Teils über die Dokumentations- und Trägerfunktion hinaus[451]. Eine untergeordnete Bedeutung des immateriellen Teils sei nicht für die Einordnung als immaterielles Wirtschaftsgut erforderlich. Es genüge, wenn der materielle Teil neben den immateriellen trete[452].

Die Abgrenzung mit Hilfe der Funktion der körperlichen Komponente führt zu keiner sicheren Abgrenzung, wenn sich aus der Verknüpfung von materiellem und immateriellem Teil gleichzeitig auch eine Verknüpfung der Funktion der jeweiligen Teile ergibt. Bei auf einem Datenträger gespeicherten Adressen ergibt sich z.B. die Einordnung als immaterielles Wirtschaftsgut gerade aus dem Zusammenspiel des Datenträgers mit dem gespeicherten Inhalt (Adressen). Zwar ist die Abrufbarkeit der Daten nur mit Hilfe des Datenträgers möglich, doch ist die Art der gespeicherten Adressen für die Nutzbarkeit entscheidend. Das wird vernachlässigt, wenn maßgeblich auf die Funktion des körperlichen Teils abgestellt wird[453]. Auch Befürworter einer Abgrenzung mit Hilfe der Funktion des körperlichen Teils räumen ein, daß Probleme auftreten, wenn die Nutzung vom jeweiligen Einzelfall abhängt (z.B. bei Prototypen der Nullserie)[454].

Diese Probleme resultieren daraus, daß bei konsequenter Anwendung dieses Kriteriums eine rein objektive Auslegung vorgenommen wird[455], also keine an betriebsindividuelle Verhältnisse anknüpfende Auslegung. Das widerspricht den im Rahmen der abstrakten Bilanzierungsfähigkeit herausgearbeiteten Grundsätzen, die auch für die Abgrenzung im Rahmen der konkreten Bilanzierungsfähigkeit gelten[456], und ist deshalb abzulehnen. Allerdings läßt die Funktion der jeweiligen Teile Rückschlüsse auf deren Nutzbarkeit und derjenigen des Wirtschaftsgutes insgesamt zu[457].

---

451 *Kählert/Lange* BB 1993, 613 (615).

452 FG Berlin v. 27.10.1982 - II 138/80, EFG 1983, 438 (439).

453 Siehe 2. Teil. 1. Abschnitt. B. VI. 4. b) dd) u. ee) ε), S. 159 u. 170 zu "Datensammlungen"; so aber *Kählert/Lange*, BB 1993, 613 (615), die auf die eigenständige Speicherungsart abstellen und zur Einordnung als materiell gelangen.

454 *Kählert/Lange*, BB 1993, 613 (616).

455 *Kählert/Lange*, BB 1993, 613 (616): das Anknüpfen an das betriebsindividuelle Interesse wird aufgrund des subjektiven Ermessens des Bilanzierenden kritisiert.

456 Siehe 1. Teil. 2. Abschnitt. D. V. 2. a), S. 67 ff.

457 Siehe 1. Teil. 2. Abschnitt. D. V. 3., S. 69 f.

IV. Verhältnis der Abgrenzungskriterien zueinander

In der Literatur wird eine kombinierte Anwendung der Abgrenzungskriterien befürwortet[458]. Die einzelnen Abgrenzungskriterien stünden nicht isoliert, sondern seien in Grenzfällen auch ergänzend nebeneinander zur Abgrenzung heranzuziehen[459]. Der überwiegende Teil sei unter Abwägung aller Kriterien im jeweiligen Einzelfall zu beurteilen. Je nach konkreter Sachlage könne jeweils ein anderes Kriterium bei der Unterscheidung eine größere Trennschärfe gewährleisten[460].

Die Anwendbarkeit der Abgrenzungskriterien nebeneinander wird trotz der unterschiedlichen Herleitung und abweichenden inhaltlichen Konkretisierung durch die hier vorgenommene Auslegung bestätigt, weil die einzelnen Auslegungskriterien ebenfalls nebeneinander heranzuziehen sind[461]. Die als objektiv eingeordneten Kriterien sind zum Teil Indizien im Rahmen der inhaltlichen Abgrenzung. Das gilt nach der hier vertretenen Ansicht für die Bedeutung der Funktion der jeweiligen Teile bei der Ermittlung des im Vordergrund stehenden Teils und für die Vervielfältigung bei der Bestimmung der Risikolage im Rahmen der teleologischen Auslegung. Zu kritisieren ist, daß in Literatur und Rechtsprechung die Kriterien nicht systematisch im Rahmen eines methodischen Auslegungsvorgangs herangezogen werden.

G. Bedeutung der Behandlung von ähnlichen Fragestellungen im Zivil- und Umsatzsteuerrecht für das Einkommensteuerrecht

I. Behandlung im Zivilrecht

Im Zusammenhang mit dem Verständnis der wirtschaftlichen Betrachtungsweise wurde bereits ausgeführt, daß sich über den Maßgeblichkeitsgrundsatz zwar eine Verknüpfung mit dem Handelsrecht ergibt, gleichzeitig aber keine

---

[458] *Wolffgang*, in: *Kirchhof/Söhn*, § 5 EStG Rdnr. C 74; *Keitz*, Immaterielle Güter in der internationalen Rechnungslegung, 1997, S. 46; *Stapperfend*, Die steuer- und bilanzrechtliche Behandlung von Software, 1991, S. 68; *Kählert/Lange*, BB 1993, 613 (618).

[459] Vgl. *Kählert/Lange*, BB 1993, 613 (614 bis 618).

[460] *Keitz*, Immaterielle Güter in der internationalen Rechnungslegung, 1997, S. 46.

[461] Siehe 1. Teil. 2. Abschnitt. A. III, S. 45 ff.

Anknüpfung an die Behandlung entsprechender zivilrechtlicher Fragestellungen möglich ist[462].

Von der Möglichkeit, an die zivilrechtliche Behandlung anzuknüpfen, ist die Frage zu unterscheiden, welche Bedeutung nach zivilrechtlichen Grundsätzen zu beurteilende Vorfragen haben. Der BFH hatte zunächst für die Einordnung von Software auf die Rechtsnatur der zwischen dem Programmersteller und dem Anwender geschlossenen Verträge (z.B. Mietvertrag, Lizenzvertrag, Kaufvertrag) und die Marktverhältnisse abgestellt[463], und dabei an die Unterscheidung von Nutzungsverträgen und Kaufverträgen angeknüpft. Bei Nutzungsverträgen bejahte der BFH grundsätzlich die Anschaffung eines immateriellen Wirtschaftsgutes[464]. Diese Auffassung hat der BFH inzwischen ausdrücklich aufgegeben und den im Vordergrund stehenden Teil mit Hilfe anderer Kriterien bestimmt[465]. Hintergrund dieses Wandels war, daß das Vertragsrecht keine sichere Beurteilungsgrundlage für die steuerliche Einordnung bot. Die gewählten vertraglichen Grundlagen unterlägen ständigen Veränderungen und seien vielfältig. Hinzu komme, daß auch die zivilrechtliche Einordnung des Vertrages unsicher sein könne, was insbesondere für Nutzungsverträge gelte[466]. Auch dann, wenn feststehe, daß ein Kaufvertrag geschlossen worden sei, lasse sich daraus keine sichere Einordnung als materiell oder immateriell treffen, weil Gegenstand eines Kaufvertrages auch Rechte und andere immaterielle Werte (z.B. ungeschützte Erfindungen und Know-how) sein könnten[467].

Der zugrunde liegende zivilrechtliche Vertrag hat Bedeutung dafür, ob und in welchem Umfang Rechte übergehen.[468] Abzugrenzen sind der Erwerb von Eigentum und der Erwerb von Nutzungsrechten, weil ein

---

[462] Siehe 1. Teil. 2. Abschnitt. E. II., S. 77 ff.

[463] BFH v. 3.12.1982 - III R 132/81, BStBl II 1983, 647 (648) = BFHE 138, 126; zustimmend *Feldhahn*, DStR 1985, 336 (337), gewählte Vertragsform und damit bezweckter Erfolg seien entscheidend; jetzt ablehnend in BFH v. 3.7.1987 - III R 7/86, BStBl II 1987, 728 (730) = BFHE 150, 259.

[464] BFH v. 1.8.1968 - I 206/65, BStBl II 1969, 66 = BFHE 94, 52 (55); BFH v. 2.8.1983 - VIII R 170/78, BStBl II 1983, 735 = BFHE 139, 76 (78).

[465] BFH v. 3.7.1987 - III R 7/86, BStBl II 1987, 728 (730) = BFHE 150, 259.

[466] BFH v. 3.7.1987 - III R 7/86, BStBl II 1987, 728 (730 f.) = BFHE 150, 259.

[467] *Putzo*, in: *Palandt*, § 433 BGB, Rdnr. 1 ff.

[468] Vgl. 2. Teil. 1. Abschnitt. B. IV. 3. b) aa), S. 149 zur Bedeutung bei Filmen.

Nutzungsrecht nach der Rechtsprechung[469] und überwiegender Ansicht in der Literatur[470] als immaterielles Wirtschaftsgut anzusehen ist. Ob das Eigentum oder ein Nutzungsrecht übergeht, richtet sich nach der Ausgestaltung der jeweiligen vertraglichen Vereinbarung. Es geht um eine zivilrechtliche Vorfrage, die nach den Regeln des Zivilrechts zu beurteilen ist. Wird an einem als materiell eingeordneten Wirtschaftsgut lediglich ein Nutzungsrecht eingeräumt, also nicht aufgrund einer Veräußerung das Eigentum übertragen, so liegt der Erwerb eines immateriellen Wirtschaftsgutes (Nutzungsrechts) vor[471].

Handelt es sich bei dem Wirtschaftsgut ohnehin um ein immaterielles Wirtschaftsgut, so ändert sich nichts daran, daß ein immaterielles Wirtschaftsgut übertragen wird, für das insbesondere § 5 Abs. 2 EStG gilt, wenn lediglich ein Nutzungsrecht übertragen wird. Deshalb ist es richtig, daß die Rechtsprechung nicht auf die zivilrechtliche Einordnung des zwischen den Parteien geschlossenen Vertrages und den Übergang eines Nutzungsrechts

---

[469] BFH v. 6.10.1953 I 55/53 U, BStBl III 1953, 315 (316) = BFHE 58, 61; BFH v. 2.3.1954 - I 133/53 S, BStBl III 1954, 129 = BFHE 58, 573; BFH v. 25.7.1957 - IV 195/56 U, BStBl III 1957, 346 (347) = BFHE 65, 294: Baukostenzuschuß als Aufwendung für das immaterielle Wirtschaftsgut "Mietrecht"; BFH v. 16.5.1963 - IV 379/69 U, BStBl III 1963, 400 f. = BFHE 77, 220; BFH v. 29.4.1965 - IV 403/62 U, BStBl III 1965, 414 (415 f.) = BFHE 82, 461: einmaliger Wegebeitrag als Wirtschaftsgut; BFH v. 2.3.1970 - GrS 1/69, BStBl II 1970, 382 (383) = BFHE 98, 360: Abstandszahlung an einen Pächter, um ein Grundstück vor Ablauf des Miet- oder Pachtvertrages nutzen zu können, als immaterielles Wirtschaftsgut; BFH v. 28.8.1974 - I R 66/72, BStBl II 1975, 56 (57) = BFHE 113, 448; BFH v. 17.3.1977 - IV R 218/72, BStBl II 1977, 595 (597 ff.) = BFHE 122, 70; BFH v. 27.6.1978 - VIII R 12/72, BStBl II 1979, 38 (39) = BFHE 125, 528; BFH v. 22.1.1980 - VIII R 74/77, BStBl II 1980, 244 (246) = BFHE 129, 485; BFH v. 20.1.1983 - IV R 158/80, BStBl II 1983, 413 (416) = BFHE 138, 53; BFH v. 11.10.1983 - VIII R 61/81, BStBl II 1984, 267 = BFHE 140, 177; BFH v. 26.10.1987- GrS 2/86, BStBl II 1988, 348 (353) = BFHE 151, 523; BFH v. 4.6.1991 - X R 136/87, BStBl II 1992, 70 (71 f.) = BFHE 165, 349; BFH v. 5.5.1994 - VI R 100/93, BStBl II 1994, 643 = BFHE 174, 359; BFH v. 25.10.1994 - VIII R 65/91, BStBl II 1995, 312 (313) = BFHE 176, 359.

[470] Vgl. auch *Werndl*, in: *Kirchhof/Söhn*, § 7 EStG Rdnr. A 189; *Meyer-Scharenberg*, BB 1987, 874 (875 ff.); *Groh* StbJb 1988/89, 187 (191): Nutzungsgüter als Wirtschaftsgüter zweiter Klasse; *Stapperfend*, FR 1993, 525 (529); *Schubert*, DStR 1995, 362 f.; **a.A.** *Meyer-Scharenberg*, StuW 1987, 103 (110); *Weber-Grellet*, DB 1995, 2550 (2556 f.); zustimmend *Eisgruber*, DStR 1997, 522 (524); *Meyer-Scharenberg*, BB 1987, 874 (877); *Biergans*, DStR 1989, 367 (369).

[471] Beim Erwerb eines Nutzungsrechts an einem immateriellen Wirtschaftsgut kommt von vornherein nur eine Einordnung als immateriell in Betracht.

abstellt, wenn diese Einordnung unsicher, gleichzeitig aber das überlassene Wirtschaftsgut auch bei Übergang eines Vollrechts als immateriell anzusehen ist.

II. Behandlung im Umsatzsteuerrecht am Beispiel von Software

Die Behandlung im Umsatzsteuerrecht und die Möglichkeit von Rückschlüssen soll am Beispiel von Software (insbesondere Standardsoftware) gezeigt werden, deren Einordnung im Einkommensteuerrecht besonders umstritten ist.

1. Abgrenzung in Literatur und Rechtsprechung

Im Umsatzsteuerrecht[472] ergeben sich ähnliche Fragestellungen. Dies soll am Beispiel von Software gezeigt werden. Nach der bisherigen Rechtsprechung richtet sich die Einordnung als körperlicher Gegenstand auch im Umsatzsteuerrecht nach den Vorschriften des Einkommensteuerrechts[473]. Das Vorliegen eines körperlichen Gegenstands hat im Umsatzsteuerrecht Bedeutung dafür, ob es sich um eine Lieferung eines Gegenstandes (§ 3 Abs. 1 UStG) oder eine sonstige Leistung (§ 3 Abs. 9 UStG) handelt. Beim Verkauf von Software mit Befehlsstruktur gehen Rechtsprechung und Schrifttum grundsätzlich fast übereinstimmend vom Vorliegen einer sonstigen Leistung aus[474]. Ob das auch gilt, wenn auf einem Datenträger gespeicherte Daten ohne Befehlsstruktur veräußert werden, ist zweifelhaft. Zumindest dann, wenn Nutzungs- und Verwertungsrechte übertragen werden, und es dem Erwerber auf diese geistige Leistung ankommt, wird

---

[472] Die 6. Richtlinie des Rates vom 17.5.1977 [ABl. EG Nr. L 145/1] enthält eine ausdrückliche Regelung zum Vorliegen körperlicher Gegenstände, zu denen demnach auch Elektrizität, Gas, Wasserkraft, Wärme, Kälte und ähnliche Sachen zu zählen sind.

[473] BFH v. 13.1.1972 - V R 47/71, BStBl II 1972, 744 = BFHE 106, 142; BFH v. 5.12.1974 - V R 30/74, BStBl II 1975, 344 = BFHE 114, 295; BFH v. 2.12.1987 - X R 19/81, BStBl II 1988, 502 (503) = BFHE 152, 108.

[474] FG Münster v. 9.5.1995 - 15 K 2358/93 U, EFG 1995, 859 f.; Abschn. 25 Abs. 2 Nr. 7 UStR 1992; *Rau/Dürrwächter/Flick/Geist*, § 3 UStG Rdnr. 119 "Datenverarbeitung"; *Sontheimer*, DStR 1983, 350; differenzierend *Birkenfeld*, in: *Hartmann/Metzenmacher*, § 3 Abs. 9 UStG Rdnr. 231.

eine sonstige Leistung, also nicht die Lieferung eines Gegenstandes bejaht. Die geistige Leistung stehe im Vordergrund[475].

Die Abgrenzung hat auch Bedeutung dafür, ob die Einräumung, Übertragung oder Wahrnehmung von Rechten vorliegt, die sich aus dem UrhG ergeben (§ 12 Abs. 2 S. 2 Nr. 7 c UStG). Voraussetzung für den ermäßigten Steuersatz nach diesen Vorschriften ist es, daß Hauptgegenstand der erbrachten Leistungen die Einräumung von Rechten i.S. dieser Vorschrift ist. Eine Leistung i.S. des § 12 Abs. 2 S. 2 Nr. 7 c UStG wird bejaht, wenn ein Individualprogramm mit der Maßgabe übertragen wird, daß einem Erwerber Urheberrechte zur ausschließlichen Verwertung durch ihn überlassen werden, während der Veräußerer das Urheberrecht behält. Dagegen sei für die auf einer CD-ROM gespeicherten Bücher oder Nachschlagewerke der Regelsteuersatz anwendbar[476] (§ 12 Abs. 1 UStG).

Die Behandlung von Standardsoftware ist in Rechtsprechung und Literatur umstritten. Standardsoftware wird dabei definiert als „serienmäßig hergestellte Gegenstände, die von jedem beliebigen Käufer erworben und nach ihrem Aufbau und begrenzter Ausbildung in Standardform verwendet werden können, um gleiche Anwendungen oder Aufgaben" zu erfüllen[477]. Der BFH[478] hat ausgesprochen, daß Standardsoftware nicht von § 12 Abs. 2 Nr. 7 c UStG 1993 erfaßt werde.

Diese Entscheidung soll in den wesentlichen Grundzügen dargestellt werden, weil sie grundsätzliche Ausführungen zur Beurteilung der urheberrechtlichen Rechtslage enthält. Der BFH hat einen Vergleich zum Verkauf von Büchern und Schallplatten gezogen, die gem. § 12 Abs. 2 Nr. 1 UStG 1993 i.V.m. Nr. 49 der Anlage besteuert werden. Der Erwerber eines Buches oder einer Schallplatte habe die einem Eigentümer zustehenden Rechte i.S. des § 903 BGB, wobei sich Einschränkungen durch das urheberrechtlich geschützte Vervielfältigungsrecht des Urhebers ergeben könnten. Eine Einräumung oder Übertragung von Rechten i.S. des Urheberrechts sei nicht gegeben. Der BFH hat es dabei ausdrücklich offengelassen, wie der Vor-

---

475 FG Münster v. 9.5.1995 - 15 K 2358/93 U, EFG 1995, 859 f.
476 OFD Koblenz v. 8.6.1989 - S 7225 A - St 512, DStR 1989, 614.
477 OFD Saarbrücken v. 30.3.1995 - S7100 - 186 - St 241, UR 1995, 352.
478 BFH v. 13.3.1997 - V R 13/96, BStBl II 1997, 372 f. = BFHE 182, 423.

gang zivilrechtlich einzuordnen ist (Sachkauf oder Kauf eines immateriellen Wirtschaftsguts), und ob umsatzsteuerrechtlich eine Lieferung oder sonstige Leistung vorliegt. Auch wenn § 903 BGB nicht anwendbar sei, weil lediglich eine Nutzungsbefugnis übergehe, gelte nichts anderes, weil diese im UrhG nur am Rande geregelt sei. §§ 69a ff UrhG grenzten nur Rechte des Inhabers der Urheberrechte von den Rechten des Anwenders ab. Dies gelte auch dann, wenn die Rechte gemäß §§ 69d und 69e UrhG dem Erwerber nicht originär zustünden, weil insoweit allenfalls eine unselbständige Nebenleistung vorliege, also keine prägende Rechtsübertragung[479].

Die Finanzverwaltung sieht den Verkauf von Standardsoftware schon als Lieferung an, also nicht als sonstige Leistung, bei der § 12 Abs. 2 Nr. 7 UStG in Betracht kommen könnte[480]. Die als sonstige Leistung zu betrachtende Übertragung von Software falle darüber hinaus nicht unter § 12 Abs. 2 Nr. 7 c) UStG, weil die Einräumung oder Übertragung von urheberrechtlichen Befugnissen nur eine Nebenleistung der Hauptleistung sei, die in der Überlassung der Software bestehe[481].

Der BFH hat sich in der Entscheidung zur Behandlung von Standardsoftware, bei der es um die Anwendung von § 12 Abs. 2 Nr. 7 UStG ging, auch zur Bedeutung des mit veräußerten Handbuchs geäußert. Die Veräußerung des Handbuchs sei als Nebenleistung einzuordnen, weil es verglichen mit der Hauptsache (Standardsoftware) nebensächlich sei, eng mit der Hauptsache zusammenhänge, die Hauptsache wirtschaftlich ergänze, verbessere, abrunde und üblicherweise mit ihr zusammen vorkomme[482].

---

479 BFH v. 13.3.1997 - V R 13/96, BStBl II 1997, 372 f. = BFHE 182, 423; ebenso *Amann*, UR 1994, 218 ff.; **a.A.** *Nieskens*, BB 1996, 2656 (2658 ff.) zur Bedeutung der Rechte nach dem UrhG.

480 Abschn. 25 Abs. 1 Nr. 7 UStR 1996.

481 Abschn. 168 Abs. 1 S. 5 bis 7 UStR.

482 BFH v. 13.3.1997 - V R 13/96, BStBl II 1997, 372 f. = BFHE 182, 423; BFH v. 12.12.1985 - V R 15/80, BStBl II 1986, 499 = BFHE 146, 181 zu den Voraussetzungen für das Vorliegen einer Nebenleistung.

2. Möglichkeit von Rückschlüssen aus der umsatzsteuerrechtlichen Behandlung auf die einkommensteuerrechtliche Einordnung

Rückschlüsse aus der umsatzsteuerrechtlichen Behandlung auf die Einordnung als materiell oder immateriell im Einkommensteuerrecht sind, vergleichbar mit der Möglichkeit von Rückschlüssen aus der zivilrechtlichen Behandlung, nur begrenzt möglich. Die Rechtsprechung nimmt bei der Frage, ob eine Lieferung eines Gegenstandes oder eine sonstige Leistung (§ 3 Abs. 9 UStG) vorliegt, und bei der Auslegung des § 12 Abs. 2 S. 2 Nr. 7 c UStG eine normbezogene Auslegung vor. Mit der auch im Einkommensteuerrecht erforderlichen, normbezogenen Auslegung ist es nicht vereinbar, vereinfachend von einer einheitlichen Betrachtungsweise im gesamten Steuerrecht auszugehen.

Da zivilrechtliche Vorfragen nach zivilrechtlichen Grundsätzen zu beurteilen sind, sind diese auch einheitlich im Umsatzsteuerrecht und Zivilrecht zu beurteilen. Die von der Rechtsprechung für die Einordnung als Nebenleistung herausgearbeiteten Grundsätze können zudem Hinweise auf den die Nutzbarkeit bestimmenden Teil geben[483]. Herauszustellen ist jedoch, daß es sich lediglich um Indizien für das nach den Grundsätzen ordnungsgemäßer Buchführung ermittelte, inhaltliche Kriterium handelt.

H. Zusammenfassender Definitionsvorschlag auf der Grundlage der abstrakten Abgrenzung

Die bisher von Literatur und Rechtsprechung entwickelten Abgrenzungskriterien bestätigen, daß eine alle Grenzfälle erfassende Definition des unbestimmten Rechtsbegriffs „immaterielle", die Allgemeingültigkeit beansprucht und alle denkbaren Fallgestaltungen erfaßt, praktisch unmöglich ist. Eine Lösung der problematischen Grenzfälle kann nur im Rahmen einer methodengerechten Auslegung des § 5 Abs. 2 EStG erfolgen. Der Notwendigkeit, die Besonderheiten einzelner immaterieller Wirtschaftsgüter bei der Auslegung zu berücksichtigen, wird durch die Bildung exemplarischer Fallgruppen Rechnung getragen[484]. Obwohl sich der Begriff „immaterielle"

---

[483] Siehe 1. Teil. 2. Abschnitt. D. V. 3., S. 69 f. zur Bedeutung der Funktion für die Nutzbarkeit der jeweiligen Teile.

[484] Siehe 2. Teil. 1. Abschnitt. B., S. 114 ff.

demnach als unbestimmter Rechtsbegriff nur begrenzt im Sinne einer allgemein gültigen Formel definieren läßt, soll dennoch eine Definition auf der Grundlage der Auslegungsergebnisse vorgenommen werden, die grundsätzlich zur Abgrenzung geeignet erscheint. Es wird folgende Abgrenzungsformel vorgeschlagen:

> Ein selbständiges Wirtschaftsgut hat einen Mangel an körperlicher Substanz und ist deshalb ein immaterielles Wirtschaftsgut i.S. des § 5 Abs. 2 EStG, wenn der die Nutzbarkeit bestimmende Teil ohne körperliche Substanz und die Werthaltigkeit unsicher ist.

2. Teil: Konkreter Teil und praktische Bedeutung der Abgrenzung

1. Abschnitt: Anwendung der Ergebnisse auf exemplarische Fallgruppen

Die Anwendung der im 1. Teil abstrakt herausgearbeiteten Voraussetzungen für das Vorliegen eines immateriellen Wirtschaftsgutes sollen im folgenden mit Hilfe von exemplarischen Fallgruppen verdeutlicht werden. Dies trägt zudem zur weiteren Konkretisierung bei.

A. Anwendung der Ergebnisse zur Bestimmung des Abgrenzungsgegenstandes

Zunächst sollen die Ergebnisse zur abstrakten Wirtschaftsgutdefinition, zum Vorliegen von selbständigen Wirtschaftsgütern und eines einheitlichen Anschaffungs- oder Herstellungsvorgangs auf konkrete Beispiele angewandt werden.

I. Bedeutung der Wirtschaftsgutqualiät für die Abgrenzung am Beispiel von für Werbezwecke hergestellten Wirtschaftsgütern

Die Rechtsprechung sieht Aufwendungen für Werbung grundsätzlich als sofort abzugsfähige Betriebsausgaben an[485]. Auch in der Literatur wird die sofortige volle Gewinnwirksamkeit bejaht, weil dem entsprechenden Vorteil die Wirtschaftsgutqualität fehle[486]. Es handele sich lediglich um eine betriebliche Chance, die von der zukünftigen Entwicklung abhänge[487]. Diese Chance sei nicht greifbar, weil der zukünftige Nutzen nicht bewertbar sei[488]. Das gelte auch für einen einmaligen Werbefeldzug[489], dessen Aufwendungen zu einem selbstgeschaffenen Geschäfts- oder Firmenwert oder

---

[485] BFH v. 25.10.1963 - IV 433/62 S, BStBl III 1964, 138 = BFHE 78, 355; Aktivierungspflicht dagegen bejahend BFH v. 9.10.1962 - I 167/62, BStBl III 1963, 7 = BFHE 76, 14 (siehe 1. Teil. 1. Abschnitt. A. VI. 3., S. 24 zu den dynamischen Tendenzen in der damaligen Rechtsprechung).

[486] Vgl. *Depping*, DB 1991, 2048.

[487] *Falterbaum*, Buchführung und Bilanz, 1996, S. 365.

[488] Siehe 1. Teil. 1. Abschnitt. A. I. 1., S. 7 ff. zur Wirtschaftsgutdefinition.

[489] *Hoffmann*, in: *Littmann/Bitz/Hellwig*, §§ 4, 5 EStG Rdnr. 837 "Werbeaufwendungen"; *Döllerer*, BB 1969, 501 (505); *Kruse*, JbFfSt 1978/79, 172, 177; weitergehender noch BFH v. 9.10.1962 - I 167/62 U, BStBl III 1963, 7 (8) = BFHE 76, 14: Aktivierungspflicht der Ausgaben für einen einmaligen Werbefeldzug.

Kundenstamm des Betriebs führten[490]. Ausnahmsweise komme die Bildung eines aktiven Rechnungsabgrenzungspostens in Betracht[491].

Zu aktivieren seien dagegen die für Werbezwecke hergestellten materiellen Wirtschaftsgüter[492]. Entsprechendes gilt auch für immaterielle Wirtschaftsgüter, wenn die zusätzlichen Voraussetzungen für die konkrete Bilanzierungsfähigkeit erfüllt sind. Werbespots können z.B. Teil eines umfangreichen Werbefeldzugs, gleichzeitig aber als immaterielle Wirtschaftsgüter zu aktivieren sein[493].

1. Für Werbezwecke hergestellte Ärztemuster und Musterbücher als Beispiel

Diese Grundsätze wendet der BFH auch auf Ärztemuster an. Diese seien zu den Warenproben oder Warenmustern zu zählen, die die Ware selbst repräsentierten. Die Werbefunktion werde durch deren Gebrauchsfunktion überlagert. Es lägen selbständig bewertbare, materielle Wirtschaftsgüter mit einem wirtschaftlichen Wert vor, die von nicht aktivierungsfähigen Werbeaufwendungen zu unterscheiden seien. Solche Muster seien nicht mit Spielfilmen oder Verlagsarchiven vergleichbar, bei denen der körperliche Teil lediglich Träger der im Vordergrund stehenden Werte oder Rechte sei[494]. In der Literatur wird dagegen eine Aktivierung von Aufwendungen für Ärztemuster abgelehnt. Es handele sich um Vertriebskosten, deren Aktivierung ausscheide[495].

---

[490] *Hoffmann*, in: *Littmann/Bitz/Hellwig*, §§ 4, 5 EStG Rdnr. 837 "Werbeaufwendungen".

[491] *Schreiber*, in: *Blümich*, § 5 EStG Rdnr. 740 "Werbung".

[492] BFH v. 20.10.1976 - I R 112/75, BStBl II 1977, 278 f. = BFHE 121, 177; **kritisch**: *Kupsch*, DB 1983, 509.

[493] Siehe 2. Teil. 1. Abschnitt. B. IV. 3. a), S. 148 zum immateriellen Charakter von Werbespots.

[494] BFH v. 20.10.1976 - I R 112/75, BStBl II 1977, 278 (279) = BFHE 121, 177.

[495] *Kruse*, JbFfStR 1978/79, 172 (177); Vertriebskosten (z.B. Lager-, Transport- und Versandkosten bei bereits fertiggestellten Produkten, daneben Werbung, Marketing, Ausstellungen, Warenproben, Warenmuster, Vertreterprovisionen und umsatzabhängige Lizenzgebühren als mit dem Absatz verbundene Kosten) dürfen nicht in die Herstellungskosten einbezogen werden (vgl. § 255 Abs. 2 S. 4 HGB; *Werndl*, in: *Kirchhof/Söhn*, § 6 EStG Rdnr. B 224, 227; *Mayer-Wegelin*, in: *Hartmann/Böttcher/Nissen/Bordewin*, § 6 EStG Rdnr. 126).

Der BFH bejaht in einer älteren Entscheidung auch die Bilanzierungsfähigkeit von Aufwendungen für Musterbücher im Tapetenhandel. Er hat dabei ebenfalls zwischen nicht bilanzierungsfähigen Werbeaufwendungen und den Aufwendungen für eigens zu Werbezwecken hergestellten (materiellen) Wirtschaftsgütern unterschieden[496].

2. Stellungnahme zur Behandlung von für Werbezwecke hergestellte Wirtschaftsgüter

Erforderlich ist für eine Aktivierung der im Zusammenhang mit einem Werbefeldzug hergestellten materiellen und immateriellen Werte, daß diesen Wirtschaftsgutqualität zukommt, die einzelnen (körperlichen) Werte müssen also greifbar, selbständig bewertbar sein. Fehlt die selbständige Bewertbarkeit als insoweit entscheidende Voraussetzung der Wirtschaftsgutdefinition, so scheidet eine Aktivierung aus. Dabei ist herauszustellen, daß allein die Wirtschaftsgutqualität der zu Werbezwecken hergestellten Wirtschaftsgüter entscheidend ist. Da dem Werbefeldzug als solchem mangels Greifbarkeit und selbständiger Bewertbarkeit keine Wirtschaftsgutqualität zukommt, kann dieser Wert auch nicht die Greifbarkeit eines etwaigen einheitlichen Wirtschaftsgutes als im Vordergrund stehender Teil bestimmen[497]. Im Einzelfall führen Aufwendungen für Werbung allerdings dann nicht zu einem Wert mit Wirtschaftsgutqualität, wenn die Nutzbarkeit der Güter für den Betrieb sich nicht auf mehrere Perioden bezieht.

Unter Berücksichtigung dieser Grundsätze ist der Einordnung von Ärztemustern und Musterbüchern als selbständige Wirtschaftsgüter zuzustimmen, wenn sie selbständig bewertbar und über mehrere Wirtschaftsjahre nutzbar sind. Unter diesen Voraussetzungen scheidet gleichzeitig eine Einordnung als Vertriebskosten aus. Da sich die selbständige Bewertbarkeit auf eine Nutzbarkeit bezieht, die unabhängig von dem nicht bewertbaren Nutzen aufgrund des Werbefeldzugs ist, handelt es sich zudem um materielle Wirtschaftsgüter.

Führen die Aufwendungen für Werbung zu Werten mit Wirtschaftsgutqualität, so können gleichzeitig keine geschäftswertbildenden Faktoren vor-

---

[496] BFH v. 25.11.1965 - IV 299/63 U, BStBl II 1966, 86 = BFHE 84, 232.

[497] Siehe 1. Teil. 2. Abschnitt. D. V. 2. a), S. 67 f.

liegen, weil vom Geschäfts- und Firmenwert selbständig bewertbare Wirtschaftsgüter abzugrenzen sind[498]. Der Geschäfts- und Firmenwert ist gerade Ausdruck für die Gewinnchancen eines Unternehmens, soweit diese nicht in einzelnen Wirtschaftsgütern verkörpert sind. Ein Geschäfts- oder Firmenwert darf deshalb beim Erwerber des Betriebes erst dann angesetzt werden, wenn die Aufwendungen nicht als Anschaffungskosten für sonstige Wirtschaftsgüter (materielle oder immaterielle) des erworbenen Betriebsvermögens anzusehen sind[499]. Kommt den materiellen und immateriellen Werten aber Wirtschaftsgutqualität zu, so kann es sich nicht um geschäftswertbildende Faktoren handeln. Ein geschäftswertbildender Faktor ist allerdings der Werbefeldzug als solcher.

Der jeweilige Anknüpfungspunkt für die Aktivierung solcher materieller Wirtschaftsgüter spiegelt sich gleichzeitig auf der Bewertungsebene wider. Die Bewertung darf nicht Aufwendungen berücksichtigen, die nicht für unselbständige Teile eines einheitlichen Wirtschaftsgutes gemacht wurden und denen die Wirtschaftsgutqualität fehlt, also als Betriebsausgaben sofort abziehbar sind. Nicht einbezogen werden darf im Rahmen der Bewertung deshalb eine über das selbständig bewertbare Wirtschaftsgut hinausgehende Chance, die sich z.B. aus einem Werbefeldzug als solchem ergeben kann.

II. Bedeutung des Vorliegens selbständiger Wirtschaftsgüter für die Abgrenzung am Beispiel von Computersystemen

Die zum Vorliegen eines selbständigen Wirtschaftsgutes herausgearbeiteten Grundsätze sollen am Beispiel von Computersystemen und von in Hardware eingebauter Software verdeutlicht werden.

---

[498] BFH v. 9.10.1974 - I R 122/73, BStBl II 1975, 258 (259) = BFHE 114, 198; vgl. auch *Glanegger*, in: *Schmidt*, 1997, § 6 EStG Rdnr. 293 f.

[499] BFH v. 28.3.1966 - VI 320/64, BStBl III 1966, 456 = BFHE 85, 433; BFH v. 5.8.1970 - I R 180/66, BStBl II 1970, 804 (805) = BFHE 100, 89; BFH v. 16.9.1970 - I R 196/67, BStBl II 1971, 175 (176) = BFHE 101, 76; BFH v. 18.7.1972 - VIII R 16/68, BStBl II 1972, 884 = BFHE 106, 432; BFH v. 25.11.1981- I R 54/77, BStBl II 1982, 189 (190) = BFHE 134, 434; *Breidenbach*, DB 1991, 2500 (2501).

1. Grundsätzliche Unterscheidung zwischen Hard- und Software

Die einzelnen Teile eines Computersystems lassen sich grob in das Maschinen- und das Benutzersystem gliedern. Das Maschinensystem besteht aus der EDV-Anlage und der Systemsoftware, das Benutzersystem aus der Individual- und Standardsoftware[500], außerdem sind die sogenannten Trivialprogramme zu nennen[501].

Die Software des Benutzersystems wird grundsätzlich als eigenständiges Wirtschaftsgut angesehen, das keine Einheit mit der EDV-Anlage bildet. Das Maschinensystem wird grundsätzlich als einheitliches Wirtschaftsgut behandelt[502]. Die Rechtsprechung sieht auch Systemprogramme innerhalb des Maschinensystems als ein selbständiges Wirtschaftsgut an, wenn diese im Geschäftsverkehr selbständige Handelsobjekte und nach der Verkehrsauffassung selbständig bewertbar sind[503]. Systemsoftware sei auf verschiedenen Computern lauffähig und könne von unterschiedlichen Anbietern bezogen werden. Unerheblich sei, daß Systemprogramme zwingend erforderlich sind, um die Datenverarbeitungsanlage überhaupt in Betrieb nehmen zu können. Das ergebe sich daraus, daß die selbständige Nutzbarkeit nicht Teil der Wirtschaftsgutdefinition sei[504].

2. Hardware und eingebaute Software als einheitliches Wirtschaftsgut

Festprogramme (z.B. ROM-BIOS, EPROMs, der Schnittstellen- und Bildschirmsteuerung), bei denen Hard- und Software fest miteinander verbunden sind, werden zusammen mit der Hardware als einheitliches, materielles Wirtschaftsgut angesehen[505]. Auch komplett mit Steuerungs- und Softwareausstattung gelieferte Werkzeugmaschinen werden insgesamt als materiell eingeordnet[506]. Geräte, in die Programme zur Steuerung fest eingebaut sind,

---

500 Siehe 1. Teil. 2. Abschnitt. G. II. 1., S. 103 ff. zur Definition von Standardsoftware im Umsatzsteuerrecht; *Mathiak*, StuW 1984, 71.

501 Nach R 31a. Abs. 1 S. 3 EStR sind Computerprogramme mit Anschaffungskosten bis 800,- DM stets als Trivialprogramme zu behandeln.

502 *Wolffgang*, in: *Kirchhof/Söhn*, § 5 EStG Rdnr. C 175; vgl. Mathiak, StuW 1984, 71.

503 BFH v. 8.2.1996 - III R 76/90, BFH/NV 1996, 643 f.

504 BFH v. 8.2.1996 - III R 76/90, BFH/NV 1996, 643 f., auch zur möglichen Ausnahme im Falle eines sog. "Bundlings"; *Schreiber*, in: *Blümich*, § 5 EStG Rdnr. 638.

505 *Voss*, FR 1989, 358 (359).

506 *Schmidt, Eberhard*, FR 1985, 149 (151).

seien zusammen mit dem eingebauten Programm ein einheitliches, materielles Wirtschaftsgut[507], da die Teile eine „logische Zusammengehörigkeit" hätten[508].

3. Stellungnahme zur Einordnung bei Computersystemen

Ein selbständiges Wirtschaftsgut liegt vor, soweit sich aufgrund eines Nutzbarkeitszusammenhangs nicht entscheiden läßt, welcher Nutzen dem Betrieb in Zukunft von welchem Teil zufließt bzw. welche Nutzbarkeit sich für den Betrieb aus welchem Teil ergibt[509]. Die Nutzbarkeit des Maschinen- und des Benutzersystems läßt sich grundsätzlich trennen. Entsprechendes gilt für die einzelnen Softwareprogramme im Rahmen des Benutzersystems. Es ist deshalb sachgerecht, auch insoweit von selbständigen Wirtschaftsgütern auszugehen. Systemprogramme sind unter Berücksichtigung dieser Kriterien ebenfalls selbständige Wirtschaftsgüter neben der EDV-Anlage, weil der dem Betrieb von beiden Werten zufließende Nutzen trennbar ist. Entscheidend ist dabei, worauf auch die Rechtsprechung hinweist, daß die Systemsoftware auf verschiedenen EDV-Anlagen genutzt werden kann.

Hard- und Software können im Einzelfall auch ein einheitliches Wirtschaftsgut bilden, wenn bei Geräten mit fester Verbindung von Hard- und Software oder mit eingebauten Steuerungsprogrammen nicht entschieden werden kann, welcher Nutzen dem Betrieb von welchem Teil zufließt. Indiz ist dafür der regelmäßig bestehende Funktionszusammenhang[510].

B. Anwendung der Ergebnisse zur methodengerechten Auslegung

Als immaterielle Wirtschaftsgüter kommen höchst unterschiedliche Werte in Betracht. Bei der konkreten Anwendung der Auslegungsergebnisse können sich bei den jeweiligen Werten Unterschiede im Hinblick auf die Problemschwerpunkte ergeben. Den Besonderheiten der jeweiligen Werte soll durch die Bildung exemplarischer Fallgruppen Rechnung getragen werden. Ziel dieser Fallgruppenbildung ist es, eine weitere Konkretisierung der Abgren-

---

[507] BFH v. 3.7.1987 - III R 7/86, BStBl II 1987, 728 (732) = BFHE 150, 254: allerdings kein tragender Grund; *Schmidt, Eberhard*, FR 1985, 149 (151).

[508] *Schmidt, Eberhard*, FR 1985, 149 (151).

[509] Siehe 1. Teil. 1. Abschnitt. B. II. 2., S. 37 ff.

[510] Siehe 1. Teil. 1. Abschnitt. B. II. 2., S. 38 f.

zung materieller und immaterieller Wirtschaftsgüter innerhalb der jeweiligen Fallgruppen zu erreichen. Dabei wird auch untersucht, ob sich aufgrund eines Vergleichs der Wirtschaftsgüter innerhalb der jeweiligen Fallgruppen und der einzelnen Fallgruppen untereinander Rückschlüsse auf die sachliche Angemessenheit der Einordnung als materiell oder immateriell ziehen lassen.

I. Abgrenzung bei im Rahmen eines Forschungs- und Entwicklungsprozesses hergestellten Wirtschaftsgütern

Forschung und Entwicklung liegen vor, wenn ein Unternehmen systematisch darauf hinarbeitet, neues Wissen zu gewinnen. Wirtschaftsgüter dienen nach § 51 Abs. 1 Nr. 2 u) S. 4 EStG (die Vorschrift regelt Sonderabschreibungen bei abnutzbaren Wirtschaftsgütern des Anlagevermögens, die der Forschung und Entwicklung dienen) der Forschung oder Entwicklung, wenn diese alternativ dazu verwandt werden:

- um neue wissenschaftliche oder technische Erkenntnisse oder Erfahrungen allgemeiner Art zu gewinnen (Grundlagenforschung),
- um Erzeugnisse oder Herstellungsverfahren
  - neu zu entwickeln oder
  - durch wesentliche Änderungen weiterzuentwickeln[511] .

1. Bestimmung des Abgrenzungsgegenstandes

Die Abgrenzungsfrage stellt sich nur, wenn einem Wert überhaupt Wirtschaftsgutqualität zukommt, sich die Aufwendungen also in der Weise in

[511] In der Literatur wird folgende Gliederung als klassisch genannt: 1. Grundlagenforschung, 2. angewandte Forschung, 3. Entwicklung. Dabei wird kritisiert, die Begriffe würden nicht einheitlich verwandt. Zudem werde zum Teil nicht auf das verfolgte Ziel, sondern das erreichte Ergebnis abgestellt (vgl. zur Diskussion und Kritik: *Hegenloh*, Die steuerbilanzielle Behandlung von Forschung und Entwicklung, 1985, S. 37 ff.; *Kählert*, Die Abbildung immaterieller Güter im handelsrechtlichen Jahresabschluß, 1995, S. 18 f.). Daneben wird im Anschluß an den einheitlichen Ländererlaß zur Behandlung von Forschungs- und Entwicklungskosten [FM Nordrhein-Westfalen, Erlaß v. 4.12.1958, S 2118 - 6184/VB-1, BStBl II 1958, 189] ähnlich wie in § 51 Abs. 1 Nr. 2 lit. u S. 4 EStG unterteilt in: 1. Grundlagenforschung (Gewinnung von neuen wissenschaftlichen Erkenntnissen und Erfahrungen allgemeiner Art), 2. Zweckforschung (zur Kritik an diesem Ansatz *Hegenloh*, Die steuerbilanzielle Behandlung von Forschung und Entwicklung, 1985, S. 37 ff.).

einem Wert konkretisiert haben, daß dieser abstrakt bilanzierungsfähig ist. Im Zusammenhang mit der Forschung und Entwicklung ist zu unterscheiden zwischen den Aufwendungen für die Forschung selbst und den aus dem Prozeß hervorgegangenen Ergebnissen (z.B. Erfindungen)[512].

Aufwendungen für den Forschungsbereich führen nicht zu einem Wirtschaftsgut, wenn sie keinen wirtschaftlichen Wert haben und nicht greifbar (selbständig bewertbar) sind. Unterscheidet man zwischen Grundlagenforschung und der Neu- oder Weiterentwicklung von Erzeugnissen und Herstellungsverfahren[513], so gilt dies für beide Bereiche.[514] Ob der jeweiligen Erfindung ein wirtschaftlicher Wert und Greifbarkeit (selbständige Bewertbarkeit) zukommt, läßt sich nur im Hinblick auf die konkrete Erfindung entscheiden. Allerdings ist bei Ergebnissen, die aus dem Bereich der Grundlagenforschung hervorgehen, meist kein wirtschaftlicher Wert vorhanden und keine selbständige Bewertbarkeit gegeben.

Bei zur Forschung und Entwicklung eingesetzten Werten, also nicht im Rahmen des Forschungs- und Entwicklungsprozesses hergestellten Werten, ist die Wirtschaftsgutqualität meist unproblematisch. Sie sind grundsätzlich

---

[512] *Tiedchen,* Der Vermögensgegenstand im Handelsbilanzrecht, 1991, S. 64, die allerdings für die abstrakte Bilanzierungsfähigkeit fordert, daß ein Zugriff im Wege der Einzelzwangsvollstreckung möglich ist.

[513] Vgl. *Hegenloh,* Die steuerbilanzielle Behandlung von Forschung und Entwicklung, 1985, S. 42 ff., 166 nimmt im Zusammenhang mit der Frage der Wirtschaftsgutqualität bei einem Forschungs- und Entwicklungsprozeß eine Unterteilung in drei Phasen vor: 1. Gewinnung allgemeiner grundlegender naturwissenschaftlicher Erkenntnisse, z.B. die Entdeckung physikalischer Eigenschaften eines bestimmten Werkstoffes (keine Wirtschaftsgutqualität), 2. Gewinnung von Regeln technischen Handelns, z.B. die Funktion eines bestimmten Herstellungsverfahrens oder die Kenntnis eines bestimmten technischen Prinzips (Wirtschaftsgutqualität möglich), 3. Gewinnung von Ordnungssystemen empirischer Aussagen, z.B. Modelle und Prototypen (Wirtschaftsgutqualität möglich).

[514] So auch *Tiedchen,* Der Vermögensgegenstand im Handelsbilanzrecht, 1991, S. 64; *Schön,* Aktivierung von immateriellen Anlagewerten in den USA im Vergleich zur deutschen Rechnungslegung, 1996, S. 155, der von der Wirtschaftsgutqualität ausgeht bei von Dritten erworbenen Forschungsergebnissen aus dem Bereich der Grundlagenforschung; enger *Freericks,* Bilanzierungsfähigkeit und Bilanzierungspflicht in Handels- und Steuerbilanz, 1976, S. 153 f., der bei Erfindungen, die aus der Grundlagenforschung hervorgehen, von vornherein die selbständige Bewertbarkeit verneint, während diese im Bereich der Zweckforschung anzunehmen sei.

materiell,[515] wenn sich nicht eine Einordnung als immateriell nach den allgemeinen Grundsätzen ergibt. Bei Werten mit körperlichem Gehalt, in die Erkenntnisse der Grundlagenforschung einfließen, kann die Wirtschaftsgutqualität jedoch zweifelhaft sein. Wenn Erkenntnissen der Grundlagenforschung die Greifbarkeit und selbständige Bewertbarkeit fehlt, können solche Erkenntnisse als etwaiger immaterieller Teil auch nicht die Greifbarkeit eines einheitlichen Wirtschaftsgutes bestimmen.

2. Auslegung bei im Rahmen eines Forschungs- und Entwicklungsprozesses hergestellten Wirtschaftsgütern

a) Grammatische und systematische Auslegung

Die im Rahmen des Forschungs- und Entwicklungsprozesses hergestellten Wirtschaftsgüter haben regelmäßig auch einen körperlichen Teil, der die (Zwischen-) Ergebnisse verkörpert und festhält. Aus diesem Grunde läßt der Wortlaut eine Einordnung als materiell oder immateriell zu.

Aus systematischer Sicht steht der Teil im Vordergrund, der die Nutzbarkeit des Wirtschaftsgutes bestimmt. Die Nutzbarkeit für den Betrieb hängt bei im Rahmen eines Forschungs- und Entwicklungsprozesses hergestellten Wirtschaftsgütern davon ab, ob dieser Prozeß für das jeweilige Wirtschaftsgut noch nicht abgeschlossen ist. Soweit im Rahmen eines noch nicht abgeschlossenen Forschungs- und Entwicklungsprozesses Wirtschaftsgüter hergestellt und im Rahmen dieses Prozesses eingesetzt werden, handelt es sich lediglich um „Zwischenergebnisse". Die Nutzbarkeit der Wirtschaftsgüter für den Betrieb ist in dem weiteren Einsatz des abgebildeten technischen Wissens im Rahmen des Forschungs- und Entwicklungsprozesses, der in die Produktion des Endproduktes einmündet, zu sehen. Dieser (immaterielle) Teil steht daher aus systematischer Sicht im Vordergrund.

b) Teleologische Auslegung

Bei der teleologischen Auslegung des § 5 Abs. 2 EStG wurde als Grund für das Aktivierungsverbot bei immateriellen Wirtschaftsgütern des Anlage-

---

[515] Bei den im Rahmen des Forschungs- und Entwicklungsprozesses hergestellten Wirtschaftsgütern ist dagegen die Abgrenzung nach den herausgearbeiteten Grundsätzen vorzunehmen.

vermögens herausgearbeitet, daß ihre Nutzungsmöglichkeit und ihr Nutzungszeitraum häufig nicht absehbar sind. Es handelt sich deshalb um flüchtige Werte ohne hinreichende Konkretisierung, die nur unter weiteren Voraussetzungen angesetzt werden sollen[516]. In der Literatur wird als häufiges Merkmal immaterieller Wirtschaftsgüter der Umstand genannt, daß sie nicht direkt nutzbar seien, sondern zunächst auf einer weiteren Produktionsstufe materialisiert werden müßten.[517]

Das technische Wissen als im Vordergrund stehender Teil müßte als unsicher in diesem Sinne anzusehen sein. Die Überlegung zu einer nicht gegebenen direkten Nutzbarkeit ist auf den Bereich der Forschung und Entwicklung übertragbar. Vor Abschluß des Forschungs- und Entwicklungsprozesses ergibt sich die Nutzbarkeit aufgrund des weiteren Einsatzes innerhalb dieses Prozesses, während Ziel die eigentliche Produktion bleibt. Der Zeitpunkt des Abschlusses dieses Prozesses ist unsicher. Die selbständige Bewertbarkeit der Nutzbarkeit über mehrere Wirtschaftsjahre für den Betrieb ist daher mit Unsicherheiten belastet, weil die Nutzbarkeit sich erst (indirekt) aufgrund der weiteren Einsatzmöglichkeiten im Betrieb ergibt. Das technische Wissen als der im Vordergrund stehende Teil ist deshalb als immateriell anzusehen und somit das Wirtschaftsgut insgesamt als immateriell einzuordnen.

II. Beispiele für im Rahmen eines Forschungs- und Entwicklungsprozesses hergestellte Wirtschaftsgüter

Die bisherigen Ergebnisse werden im folgenden auf einzelne Wirtschaftsgüter, die im Rahmen eines Forschungs- und Entwicklungsprozesses hergestellt werden können (Prototypen, Fertigungsmuster, Konstruktionspläne, Modelle), übertragen.

---

516 Siehe 1. Teil. 2. Abschnitt. E. I 2., S. 74 ff.; ausdrücklich diesen Zweckansatz herausstellend *Littmann*, DStR 1969, 321 (322): Es handele sich ihrer Art nach um flüchtige Werte, denen es in der Phase der Eigenbildung an einer hinreichenden Konkretisierung mangele.

517 *Götz von Olenhusen/Martens*, Ufita 1977, 25 (38).

1. Einordnung von Prototypen

Vor der eigentlichen Abgrenzungsfrage ist zu klären, inwieweit Prototypen einheitliche Wirtschaftsgüter sind, und ob im Einzelfall Herstellungskosten des Endproduktes vorliegen können.

a) Vorliegen eines einheitlichen Wirtschaftsgutes als Vorfrage

Im Schrifttum wird die Ansicht vertreten, daß im Zusammenhang mit Neuentwicklungen hergestellte und nicht zur Veräußerung bestimmte Prototypen, die als Versuchs- und Demonstrationsobjekte dauernd dem Geschäftsbetrieb dienen, zu aktivieren seien. Herstellungskosten seien allerdings lediglich die unmittelbar für die Herstellung der Prototypen angefallenen Aufwendungen, nicht die Kosten für die der Herstellung vorangehenden Entwürfe, Zeichnungen, Modelle usw.[518]. Der BFH läßt dagegen eine Aufteilung des Kaufpreises auf das erworbene Know-how und die mitgelieferten Geräte nicht zu, wenn die Prototypen das erworbene Erfahrungswissen verkörpern[519].

Die im Schrifttum vertretene Ansicht, die unmittelbar für die Herstellung der Prototypen angefallenen Aufwendungen seien als Herstellungskosten zu aktivieren, führt im Ergebnis dazu, daß der materielle Teil der Prototypen unabhängig vom immateriellen Teil aktiviert wird. Eine vom immateriellen Teil unabhängige Aktivierung des materiellen Teils setzt jedoch voraus, daß beide Teile selbständige Wirtschaftsgüter sind und kein einheitliches Wirtschaftsgut vorliegt[520]. Bei einem einheitlichen Wirtschaftsgut bilden materieller und immaterieller Teil einen Nutzbarkeitszusammenhang, auf den ein Funktionszusammenhang hinweist. Übertragen auf Prototypen ergibt sich, daß das technische Wissen als immaterieller Teil erst aufgrund der Verkörperung nutzbar ist. Das wird durch die Funktion des materiellen Teils bestätigt, die darin besteht, den immateriellen Teil (Know-how) abzubilden. Der körperliche Teil hat keine darüber hinausgehende oder unabhängig vom immateriellen Teil bestehende Funktion. Da es sich bei Prototypen demnach

---

[518] *Adler/Düring/Schmaltz*, § 255 HGB Rdnr. 180; *Baetge/Fey/Weber*, in: *Küting/Weber*, Handbuch der Rechnungslegung, § 248 HGB Rdnr. 44 "Forschungs- und Entwicklungsaufwendungen".

[519] BFH v. 22.5.1979- III R 129/74, BStBl II 1979, 634 = BFHE 128, 289.

[520] Siehe 1. Teil. 1. Abschnitt. B. II. 2., S. 37 ff.

um ein einheitliches Wirtschaftsgut handelt, scheidet eine Trennung aus. Im Rahmen des einheitlichen Wirtschaftsgutes ist zu ermitteln, welcher Teil im Vordergrund steht und die Einordnung bestimmt.

b) Keine Aktivierung als Herstellungskosten des Endprodukts

In der Literatur wird es auch abgelehnt, die Aufwendungen für die Herstellung von Prototypen in die Herstellungskosten der Erzeugnisse einzubeziehen, weil diese nicht Sonderkosten der Fertigung der Erzeugnisse seien.[521] Dieser Problemkreis soll der Vollständigkeit halber an dieser Stelle kurz für dieses Beispiel erörtert werden, obwohl die Frage nach dem Vorliegen von Herstellungskosten der Endprodukte an sich der Aktivierung der Höhe nach zuzuordnen ist[522].

Aufwendungen für Forschung und Entwicklung, z.B. Entwürfe, Konstruktionszeichnungen und Arbeitsmodelle, sind grundsätzlich nicht als Herstellungskosten unfertiger Erzeugnisse zu aktivieren, wenn es sich um der Herstellung vorgelagerte Kosten handelt, die erst die Voraussetzungen für den sich anschließenden Herstellungsprozeß schaffen[523]. Herstellungskosten können dagegen vorliegen, wenn die Aufwendungen von vornherein einem bestimmten Produkt zugeordnet werden können, sie zur Herstellung des Produktes unentbehrlich sind und ihr Entstehen bereits als der Beginn der Herstellung des Produktes anzusehen ist[524]. Der Entstehungsvorgang muß dazu bereits so weit fortgeschritten sein, daß der schon hergestellte Teil teilweise mit dem Endprodukt identisch ist. Es darf sich im Vergleich zum Endprodukt lediglich um ein „Minus" handeln[525]. Eine Aktivierung als „unfertige Erzeugnisse" ist daher bei sogenannten Sonderkosten der Fertigung möglich, die als erzeugnisbezogene Kosten zu aktivieren sind. Sonderkosten der Fertigung können z.B. auftrags- oder objektgebundene Entwick-

---

[521] *Knop, W.*, in: *Küting/Weber*, Handbuch der Rechnungslegung, § 255 HGB Rdnr. 328.
[522] Siehe 1. Teil. 1. Abschnitt. A. S. 5 f.
[523] Vgl. *Müller, Welf*, DStZ 1991, 385 (386).
[524] BFH v. 18.6.1975 - I R 24/73, BStBl II 1975, 809 = BFHE 116, 474: zu Redaktionskosten; BFH v. 23.11.1978 - IV R 20/75, BStBl II 1979, 143 = BFHE 126, 448 mit Anm., in: HFR 1979, 179.
[525] BFH v. 18.6.1975 - I R 24/73, BStBl II 1975, 809 = BFHE 116, 474; BFH v. 28.5.1979 - I R 1/76, BStBl II 1979, 734 (738) = BFHE 128, 367: zu von einem Unternehmen der Schallplattenindustrie hergestellte Tonträger.

lungs-, Forschungs-, Versuchs- oder Konstruktionskosten sein[526]. Daraus folgt, daß Forschungs- und Entwicklungsaufwendungen u.U. schon zu aktivieren sind, bevor mit der Herstellung im engeren Sinne begonnen wurde[527].

Überträgt man diese Grundsätze auf Prototypen, so ist festzustellen, daß Aufwendungen für Prototypen keine Herstellungskosten der Erzeugnisse sind. Entsprechende Herstellungskosten könnten nur vorliegen, wenn die Herstellung des Prototypen schon als Beginn der Herstellung der Erzeugnisse anzusehen wäre. Das setzt voraus, daß zumindest eine teilweise Identität mit dem Endprodukt gegeben ist, die bei Prototypen nicht vorliegt.

c) Einordnung von Prototypen in Literatur und Rechtsprechung

Der BFH hat in einer Entscheidung Prototypen als immaterielle Wirtschaftsgüter eingeordnet und auf die Abgrenzung nach dem wirtschaftlichen Interesse zurückgegriffen[528]. Demnach erwerbe der Käufer ein immaterielles Wirtschaftsgut, wenn es ihm vorrangig um den Erwerb des in dem Prototypen verkörperten technischen Wissens (Know-how) gehe, während die Geräte nur Zugabe zu den Modellen seien. Er hat dabei darauf abgestellt, daß die technische Entwicklung der Geräte bei der Veräußerung noch nicht abgeschlossen gewesen sei, und der Erwerber die Geräte noch weiter entwickeln wollte. Der Veräußerer habe die Pläne mitgeliefert, zudem seien die Geräte als Prototypen im Kaufvertrag bezeichnet worden. Außerdem sollte zur Aufnahme der Serienproduktion der Geräte die Einwilligung des Veräußerers erforderlich sein. Aus diesen Gründen sei es dem Erwerber auf das technische Wissen angekommen[529]. Das wirtschaftliche Interesse wird demnach von der Rechtsprechung maßgeblich mit Hilfe der Parteivereinbarung bestimmt.

---

[526] *Müller, Welf*, DStZ 1991, 385 (388).

[527] Kritisch hierzu *Müller, Welf* , DStZ 1991, 385 (389), der es als problematisch ansieht, daß die anfänglichen erheblich über den späteren Kosten und den zu erwartenden Erlösen liegen könnten, und die Aktivierung nur zulassen will, wenn die zu erwartenden Erlöse die Kosten decken; vgl. auch *Adler/Düring/Schmaltz*, § 255 HGB Rdnr. 176.

[528] Siehe 1. Teil. 2. Abschnitt. F. II. 1., S. 88 ff. zu diesem Kriterium.

[529] BFH v. 22.5.1979 - III R 129/74, BStBl II 1979, 634 = BFHE 128, 289.

In der Literatur werden die im Rahmen eines noch nicht abgeschlossenen Forschungs- und Entwicklungsprozesses hergestellten Prototypen ebenfalls grundsätzlich als immateriell eingeordnet[530].

d) Abgrenzung unter Berücksichtigung der Auslegungsergebnisse

Die Möglichkeit, Prototypen als immateriell einzuordnen, hängt davon ab, ob der immaterielle Teil, also das im Prototypen verkörperte technische Wissen, die Nutzbarkeit des Prototypens insgesamt bestimmt. Eine solche Nutzbarkeit im Betrieb liegt vor, wenn der Betrieb den Prototypen im Rahmen eines noch nicht abgeschlossenen Forschungs- und Entwicklungsprozesses nutzt, der Prototyp als Muster für die Serienproduktion oder als Versuchsobjekt dient[531].

e) Folgen der betriebsindividuellen Betrachtung am Beispiel von Prototypen

Die Nutzbarkeit ist auf der Grundlage der herausgearbeiteten Kriterien betriebsindividuell zu bestimmen. Daraus ergibt sich die Möglichkeit, daß sich eine einmal getroffene Einordnung ändern kann[532]. Diese Problematik soll am Beispiel einer sich ändernden Nutzbarkeit von Prototypen betrachtet werden. Die Nutzbarkeit ändert sich u.a., wenn der immaterielle Teil nicht mehr nutzbar ist, der Einsatz des Prototypens sich ändert oder dieser veräußert wird.

aa) Einordnung von Prototypen bei verändertem Einsatz oder nicht mehr nutzbaren immateriellen Teilen

Werden Prototypen nach Abschluß des Forschungs- und Entwicklungsprozesses nicht mehr zur Forschung und Entwicklung genutzt, so werden diese im Schrifttum weiterhin zur „Forschung und Entwicklung“ gerechnet, wenn

---

530 *Kählert/Lange*, BB 1993, 613 (616): Rückgriff auf die Nutzung im Einzelfall; *Nonnenmacher*, DStR 1993, 1231 (1233); vgl. auch *Hegenloh*, Die steuerbilanzielle Behandlung von Forschung und Entwicklung, 1985, S. 187: Abgrenzung mit Hilfe des Wertes der Nutzenstiftung des geistigen und körperlichen Teils.

531 Vgl. auch *Nonnenmacher*, DStR 1993, 1231 (1233); vgl. auch *Hegenloh*, Die steuerbilanzielle Behandlung von Forschung und Entwicklung, 1985, S. 187.

532 Siehe 1. Teil. 2. Abschnitt. D. V. 4., S. 71 f.

die Erzielung weiterer technischer Verbesserungen Hauptzweck bei der Herstellung war[533]. Nach dieser Ansicht ist insoweit ein Wechsel der einmal getroffenen Einordnung des jeweiligen Wirtschaftsgutes als immateriell nicht möglich.

Es erscheint zweifelhaft, ob ein Prototyp nach Abschluß des Forschungs- und Entwicklungsprozesses in jedem Fall weiterhin zur „Forschung und Entwicklung" gerechnet werden kann, z.B. bei einem anschließenden Einsatz als Vorführgerät. Ist der immaterielle Teil bei objektiver, betriebsindividueller Betrachtung nicht mehr nutzbar, dann ist das Wirtschaftsgut als materiell einzuordnen, weil ein aus objektiver Sicht nicht nutzbarer Teil nicht die Greifbarkeit und selbständige Bewertbarkeit des Wirtschaftsgutes insgesamt bestimmen kann. Verliert der immaterielle Teil demnach für den Betrieb seine Nutzbarkeit, so handelt es sich ab diesem Zeitpunkt bei dem Prototypen um ein materielles Wirtschaftsgut, soweit dem materiellen Teil noch Wirtschaftsgutqualität zukommt, also insbesondere noch ein wirtschaftlicher Wert vorhanden ist. Ein Prototyp sollte nur dann weiterhin zur „Forschung und Entwicklung" gerechnet und als immateriell eingeordnet werden, wenn ein immaterieller Teil weiterhin für den Betrieb nutzbar ist.

Ein immaterieller Teil ist auch dann noch für den Betrieb nutzbar in diesem Sinne, wenn ein Prototyp an einen Dritten veräußert werden könnte[534]. Dabei ist jedoch einschränkend herauszustellen, daß die Veräußerung im Rahmen des gewöhnlichen Geschäftsbetriebes möglich sein muß, weil der Grundsatz der Unternehmensfortführung zugrunde zu legen ist, nicht der Zerschlagungsfall[535]. Eine weitere Nutzbarkeit durch eine Veräußerung scheidet aus dieser objektiven Sicht aus, wenn faktisch kein Markt für die jeweiligen Prototypen vorhanden ist. Ist der immaterielle Teil aus der Sicht eines gedachten Erwerbers bei einer Betriebsveräußerung durch den Einsatz im (fortgeführten) Betrieb und auch durch eine Veräußerung des Prototypen nicht mehr nutzbar, dann ist der Prototyp vom Zeitpunkt der

---

[533] Stifterverband für die Deutsche Wissenschaft, Allgemeine Richtlinien für statistische Übersichten in Forschung und Entwicklung, Frascati-Handbuch, 1966, S. 17; *Hegenloh*, Die steuerbilanzielle Behandlung von Forschung und Entwicklung, 1985, S. 57.

[534] *Hegenloh*, Die steuerbilanzielle Behandlung von Forschung und Entwicklung, 1985, S. 180.

[535] Siehe 1. Teil. 1. Abschnitt. A. VI. 2., S. 22 f.

geänderten Nutzbarkeit an als materiell anzusehen. Eine zuvor erfolgte Einordnung ändert sich also unter diesen Voraussetzungen. Das kann u.a. neue Abschreibungsmöglichkeiten eröffnen, wenn der Prototyp zuvor aufgrund eines entgeltlichen Erwerbs aktiviert wurde[536] .

bb) Einordnung bei Veräußerung von Prototypen an Dritte

Zu untersuchen ist, ob sich die Einordnung als immateriell bei einer Veräußerung von Prototypen an einen Dritten ändern kann, der die Prototypen nicht zur Nutzung der bisherigen Forschungs- und Entwicklungserkenntnisse erwirbt[537] . Die Behandlung richtet sich nach den Grundsätzen, die auch für den veränderten Einsatz von Prototypen nach Abschluß des Forschungs- und Entwicklungsprozesses gelten. Entscheidend ist, ob der immaterielle Teil aus der Sicht eines gedachten Erwerbers des gesamten Betriebes bei gleichzeitiger Betriebsfortführung durch eine Veräußerung des Prototypen noch nutzbar ist. Der Prototyp bleibt demnach auch dann immateriell, wenn der immaterielle Teil lediglich durch Veräußerung nutzbar ist. Eine Einordnung als materiell ist nur möglich, wenn der immaterielle Teil auch durch eine spätere Veräußerung an einen Dritten nicht mehr nutzbar ist. Demnach ist die Einordnung nach einer Veräußerung betriebsindividuell beim Erwerber zu bestimmen.

Die vertragliche Vereinbarung kann im Einzelfall Aufschluß darüber geben, ob aus der Sicht eines gedachten Erwerbers ein immaterielles Einzelwirtschaftsgut übergegangen ist. Ein materielles Wirtschaftsgut geht aus objektiver Sicht bei einem aus materiellen und immateriellen Teilen bestehendem Wirtschaftsgut über, wenn sich schon aus der vertraglichen Vereinbarung ergibt, daß der immaterielle Teil für den Erwerber nicht nutzbar ist, weil die zur Nutzung erforderlichen Informationen nicht mit veräußert werden. Bei einer tatsächlichen Veräußerung unter fremden Marktteilnehmern ist aufgrund der dann erfolgenden Marktbestätigung grundsätz-

---

536 Siehe 2. Teil. 2. Abschnitt. B., S. 185 ff. zum Verhältnis der Begriffe "immateriell" und "beweglich" nach der h.M.

537 Ein weiteres Beispiel für die Möglichkeit einer wechselnden Einordnung sind Adressensammlungen, die nur für bestimmte Betriebe nutzbar sind. Allerdings ist zu berücksichtigen, daß es bei der Einordnung als immateriell bleibt, wenn der immaterielle Wert der Adressensammlungen durch Veräußerung nutzbar ist.

lich von einer Nutzbarkeit und Funktion i.S. der Vereinbarung auszugehen. Eine entsprechende Wertung, die an eine Marktbestätigung anknüpft, ist auch in § 5 Abs. 2 EStG durch das Tatbestandsmerkmal „entgeltlicher Erwerb“ enthalten[538]. Wird ein Prototyp veräußert, so spiegelt sich die Nutzbarkeit und Funktion für den Erwerber grundsätzlich auch im zwischen den Parteien ausgehandelten Preis wider. Wird der immaterielle Teil bei der Bemessung des Entgelts des Prototypen nicht berücksichtigt, also nur der materielle Teil bezahlt, so fehlt grundsätzlich auch die betriebsindividuelle Nutzbarkeit des immateriellen Teils.

2. Einordnung von Fertigungsmustern

In der Literatur werden Fertigungsmuster ebenfalls als immateriell angesehen. Der körperliche Teil sei unselbständiger Teil des immateriellen Wirtschaftsguts „Know-how“[539].

Dem ist grundsätzlich zuzustimmen, wobei sich die Einordnung nach den für Prototypen geltenden Grundsätzen richtet[540]. Jedenfalls dann, wenn Fertigungsmuster im Rahmen eines noch nicht abgeschlossenen Forschungs- und Entwicklungsprozesses erstellt und eingesetzt werden, bestimmt das technische Wissen, also der immaterielle Teil, die Nutzbarkeit der Fertigungsmuster.

3. Einordnung von Konstruktionsplänen

Konstruktionspläne werden im Schrifttum in Abhängigkeit von den Umständen des Einzelfalles als materiell oder immateriell eingeordnet. Konstruktionszeichnungen, die z.B. im Rahmen eines Werkvertrages für einen bestimmten Abnehmer gefertigt werden, seien immaterielle Wirtschaftsgüter. Erworben werde die geistige Leistung, die in den Plänen zum Ausdruck komme[541]. Konstruktionspläne, die für einen anonymen Markt produziert und z.B. in Fachzeitschriften angeboten werden, seien dagegen zu den

---

[538] Siehe 1. Teil. 2. Abschnitt. E. I. 1. und 2., S. 72 ff. zum Sinn und Zweck.

[539] *Hoffmann*, in: *Littmann/Bitz/Hellwig*, §§ 4, 5 EStG Rdnr. 837 "Fertigungsmuster".

[540] Siehe 2. Teil. 1. Abschnitt. B. II. 1., S. 119 ff. zu Prototypen.

[541] *Walter*, Zur Aktivierungsfähigkeit immaterieller Anlagewerte in der Handels- und Steuerbilanz, 1982, S. 139.

materiellen Wirtschaftsgütern zu zählen, weil sie mit Büchern vergleichbar seien[542].

Im Zusammenhang mit der Herstellung und Veräußerung von Konstruktionsplänen sind im wesentlichen drei Fallgruppen zu unterscheiden:

- für den eigenen Betrieb im Rahmen eines Forschungs- und Entwicklungsprozesses hergestellte und eingesetzte Pläne,
- für einen anonymen Markt hergestellte Pläne,
- für einen einzelnen Abnehmer hergestellte und an diesen veräußerte Pläne.

Für den eigenen Betrieb im Rahmen eines Forschungs- und Entwicklungsprozesses hergestellte und eingesetzte Konstruktionspläne sind nach den Grundsätzen zu behandeln, die für Prototypen herausgearbeitet wurden und auch für Fertigungsmuster und Modelle gelten[543]. Es handelt sich demnach grundsätzlich um immaterielle Wirtschaftsgüter, da das in den Plänen verkörperte technische Wissen, also der immaterielle Teil, die Nutzbarkeit des Wirtschaftsgutes bestimmt. Wenn Pläne für einen anonymen Markt hergestellt werden, so sind die für Bücher geltenden Grundsätze anwendbar[544]. Eine möglicherweise abweichende äußerliche Aufmachung kann keine andere sachliche Behandlung rechtfertigen. Die Herstellung von Konstruktionsplänen für einzelne Abnehmer mit anschließender Veräußerung an diese[545] ist im Hinblick auf die Frage der Einordnung als materiell oder immateriell vergleichbar mit der Einordnung von für einen bestimmten Auftraggeber erstellten Gutachten[546].

---

542 *Walter*, Zur Aktivierungsfähigkeit immaterieller Anlagewerte in der Handels- und Steuerbilanz , 1982, S. 140; **anders** der Erlaß des FM Niedersachsen v. 25.2.1972, DStZ, Eildienst, 1972, 130, allerdings zur bewertungsrechtlichen Behandlung von Konstruktionszeichnungen.

543 Siehe 2. Teil. 1. Abschnitt. B. II. 1., S. 119 ff. zu Prototypen.

544 Siehe 2. Teil. 1. Abschnitt. B. IV. 1., S. 139 ff. zur Behandlung von Büchern.

545 Bei dieser Fallgestaltung können sich Probleme ergeben, ob eine Selbst- oder Fremdherstellung (mit entgeltlichem Erwerb) vorliegt, vgl. hierzu *Wolffgang*, in: *Kirchhof/Söhn*, § 5 EStG Rdnr. C 100.

546 Siehe 2. Teil. 1. Abschnitt. B. IV. 1. a) und b) bb) β) ββ), S. 139 und 142 ff.

4. Einordnung von Modellen

Modelle werden im Schrifttum als immateriell eingeordnet. Der körperliche (materielle) Teil habe keinen eigenständigen Gebrauchsnutzen im Vergleich zum immateriellen Teil[547]. Damit wird eine Abgrenzung mit Hilfe der Art der Nutzenstiftung der geistigen und körperlichen Komponente vorgenommen[548].

Modelle, die im Rahmen eines Forschungs- und Entwicklungsprozesses hergestellt werden, sind mit entsprechenden Prototypen und Fertigungsmustern vergleichbar und deshalb nach den für diese geltenden Grundsätzen zu behandeln.[549] Modelle sind deshalb grundsätzlich als immateriell einzuordnen. Bei veränderter Nutzbarkeit kann sich jedoch die Einordnung ändern.

III. Abgrenzung bei durch körperliche Träger vermittelten immateriellen Teilen

1. Forschungs- und Entwicklungsprozeß bei durch körperliche Träger vermittelten immateriellen Teilen

Bei durch körperliche Träger vermittelten immateriellen Wirtschaftsgütern können sich Überschneidungen mit im Rahmen eines Forschungs- und Entwicklungsprozesses hergestellten und eingesetzten Wirtschaftsgütern ergeben. Handelt es sich gleichzeitig um Wirtschaftsgüter, die im Rahmen eines Forschungs- und Entwicklungsprozesses hergestellt und eingesetzt werden, so gelten die hierzu herausgearbeiteten Grundsätze[550].

Die einzelnen Entwicklungsstufen lassen sich am Beispiel der Herstellung von Standardsoftware verdeutlichen. Zu unterscheiden sind folgende zwei Phasen[551], für die unterschiedliche Grundsätze gelten:

- 1. Phase: Herstellung und Einsatz von Software als Zwischenergebnis im Rahmen eines noch nicht abgeschlossenen Entwicklungsprozesses

---

547 *Hegenloh*, Die steuerbilanzielle Behandlung von Forschung und Entwicklung, 1985, S. 184.

548 Siehe 1. Teil. 2. Abschnitt. F. II. 2., S. 91 f. zu diesem Kriterium.

549 Siehe 2. Teil. 1. Abschnitt. B. II. 1., S. 119 ff.

550 Siehe 2. Teil. 1. Abschnitt. B. I., S. 115 ff.

551 So auch *Kessler*, BB 1994, Beilage 12, 1 (9).

des angestrebten Endprogramms[552] (es gelten die Abgrenzungskriterien für im Rahmen eines Forschungs- und Entwicklungsprozesses hergestellten Wirtschaftsgüter[553]),

- 2. Phase: Produktion der „Standardsoftware" nach Abschluß des Forschungs- und Entwicklungsprozesses (es gelten die Abgrenzungskriterien für einen durch einen körperlichen Träger vermittelten immateriellen Teil).

Zunächst erfolgt für die Software demnach ein Forschungs- und Entwicklungsprozeß. An diesen Prozeß schließt sich die Herstellung des immateriellen Wirtschaftsgutes „Software" an. Die Unterscheidung der beiden Phasen ist von Bedeutung, weil jeweils besondere Kriterien gelten (Konkretisierung nach den für einen Forschungs- und Entwicklungsprozeß geltenden Grundsätzen oder nach denjenigen für durch einen körperlichen Träger vermittelten immateriellen Teil).

2. Auslegung bei durch körperliche Träger vermittelten immateriellen Teilen

Es kommen im wesentlichen grundsätzlich folgende Anknüpfungspunkte als im Vordergrund stehende Teile in Betracht, wenn der immaterielle Teil durch einen körperlichen Träger vermittelt wird:

- übergegangene Urheberrechte als immaterielle Teile,
- die immaterielle Leistung (schriftstellerisches Werk, aufgenommenes Musikstück oder Filmwerk, Softwareprogramm oder sonstige gespeicherte Daten),
- der körperliche Träger (Buch, Datenträger u.s.w.),
- sonstige materielle oder immaterielle Teile (z.B. ein Handbuch, Demonstrations-Software oder ein bestimmtes Ordnungsprinzip).

---

552 *Knepper*, in: FS für *Döllerer*, 1988, S. 299 (300 f.) unterteilt die Entwicklung eines Softwareprogramms wiederum in 3 Phasen: 1. Erarbeitung einer Ist-Analyse, die zu einem Pflichtenkatalog führe, 2. Erstellung des Feinkonzeptes (Datenflußplan), 3. Codierung des eigentlichen Programms.

553 Siehe 2. Teil. 1. Abschnitt. B. I., S. 115 ff.

Diese Anknüpfungspunkte bilden ein erstes, grobes Raster und sind für die Anwendung auf die einzelnen Wirtschaftsgüter weiter zu konkretisieren und anzupassen.

a) Grammatische und systematische Auslegung

Wird der immaterielle Teil des einheitlichen Wirtschaftsgutes durch einen körperlichen Träger vermittelt, so überschreitet eine Einordnung als materiell und immateriell nicht die Grenzen des Wortlauts, weil körperliche und nicht körperliche Teile vorhanden sind, also nicht ein Teil völlig fehlt.

Der im Vordergrund stehende Teil ist durch die weitere Auslegung zu ermitteln. Unter Berücksichtigung der Ergebnisse zur systematischen Auslegung ist entscheidend, welcher Teil die Nutzbarkeit des Wirtschaftsgutes für den Betrieb bestimmt, und zwar aus der Sicht eines gedachten Erwerbers bei einer Betriebsveräußerung. Ob die Nutzbarkeit des Wirtschaftsgutes durch die Speichermöglichkeit auf dem Datenträger oder die auf dem Datenträger abgespeicherten Daten bestimmt wird, läßt sich nur bezogen auf den Einzelfall ermitteln. Hinweise für die Nutzbarkeit ergeben sich insbesondere aus der Funktion der jeweiligen Teile.[554] Grundsätzlich wird die Nutzbarkeit durch den immateriellen Teil bestimmt, wenn dem körperlichen Teil lediglich eine Trägerfunktion zukommt.

b) Teleologische Auslegung und Typenvergleich

Das Wirtschaftsgut ist nur dann immateriell, wenn aus der Sicht der systematischen Auslegung der immaterielle Teil im Vordergrund steht, weil er die Nutzbarkeit bestimmt, und gleichzeitig aus teleologischer Sicht die selbständige Bewertbarkeit der im Vordergrund stehenden Nutzbarkeit als unsicher anzusehen ist.

Untersucht werden soll, ob die teleologische Auslegung bei Wirtschaftsgütern mit durch körperliche Träger vermittelten immateriellen Teilen mit Hilfe eines Typenvergleichs präzisiert werden kann. Im Rahmen eines solchen Typenvergleichs werden übereinstimmende und voneinander abweichende Merkmale der verglichenen Fallgruppen hervorgehoben. Ab-

---

[554] Siehe 1. Teil. 2. Abschnitt. D. V. 3., S. 69 f. zur Bedeutung der Funktion bei der Abgrenzung.

schließend wird ein abwägender Vergleich vorgenommen. Dieser abwägende Vergleich ist auf das Auslegungsziel ausgerichtet, wesentlich gleiche Fälle gleich und wesentlich ungleiche Fälle ungleich zu behandeln. Hintergrund ist es dabei, eine gleichmäßige Behandlung zu gewährleisten[555]. Bezogen auf die teleologische Auslegung ist im Rahmen des Typenvergleichs ausschlaggebend, ob ein problematischer Fall unter Berücksichtigung des Gesetzeszwecks mit Fällen gleich zu behandeln ist, die zweifelsfrei unter die Norm fallen (bzw. nicht unter die Norm fallen)[556].

In der Literatur wird zur Lösung des Abgrenzungsproblems an einen Vergleich mit materiellen und immateriellen Gütern angeknüpft, deren Einordnung als weitgehend geklärt anzusehen ist. Ziel sei es, Kriterien herauszuarbeiten, die zu einer bestimmten Verkehrsauffassung geführt hätten. Das Anknüpfen an die Verkehrsauffassung wird dabei mit dem Erfordernis einer wirtschaftlichen Betrachtungsweise gerechtfertigt[557].

Diesem methodischen Ansatz kann nicht gefolgt werden. Die „wirtschaftliche Betrachtungsweise" ist eine Form der teleologischen Auslegung. Es handelt sich um eine am wirtschaftlichen Gesetzeszweck orientierte Auslegung[558]. Demnach kann auch bei „der wirtschaftlichen Betrachtungsweise" der Gesetzeszweck nicht unberücksichtigt bleiben. Der Sachverhalt ist dabei im Rahmen der Auslegung so zu beurteilen, wie es der Betrachtungsweise der Wirtschaftskreise entspricht. Deshalb ist es abzulehnen, wenn das Abgrenzungsproblem auf den tatsächlichen Bereich reduziert wird[559]. Es geht darum, die Risikolage im Hinblick auf die Nutzbarkeit zu bestimmen.

Vorzunehmen ist bei näherer Betrachtung nicht generell ein Vergleich mit der Risikolage bei als materiell oder immateriell eingeordneten Wirtschaftsgütern, weil auch bei materiellen Wirtschaftsgütern im Einzelfall eine

---

555 Siehe 1. Teil. 2. Abschnitt. D. IV. 2. b) bb)), S. 62 ff. zur Gleichmäßigkeit der Besteuerung; Vgl. *Zippelius*, Juristische Methodenlehre, 1994, § 12 I a), b) (S. 66 f.).

556 *Zippelius*, Juristische Methodenlehre, 1994, § 12 II (S. 70).

557 *David*, Die Abgrenzung materieller und immaterieller Güter im Jahresabschluß und ihre Konkretisierung am Beispiel der Software, 1985, S. 5 f.

558 Siehe 1. Teil. 2. Abschnitt. E. II, S. 76 ff.; *Tipke/Kruse*, Steuerrecht, 1996, § 5 Rdnr. 54; *Pfeiffer*, StuW 1984, 326 (331).

559 So aber *David*, Die Abgrenzung materieller und immaterieller Güter im Jahresabschluß und ihre Konkretisierung am Beispiel der Software, 1985, S. 5 f.; wohl auch *Pfeiffer*, StuW 1984, 326 (331).

Unsicherheit im Hinblick auf die Werthaltigkeit vorliegen kann. Auch eine solche Risikolage ändert jedoch bei materiellen Wirtschaftsgütern nichts an der konkreten Bilanzierungsfähigkeit, da diese nur typisierend[560] bei immateriellen Wirtschaftsgütern des Anlagevermögens eingeschränkt ist. Entscheidend ist vielmehr ein Vergleich mit materiellen Wirtschaftsgüter, deren Werthaltigkeit nach allgemeiner Auffassung nicht unsicher ist, und mit immateriellen Wirtschaftsgütern, deren Werthaltigkeit allgemein als unsicher i.S. des § 5 Abs. 2 EStG angesehen wird. Ausschlaggebend für die Beurteilung der Risikolage ist die Betrachtungsweise der entsprechenden Wirtschaftskreise.

Die systematische Auslegung hat ergeben, daß grundsätzlich der Inhalt des Datenträgers die Nutzbarkeit bestimmt, wenn der körperliche Teil lediglich eine Trägerfunktion hat. Möglicherweise ergibt sich jedoch im Falle einer Vervielfältigung eine abweichende Risikolage. Die selbständige Bewertbarkeit der zukünftigen Nutzbarkeit könnte bei einer Vervielfältigung u.U. mit derjenigen von einhellig als sicher im Hinblick auf die Werthaltigkeit angesehenen, materiellen Wirtschaftsgütern vergleichbar sein[561].

Herauszuarbeiten ist, unter welchen Voraussetzungen eine Risikolage typisch für materielle Wirtschaftsgüter ist. Dazu ist die Risikolage bei einhellig als materiell eingeordneten Wirtschaftsgütern mit sicherer Werthaltigkeit zu ermitteln und ein entsprechender Vergleich mit derjenigen bei dem vervielfältigten Wirtschaftsgut vorzunehmen. Die Frage, ob die Risikolage des jeweiligen, vervielfältigten Wirtschaftsgutes als abweichend und als vergleichbar mit derjenigen bei materiellen Wirtschaftsgütern mit sicherer Werthaltigkeit anzusehen ist, obwohl der immaterielle Teil die Nutzbarkeit und Funktion des Wirtschaftsgutes bestimmt, kann nur unter Berücksichtigung der Besonderheiten des Einzelfalles getroffen werden[562].

---

560 *Moxter*, BB 1998, 259 (261).

561 *Schmidt*, *Harald*, DStR 1971, 561 (563) der als gemeinsames Merkmal immaterieller Wirtschaftsgüter ansieht, daß ihr Wert nicht meß-, wäg- oder schätzbar sei (materielle Wirtschaftsgüter seien dagegen meß-, wäg- oder schätzbar).

562 Siehe 2. Teil. 1. Abschnitt. IV., S. 138 ff. zu den einzelnen Beispielen für durch körperliche Träger vermittelte immaterielle Teile.

3. Möglichkeit einer teleologischen Reduktion bei Übertragungsformen ohne Datenträger

Der Datentransport erfolgt heute zunehmend nicht mehr über körperliche Datenträger, sondern häufig durch Datenfernübertragung[563], bei der Daten direkt in den Computer des Anwenders geladen werden[564]. Z.B. wird Software zunehmend unabhängig von körperlichen Trägern übertragen[565]. Beispiele für die Übertragung ohne körperliche Datenträger sind u.a. über einen PC abrufbare Börsenprogramme und Spielprogramme. Diese Entwicklung zeigt sich auch bei Medienträgern anderer Bereiche. Werden z.B. Filme als Pay-TV-Angebot abgerufen, so entfällt die Weitergabe auf Videokassetten oder anderen Datenträgern. Die Daten können über BTX, Datex-Leitungen, Mailbox oder Satellit übermittelt werden[566].

Im zivilrechtlichen Schrifttum werden Computerprogramme, die nicht durch einen Datenträger verkörpert sind, überwiegend nicht als Sachen angesehen[567]. Werde ein Computerprogramm direkt auf die Festplatte überspielt, also nicht mit Hilfe eines Datenträgers übertragen, so seien die Vorschriften über den Sachkauf jedoch entsprechend anwendbar[568]. Wie schon ausgeführt wurde, können aus dieser zivilrechtlichen Einordnung grundsätzlich keine Rückschlüsse für den einkommensteuerrechtlichen Bereich gezogen werden[569].

Bei Wirtschaftsgütern, die bisher in der Regel mit einem körperlichen Träger verknüpft waren, kann der materielle Träger demnach in Zukunft völlig entfallen. Einige dieser Wirtschaftsgüter wurden bisher als materiell eingeordnet[570]. Deshalb stellt sich die grundsätzliche Frage, ob eine Einordnung als materiell ausscheidet, wenn der körperliche Träger entfällt.

---

563 *Müller-Hengstenberg*, NJW 1994, 3128 (3130).

564 *Stapperfend*, Die steuer- und bilanzrechtliche Behandlung von Software, 1991, S. 79.

565 *Sieber*, CR 1992, 518; *Müller-Hengstenberg*, NJW 1994, 3128 (3130).

566 *Müller-Hengstenberg*, NJW 1994, 3128 (3130).

567 *Heinrichs*, in: *Palandt*, § 90 BGB Rdnr. 2; *Junker*, NJW 1993, 824; **a.A.** *König*, NJW 1993, 3121.

568 BGH v. 18.10.1989 - VIII ZR 325/88, BGHZ 109, 97 (101); Kort, DB 1994, 1506.

569 Siehe 1. Teil. 2. Abschnitt. E. II., S. 76 ff.

570 Siehe z.B. 2. Teil. 1. Abschnitt. B. IV. 1. a), S. 139 zu Büchern , 3. a), S. 147 f. zu Filmen und 4. a), S. 151 ff. zu Software (soweit diese als materiell eingeordnet wird).

a) Bestimmung der Grenze der Auslegung

Bei einer Datenfernübertragung ohne Datenträger könnte demnach eine Einordnung als materiell ausscheiden und eine Einordnung als immateriell zwingend sein, weil überhaupt kein körperlicher Träger im herkömmlichen Sinne vorhanden ist. Dazu ist zunächst zu prüfen, ob die Grenze des Wortlauts überschritten und damit gleichzeitig auch die Grenze der Auslegung überschritten ist. Soll eine Einordnung als materiell erfolgen, obwohl dem Wortlaut des § 5 Abs. 2 EStG nach nur ein immaterielles Wirtschaftsgut in Betracht kommt, so ist das Aktivierungsverbot nur dann nicht anwendbar, wenn eine teleologische Reduktion möglich ist. Der Übergang zwischen einer teleologischen Reduktion und einer teleologischen Auslegung ist im Einzelfall dabei fließend[571].

Eine Datenübertragung benötigt elektrische Signale als Träger. Hält man im Hinblick auf den Wortlaut „immaterielle" die Einordnung von elektrischer Energie als materiell für möglich, so wäre auch bei einer Datenfernübertragung mittels elektrischer Signale dem Wortlaut nach eine Einordnung als immateriell nicht zwingend. Für die Ermittlung des Wortlauts ist der gewöhnliche Sprachgebrauch unter Berücksichtigung der Lebensanschauung entscheidend. Wird eine Einordnung als materiell aufgrund der elektrischen Signale angenommen, so ist die Grenze der Auslegung erreicht, weil an nicht sichtbare Vorgänge angeknüpft wird[572]. Bei einer Datenfernübertragung kommt deshalb eine Einordnung als materiell nur dann in Betracht, wenn die Voraussetzungen für eine teleologische Reduktion erfüllt sind.

b) Zulässigkeit und Voraussetzungen einer teleologischen Reduktion im Steuerrecht

An dieser Stelle soll lediglich die grundsätzliche Möglichkeit einer teleologischen Reduktion des § 5 Abs. 2 EStG (des Tatbestandsmerkmals „immaterielle"), indem die Vorschrift auch auf Wirtschaftsgüter ohne jeglichen Träger nicht angewandt wird, erörtert werden. Ob die Voraussetzungen für

---

[571] *Seuffert*, DStR 1985, 5 ff.

[572] Siehe 1. Teil. 2. Abschnitt. B. zur, S. 49 zur grammatischen Auslegung bei elektrischer Energie.

eine teleologische Reduktion im Einzelfall erfüllt sind, hängt von der Risikolage bei den einzelnen Wirtschaftsgütern ab.

Zulässigkeit und möglicher Umfang einer teleologische Reduktion im Steuerrecht ist nach den für Analogieschlüsse geltenden Grundsätzen zu beurteilen[573]. Die teleologische Reduktion engt den Anwendungsbereich einer Norm über die durch den möglichen Wortsinn gezogenen Grenzen hinaus ein. Es handelt sich um das Gegenstück zur Analogie, die den Anwendungsbereich der Norm, unter Berücksichtigung von deren Sinn und Zweck, über die Grenze des möglichen Wortsinns hinaus ausweitet[574]. Klarstellend ist insoweit zu unterscheiden zwischen einer Analogie, die dem Sinn und Zweck der Norm über den Wortlaut hinaus Geltung verschafft, und der Rechtsfortbildung, die auch über den Sinn und Zweck der Norm hinausgeht[575].

Der Gesetzgeber hat die Analogie im Bereich des Steuerrechts nicht ausdrücklich durch eine gesetzliche Regelung ausgeschlossen (anders Art. 103 Abs. 2 GG für den Bereich des Strafrechts). In der Literatur wird teilweise eine steuerverschärfende Analogie im Steuerrecht abgelehnt[576]. Zum Teil wird danach unterschieden, ob ein belastender oder begünstigender Analogieschluß vorliegt, wobei ein begünstigender Analogieschluß zugelassen wird[577]. Nach anderer Ansicht ist auch darüber hinausgehend eine Analogie möglich[578]. Zum Teil wird zumindest im Falle einer zweischneidigen Lückenfüllung eine Analogie zugelassen[579], weil sie nicht in

---

573 Vgl. *Beisse*, StuW 1981, 1 (10): Für den Einsatz der wirtschaftlichen Betrachtungsweise bei der Ausfüllung verdeckter Regelungslücken träfen die gleichen Erwägungen zu wie bei der Ausfüllung offener Lücken.

574 Vgl. *Larenz*, Methodenlehre der Rechtswissenschaft, 1991, S. 391 ff.

575 *Crezelius*, BB 1984, 1377.

576 *Offerhaus*, BB 1984, 993 (996) für die einseitige Lückenausfüllung; *Seuffert*, DStR 1985, 5 (9), keine Analogieschlüsse aus sachgesetzlich vergleichbaren Tatbeständen mit steuerverschärfenden Auswirkungen.

577 *Tipke/Kruse*, Steuerrecht, 1996, § 4 Rdnr. 121; BFH v. 28.4.1982 - I R 89/77, BStBl II 1982, 556 = BFHE 135, 531; BFH v. 8.12.1981 - VIII R 125/79, BStBl II 1982, 618 = BFHE 135, 426.

578 *Tipke/Lang*, Steuerrecht, 1996, § 4 Rdnr. 191 ff.

579 *Offerhaus*, BB 1984, 993 (996); **ablehnend** *Crezelius*, BB 1984, 1377 (1381); **einschränkend** *Beisse*, StuW 1981, 1 (10): Wahlrecht des Steuerpflichtigen bei zweischneidiger Gestaltung.

die Gesetzgebungskompetenz des Gesetzgebers eingreife und sich nicht zu Lasten des Steuerpflichtigen auswirke[580]. In der Rechtsprechung wird eine steuerverschärfende Analogie zugelassen, wenn eine Gesetzeslücke vorliegt und sich aus dem Wortlaut oder den Materialien zum Gesetz die Existenz von Grundsätzen ergibt, nach denen eine Gesetzeslücke zu schließen ist[581]. Das Vertrauen des Bürgers in die bestehende Gesetzeslage werde dadurch nicht unzulässig beeinträchtigt, insbesondere ergebe sich aus dem Wortlaut schon deshalb keine hinreichende Grundlage für einen Vertrauensschutz, weil innerhalb des möglichen Wortsinns meist mehrere Auslegungsmöglichkeiten in Betracht kämen[582].

In der eine Analogie für zulässig haltenden Literatur wird das Problem als „Konflikt zwischen formaler und materialer Rechtsstaatlichkeit" gekennzeichnet. Eine Analogie diene dem Gleichheitssatz, während ein Analogieverbot dem Rechtsstaatsprinzip Rechnung trage. Dieser Konflikt sei zugunsten der materiellen Rechtsstaatlichkeit zu lösen, da dem Argument der Rechtssicherheit geringeres Gewicht zukomme. Werde an das Rechtsstaatsprinzip (Prinzip der Gesetz- und Tatbestandsmäßigkeit oder Tatbestandsbestimmtheit und Normenklarheit) angeknüpft, so könne auch keine Analogie zugunsten des Steuerpflichtigen zulässig sein[583]. Teilweise wird die Zulässigkeit einer Analogie vom jeweiligen Einzelfall abhängig gemacht. Anknüpfend an den Gesetzesvorbehalt wird danach gefragt, ob das analog angewandte Gesetz eine ausreichende gesetzliche Grundlage für den steuerlichen Eingriff darstelle oder aber die gesetzliche Bestimmtheit fehle[584]. Teilweise wird allgemeiner gefordert, daß die Rechtsfindung außerhalb des Wortlauts besonderer Rechtfertigung bedürfe[585].

---

580 *Offerhaus*, BB 1984, 993 (996).

581 BFH v. 20.10.1983 - IV R 175/79, BStBl II 1984, 221 (224) = BFHE 139, 561; BFH v. 13.1.1984 - IV R 194/80, BStBl II 1984, 315 = BFHE 140, 246.

582 BFH v. 20.10.1983 - IV R 175/79, BStBl II 1984, 221 (224) = BFHE 139, 561.

583 *Tipke/Lang*, Steuerrecht, 1996, § 4 Rdnr. 191 ff.

584 *Birk*, Steuerrecht I, § 11 Rdnr. 30.

585 *Häcker*, Der steuerrechtliche Begriff "Wirtschaftsgut", 1980, S. 99.

c) Stellungnahme zur Zulässigkeit einer teleologischen Reduktion bei Übertragungsformen ohne Datenträger

Wird eine Einordnung als immateriell vorgenommen, obwohl keine körperliche Substanz vorhanden ist, so liegt eine „zweischneidige Lückenfüllung“ vor. Die Einordnung als materiell kann für den Steuerpflichtigen im Einzelfall günstiger sein, sich aber auch belastend auswirken. Die sofortige volle Gewinnwirksamkeit ist für den Steuerpflichtigen grundsätzlich günstiger als eine Aktivierung als Wirtschaftsgut[586]. Eine spätere Gewinnwirksamkeit hat dabei zumindest Auswirkungen auf die Liquidität des Betriebes[587]. Bei einer aktuell ungünstigen Gewinnsituation kann jedoch auch eine auf die Nutzungsdauer verteilte Gewinnwirksamkeit über Abschreibungen für den Steuerpflichtigen von Vorteil sein[588]. Die Wirkung ist also letztendlich von der jeweiligen Gewinnsituation abhängig. Durch die vorliegende zweischneidige Lückenfüllung wird nicht in die Gesetzgebungskompetenz eingegriffen, weil kein neuer Steuertatbestand geschaffen wird[589]. Zu begründen ist jedoch weiterhin, warum auch eine Belastungswirkung für den Steuerpflichtigen möglich sein soll[590].

Ungenau ist es, wenn ausgeführt wird, eine Rechtsfindung außerhalb des Wortlauts bedürfe einer besonderen Rechtfertigung[591]. Da eine ausdrückliche Regelung nicht vorhanden ist, kann sich die Unzulässigkeit einer teleologischen Reduktion als Gegenstück zur Analogie nur aus höherrangigem Recht ergeben. Es ist also keine „besondere Rechtfertigung“ notwendig, sondern es geht um die Vereinbarkeit mit höherrangigem (Verfassungs-) Recht. Es sollte nicht generell von der Zulässigkeit oder Unzulässigkeit

---

586 Vgl. *Crezelius*, Steuerrecht II, 1994, § 8 Rdnr. 22 (S. 136); *Tipke/Lang*, Steuerrecht, 1996, § 9, Rdnr. 339, wonach Steuerpflichtige "ein Interesse an einem engen Wirtschaftsgutbegriff zu haben" pflegen.

587 *Pfeiffer*, Das immaterielle Wirtschaftsgut, 1982, S. 5; vgl. aus betriebswirtschaftlicher Sicht die Berechnung bei *Marx*, BB 1994, 2379 (2385) zu Ertragsteuerzinseffekten; *Kraus-Grünewald*, in: FS für *Beisse*, 1997, S. 285 (290): "Finanzierungswirkung".

588 Vgl. *Hegenloh*, Die steuerbilanzielle Behandlung von Forschung und Entwicklung, 1985, S. 282 ff.

589 Vgl. *Offerhaus*, BB 1984, 993 (996).

590 **Anders** *Offerhaus*, BB 1984, 993 (996), keine Auswirkung zu Lasten des Steuerpflichtigen.

591 *Häcker*, Der steuerrechtliche Begriff "Wirtschaftsgut", 1980, S. 99.

einer Analogie ausgegangen werden, vielmehr ist für den jeweiligen Einzelfall zu untersuchen, ob ein solcher Widerspruch mit höherrangigem Recht vorliegt, wenn § 5 Abs. 2 EStG auch auf Wirtschaftsgüter ohne jegliche Substanz nicht angewandt wird. Da bei der vorliegenden „zweischneidigen Lückenfüllung" der Eingriff in die Gesetzgebungskompetenz entfällt, geht es vorrangig darum, ob die Nichtanwendung des vom Gesetzgeber weit gefaßten, unbestimmten Rechtsbegriffs, bei teleologischer Reduktion für den Steuerpflichtigen noch vorhersehbar ist.

Es ist nicht überzeugend, wenn der BFH ausführt, anknüpfend an den „Wortsinn" könne es keinen Vertrauensschutz geben, weil es meist auch innerhalb des „Wortsinns" mehrere Auslegungsmöglichkeiten gebe[592]. Wird der „Wortsinn", der hier scheinbar als „Wortlaut" verstanden wird, überschritten, so entfällt die ansonsten zusätzlich vorhandene Beschränkung durch den Wortlaut. Eine solche Erweiterung des Anwendungsbereichs ist nur dann gerechtfertigt, wenn der Steuerpflichtige im Einzelfall nicht schutzwürdig ist, weil der Eingriff vorhersehbar und deshalb auch eine Auslegung über den Wortlaut hinaus gerechtfertigt ist.

Zu berücksichtigen ist im Hinblick auf eine etwaige Schutzwürdigkeit des Steuerpflichtigen, daß im Bereich des Umlaufvermögens Forderungen i. S. des § 266 Abs. 2 A. II HGB und Wertpapieren i.S. des § 266 Abs. 2 A. III HGB[593] in der Regel ebenfalls jegliche körperliche Substanz fehlt[594], wobei das Aktivierungsverbot für immaterielle Wirtschaftsgüter des Umlaufvermögens jedoch ohnehin nicht gilt.

Auch Finanzwerte[595] werden einhellig nicht als immaterielle Wirtschaftsgüter i.S. des § 5 Abs. 2 EStG angesehen. Dabei wird die Gemeinsamkeit der Finanzwerte als entscheidend angesehen, daß sie einen An-

---

[592] BFH v. 20.10.1984 - IV R 175/79, BStBl II 1984, 221 (224) = BFHE 139, 561.

[593] Anteile an verbundenen Unternehmen, eigene Anteile und sonstige Wertpapiere.

[594] Von einer körperlichen Substanz könnte allerdings auszugehen sein, wenn ein Wert durch ein entsprechendes Wertpapier verkörpert wird.

[595] § 266 Abs. 2 A. III HGB nennt als Finanzanlagen: Anteile an verbundenen Unternehmen, Ausleihungen an verbundene Unternehmen, Beteiligungen, Ausleihungen an Unternehmen, mit denen ein Beteiligungsverhältnis besteht, Wertpapiere des Anlagevermögens und sonstige Ausleihungen.

spruch auf Zahlung eines bestimmten Geldbetrages verkörpern[596]. Deshalb handele es sich nicht um flüchtige Werte, und das Aktivierungsverbot sei nicht anwendbar[597]. In der Literatur werden Finanzwerte dabei teilweise als materielle Wirtschaftsgüter bezeichnet[598]. Insoweit sollte genauer formuliert werden, daß es sich bei Finanzwerten nicht um immaterielle Wirtschaftsgüter i.S. des § 5 Abs. 2 EStG handelt, weil eine teleologische Reduktion insoweit beim Fehlen jeglicher körperlicher Substanz allgemein anerkannt ist, wenn die handelsrechtlichen Gliederungsvorschriften nicht ohnehin als Grundsätze ordnungsgemäßer Buchführung mit einem Regelungsgehalt im Hinblick auf die Bilanzierungsfähigkeit angesehen werden oder ein ungeschriebener Grundsatz ordnungsgemäßer Buchführung angenommen wird[599].

Diese Beispiele zeigen, daß ein Steuerpflichtiger aus dem Fehlen jeglicher körperlicher Substanz allein gerade nicht unmittelbar die Einordnung als immateriell folgern kann. Werden die Gliederungsvorschriften nicht als Grundsatz ordnungsgemäßer Buchführung angesehen, so ist aus ihnen zumindest allgemein ersichtlich, daß Wirtschaftsgüter ohne jegliche körperliche Substanz nicht zwangsläufig immateriell sind, sondern unter andere Posten fallen können. Deshalb ist ein Steuerpflichtiger insoweit auch nicht schutzwürdig und eine teleologische Reduktion in diesem Umfang zulässig.

IV. Beispiele für durch körperliche Träger vermittelte immaterielle Teile

Vorweg ist zu betonen, daß die einzelnen Formen im Medienbereich zunehmend zusammenwachsen. Bücher erscheinen inzwischen auf Datenträgern, die gleichzeitig zur Übertragung von Software genutzt werden. Bücher auf Datenträgern enthalten häufig nicht nur schriftliche Beiträge, sondern darüber hinaus auch Film- und Tonbeiträge. Teilweise sind auch Funktionen

---

[596] *Ley*, Der Begriff "Wirtschaftsgut" und seine Bedeutung für die Aktivierung, 1987, S. 154 f.; *Schilling*, Bauten auf fremden Grundstücken im Einkommensteuerrecht, 1997, S. 86, die allerdings auf eine Erhöhung der Leistungsfähigkeit des Steuerpflichtigen abstellt.

[597] Vgl. auch *Littmann*, DStR 1969, 321 (322).

[598] *Schilling*, Bauten auf fremden Grundstücken im Einkommensteuerrecht, 1997, S. 85.

[599] Siehe 1. Teil. 2. Abschnitt. D. I. 1. und 2., S. 55 ff.

enthalten, die typisch für Software sind. Die grundsätzliche Trennung, an der sich auch die beschriebenen Beispiele orientieren, verschwimmt demnach zunehmend.

1. Einordnung von Büchern

a) Behandlung von Büchern in Literatur und Rechtsprechung

Bücher werden grundsätzlich als materielle Wirtschaftsgüter angesehen. Bei der Übertragung eines in geringer Anzahl hergestellten Buchmanuskripts stehe allerdings das schriftstellerische Werk im Vordergrund. Das Buchmanuskript sei ein immaterielles Wirtschaftsgut[600]. Entsprechendes gelte, wenn ein spezielles Gutachten für einen bestimmten Auftraggeber gefertigt werde[601].

In der Literatur wird in diesem Zusammenhang an die Wertrelation als Abgrenzungskriterium angeknüpft[602]. Der Wert eines Buches werde in der Regel ganz überwiegend durch die Produktionskosten des materiellen Teils bestimmt, während der geistige Inhalt den Wert nur gering beeinflusse. Die Wertrelation sei anders als bei Lizenzen, bei denen der Wert der Lizenzschrift überwiegend durch den immateriellen Teil bestimmt werde, hinter den die Kosten der „Schrift", also des materiellen Teils, zurückträten[603]. Wird die Wertrelation zur Abgrenzung herangezogen, so führt dies in der Praxis meistens zur Einordnung als materiell.

Bei Kunstwerken wird die Einordnung davon abhängig gemacht, ob nach der allgemeinen Verkehrsauffassung der körperliche Teil oder der Inhalt im Vordergrund steht[604].

---

600 BFH v. 20.9.1995 - X R 225/93, NJW 1996, 1013 (1014).
601 FG Berlin v. 8.7.1981 - II 154/80, EFG 1982, 59 (60): in Abgrenzung zu Büchern.
602 Siehe 1. Teil. 2. Abschnitt. F. III. 1., S. 95 f. zum Kriterium "Wertrelation".
603 *Sontheimer*, DStR 1983, 350 (353).
604 BFH v. 20.11.1970 - VI R 44/69, BStBl II 1971, 186 = BFHE 100, 555: Filme und Filmkopien; BFH v. 26.4.1979 - IV R 108/75, BStBl II 1979, 734 = BFHE 128, 453; BFH v. 9.12.1983 - III R 6/76, BStBl II 1984, 190 = BFHE 128, 367: Tonträger eines Schallplattenherstellers; vgl. auch *Littmann/Bitz/Hellwig*, §§ 4, 5 EStG Rdnr. 651.

b) Stellungnahme zur Behandlung von Büchern

Bei der Auslegung sind folgende unselbständige „Teile“ (des einheitlichen Wirtschaftsgutes) als mögliche Anknüpfungspunkte für einen im Vordergrund stehenden Teil zu unterscheiden:

- übergegangene Urheberrechte als immaterielle Teile,
- die schriftstellerische Leistung als immaterieller Teil,
- das gedruckte Buch als materieller Teil,
- ein etwaiges Ordnungsprinzip als immaterieller Teil.

aa) Urheberrechtliche Rechtslage bei der Veräußerung von Büchern

Dem Erwerber eines Buchs stehen die sich aus § 903 BGB ergebenen Eigentumsrechte zu. Demnach kann er als Eigentümer mit der Sache nach Belieben verfahren, soweit nicht Rechte Dritter entgegenstehen. Als solche Rechte Dritter sind die Beschränkungen gem. §§ 53, 54 UrhG zu beachten. Eine Übertragung des Urheberrechts ist grundsätzlich nicht möglich (§ 29 S. 2 UrhG). Verwandte Schutzrechte (z.B. nachgelassene Werke, § 71 Abs. 2 UrhG, oder das Schutzrecht des Filmherstellers, § 94 UrhG) und Nutzungsrechte können dagegen übertragen werden. Eine Einräumung von Rechten (Nutzungs-, Einwilligungsrechte oder Vergütungsansprüche) oder die Übertragung von Rechten, soweit dies möglich ist, setzt eine entsprechende vertragliche Vereinbarung voraus[605].

bb) Auslegung nach den herausgearbeiteten Kriterien

α) Grammatische und systematische Auslegung

Ausgangspunkt sind zunächst die im Rahmen der systematischen Auslegung herausgearbeiteten Grundsätze. Demnach ist für die Einordnung entscheidend, welcher Teil die Nutzbarkeit des Wirtschaftsgutes bestimmt. Insoweit ist zwischen den schon herausgestellten Anknüpfungspunkten zu unterscheiden. Werden dem Erwerber ausdrücklich auch urheberrechtliche Befugnisse eingeräumt, so bestimmen diese übertragenen Befugnisse in der Regel auch die Nutzbarkeit im Betrieb. Entscheidend ist in diesem Fall für

---

[605] Vgl. Klezath, in: Hartmann/Metzenmacher, § 12 Abs. 2 Nr. 7 UStG Rdnr. 96 ff.

den Betrieb nicht die Nutzbarkeit des einzelnen, übertragenen körperlichen Exemplars, sondern die Möglichkeit, die urheberrechtlichen Befugnisse auszuüben. Die übrigen Teile, die schriftstellerische Leistung als immaterieller Teil und das gedruckte Manuskript als materieller Teil, dienen dazu, die Ausübung der übertragenen Urheberrechte praktisch zu ermöglichen, und treten hinter diese übertragenen Rechte zurück.

Liegt keine ausdrückliche Übertragung von Urheberrechten vor, sind also lediglich die Beschränkungen des §§ 53, 54 UrhG zu berücksichtigen, so haben etwaige übergegangene Urheberrechte nur eine Hilfsfunktion zur Nutzung des schriftstellerischen Werkes. Entsprechendes gilt für die Verkörperung. Entscheidend für die Nutzbarkeit des Buches ist der schriftstellerische Inhalt. Das gilt grundsätzlich auch dann, wenn das Buch sich durch eine besondere Aufmachung auszeichnet. Es genügt insoweit nicht, daß es dem Erwerber auch auf diese besondere Aufmachung des materiellen Teils ankommt, wenn der Inhalt demgegenüber nicht in den Hintergrund tritt[606]. Aus systematischer Sicht ist deshalb der immaterielle Teil („schriftstellerische Leistung") als im Vordergrund stehend anzusehen.

Handelt es sich um ein Buch mit allgemein bekannten Informationen, so kann auch ein besonderes Ordnungsprinzip aus systematischer Sicht den entscheidenden immateriellen Wert darstellen. Es kann insofern keine Rolle spielen, durch welche körperlichen Träger das Ordnungsprinzip unterstützt wird. Aus diesem Grunde ist die Rechtslage vergleichbar mit derjenigen beim Festhalten auf einer CD oder im Rahmen eines Verlagsarchivs[607].

β) Teleologische Auslegung

Aufgrund einer teleologischen Auslegung könnte sich ergeben, daß Bücher nicht als immateriell i.S. des § 5 Abs. 2 EStG einzuordnen sind, wenn der Sinn und Zweck des Aktivierungsverbotes nicht eingreift. Das ist der Fall, wenn es sich nicht um unsichere Werte i.S. dieser Vorschrift handelt.

---

[606] Insoweit anders *Kählert/Lange*, BB 1993, 613 (615), die eine besondere Aufmachung als ausschlaggebend für die Einordnung als materiell ansehen.

[607] Siehe 2. Teil. 1. Abschnitt. B. IV. 5. b), S. 170 f.

αα) Bei Urheberrechten als im Vordergrund stehendem Teil

Bestimmen übergegangene Urheberrechte aus systematischer Sicht die Nutzbarkeit, so handelt es sich aus teleologischer Sicht um unsichere Werte. Die sich aus den übertragenen Urheberrechten ergebene weitere Nutzbarkeit ist mit Unsicherheiten belastet, weil sich die Nutzbarkeit erst im Rahmen des weiteren Einsatzes („indirekt") ergibt. Die Nutzbarkeit ist nicht auf konkrete, materielle Werte gerichtet, und die Risikolage entspricht insbesondere nicht derjenigen bei Finanzwerten und Forderungen. Deshalb ist das Wirtschaftsgut in diesem Fall insgesamt als immateriell einzuordnen.

ββ) Bei im Vordergrund stehendem schriftstellerischem Werk oder Ordnungsprinzip und Vervielfältigung

Steht das schriftstellerische Werk im Vordergrund und erfolgt eine Vervielfältigung, so könnte die entsprechende Unsicherheit entfallen. Aufgrund der Vervielfältigung könnte sich eine Vergleichbarkeit mit materiellen Wirtschaftsgütern mit sicherer Werthaltigkeit ergeben. Auch materielle Wirtschaftsgüter mit sicherer Werthaltigkeit enthalten immaterielle Teile. Dem Steuerpflichtigen kommt es dabei häufig auch auf die Nutzbarkeit von verkörpertem technischen Wissen an. Der Unterschied liegt jedoch darin, daß das technische Wissen sich unmittelbar in der körperlichen Ausgestaltung niederschlägt und nicht darüber hinausgehend erworben wird. Bei Büchern ist die Ausgestaltung des Datenträgers dagegen meistens unabhängig vom Inhalt. Ausnahmen bilden Bücher mit einer auf den Inhalt bezogenen besonderen Aufmachung, z.B. Kunstbände. Bei solchen Büchern kann sich auch aufgrund der äußeren Aufmachung eine abweichende Risikolage ergeben.

Auch dann, wenn sich der immaterielle Teil nicht unmittelbar in einer bestimmten körperlichen Ausgestaltung niederschlägt, kann sich eine abweichende Risikolage ergeben. Bücher werden nach der Vervielfältigung als Endprodukte auf dem Markt angeboten, und der Erwerber hat die Möglichkeit, das für ihn passende Produkt auszuwählen[608]. Die Veräußerung von Büchern erfolgt wie bei materiellen Wirtschaftsgütern mit sicherer Werthaltigkeit. Rein äußerlich ergeben sich keine Unterschiede. Auch die

608 Vgl. auch *Sauer*, Bilanzierung von Software, 1988, Nachtrag 6.

betriebsindividuelle Nutzbarkeit ist für den Erwerber nicht unsicherer als bei materiellen Wirtschaftsgütern. Außerdem besteht die Möglichkeit, die Bücher mit anderen zu vergleichen, und dadurch ihren Wert, ähnlich wie im Bereich der materiellen Wirtschaftsgüter mit sicherer Werthaltigkeit, zu objektivieren.[609] Eine Unsicherheit i.S. des § 5 Abs. 2 EStG liegt nicht vor, weil die Werthaltigkeit, die sich in der Nutzbarkeit ausdrückt, nicht zweifelhafter ist als bei materiellen Wirtschaftsgütern mit sicherer Werthaltigkeit. Dabei muß nicht auf eine bestimmte Auflagenhöhe abgestellt werden[610]. Allerdings ist die erforderliche Vergleichbarkeit grundsätzlich nur bei einer größeren Auflage, die einen entsprechenden Markt widerspiegelt, gegeben.

Steht aus systematischer Sicht ein bestimmtes Ordnungsprinzip als immaterieller Teil im Vordergrund, so ergibt sich im Hinblick auf die Risikolage nichts anderes als bei einem im Vordergrund stehenden schriftstellerischen Werk, wenn die Risikolage im Hinblick auf die Werthaltigkeit mit Wirtschaftsgütern vergleichbar ist, deren Werthaltigkeit nicht unsicher ist.

Eine abweichende Risikolage im Hinblick auf die Werthaltigkeit ergibt sich erst, wenn eine schriftstellerische Leistung für einen bestimmten Abnehmer erbracht wird (z.B. ein Gutachten[611] in „buchähnlicher" Form). Insoweit ist bei einer Leistung für einen bestimmten Abnehmer die individuelle Nutzbarkeit für diesen bei objektivierter Sichtweise nicht absehbar und der Wert als unsicher i.S. des Aktivierungsverbotes anzusehen. Es besteht rein äußerlich keine Vergleichbarkeit mit der Veräußerung von materiellen Wirtschaftsgütern mit sicherer Werthaltigkeit, insbesondere entfällt die Vergleichbarkeit mit anderen Wirtschaftsgütern. Ein entgeltlicher Erwerb kann insoweit zur Klarheit im Hinblick auf die Werthaltigkeit

---

609 Siehe 1. Teil. 2. Abschnitt. E. I. 1., S. 72 ff. zum Sinn und Zweck.

610 So aber *Sontheimer*, DStR 1983, 350 (353), der allerdings gleichzeitig auf eine sich daraus ergebende Wertreleation zwischen materiellem und immateriellem Teil abstellt; *David*, Die Abgrenzung materieller und immaterieller Güter im Jahresabschluß und ihre Konkretisierung am Beispiel der Software, 1985, S. 16 für Standardsoftware; siehe auch 1. Teil. 2. Abschnitt. F. III. 2., S. 97 f. zur Kritik am Kriterium "Vervielfältigung".

611 Vgl. FG Berlin v. 8.7.1981 - II 154/80, EFG 1982, 59 (60), das bei Gutachten ebenfalls zur Einordnung als immateriell kommt und insoweit eine Abgrenzung zu Büchern vornimmt.

beitragen,[612] weshalb die Typisierung und damit das Aktivierungsverbot anwendbar ist.

Zusammenfassend läßt sich die Risikolage mit Hilfe folgender Kriterien, die nicht als abschließend oder notwendig für die entsprechende Risikolage zu verstehen sind, näher konkretisieren:

- Veräußerung des Wirtschaftsgutes als Endprodukt auf dem Markt wie andere (materielle) Wirtschaftsgüter mit sicherer Werthaltigkeit (z.B. bei einem Vertrieb über Zwischenhändler),
- Auswahl durch den Erwerber aus den am Markt angebotenen Endprodukten,
- Vergleichbarkeit der angebotenen Endprodukte mit anderen am Markt angebotenen Wirtschaftsgütern, die grundsätzlich voraussetzt:
    - eine größere Auflage als Indiz für die erforderliche Marktgängigkeit, die Grundlage für die Vergleichbarkeit ist[613] .

cc) Bücher auf Datenträgern und Kombinationen mit Software

Werden Bücher zusammen mit Software veräußert, so ist nach allgemeinen Grundsätzen zu bestimmen, ob ein einheitlicher Nutzbarkeitszusammenhang und damit ein einheitliches Wirtschaftsgut vorliegt. Das ist grundsätzlich bei einem Funktionszusammenhang der Fall[614] . Entscheidend ist für die Nutzbarkeit, ob das Handbuch unmittelbar besonderen, vom Programm unabhängigen Zwecken dient. Da das Handbuch meistens die Anwendung der Software ermöglicht, erleichtert oder unterstützt, ist grundsätzlich von einem einheitlichen Wirtschaftsgut auszugehen, wenn Software und Handbuch zusammen veräußert werden.

---

612 Siehe 1. Teil. 2. Abschnitt. E. III., S. 80 zu dieser Kontrollfrage.

613 Vgl. auch das in BFH v. 3.7.1987 - III R 7/86, BStBl II 1987, 728 (729) = BFHE 150, 259 inhaltlich wiedergegebene Gutachten der Industrie- und Handelskammer Berlin vom 11.10.1984, das teilweise ähnliche Voraussetzungen für die Materialisierung bei anwendungsorientierten datenträgergebundenen fixen Standardprogrammen ("größerer Auflage auf dem Markt", "Preis im Verhältnis zu den Entwicklungskosten sehr gering", "in der Regel über Zwischenhändler ... vertrieben"). Im Unterschied zu der hier vertretenen Auffassung wird jedoch nicht darauf abgestellt, ob eine Risikolage vorliegt, die auch Hintergrund des Aktivierungsverbotes ist, sondern auf eine Materialisierung im wirtschaftlichen Verkehr.

614 Siehe 1. Teil. 1. Abschnitt. B. II. 2., S. 38 f.

Die davon zu unterscheidende Frage, ob die Software oder das Buch im Vordergrund steht und die Nutzbarkeit des einheitlichen Wirtschaftsgutes bestimmt, ist nach den allgemeinen Grundsätzen zu entscheiden. Bei Software mit zugehörigem Handbuch steht grundsätzlich die Software im Vordergrund[615].

dd) Bücher als Sammlerstücke und Kunstobjekte

Werden Bücher später zu Sammlerstücken, so hat dieser Umstand keinen Einfluß auf eine einmal erfolgte Einordnung als materiell. Der hohe Wert wird in einem solchen Fall durch Angebot und Nachfrage bestimmt, während die Gewichtung von materiellem und immateriellem Teil und die ursprüngliche Risikolage, die im Rahmen des § 5 Abs. 2 EStG aus teleologischer Sicht für die Einordnung als immateriell entscheidend ist, unverändert bleibt. Entsprechendes gilt für Bücher, die als Kunstobjekte anzusehen sind.

2. Einordnung von Tonträgern

a) Behandlung von Tonträgern in Literatur und Rechtsprechung

Von einem Unternehmen hergestellte Tonträger sind nach der Rechtsprechung grundsätzlich immaterielle Wirtschaftsgüter[616]. Daneben scheide auch eine Aktivierung eines immateriellen Wirtschaftsgutes "erworbene Leistungsschutzrechte" aus. Die an die Künstler gezahlten Vergütungen für deren Einwilligung zur Aufnahme der Darbietung und zur Vervielfältigung des Tonträgers führten nicht zusätzlich zum Erwerb eines immateriellen Wirtschaftsgutes. Diesen Befugnissen fehle die Wirtschaftsgutqualität. Sie seien nicht selbständig bewertungsfähig und nicht greifbar[617]. Der immaterielle Teil stehe grundsätzlich im Vordergrund, während der Träger der Information dahinter zurücktrete. Ein immaterielles Wirtschaftsgut liege auch dann vor, wenn jemand eine Komposition bestelle, und es für den Auf-

---

[615] Siehe 2. Teil. 1. Abschnitt. B. IV. 4. b) dd), S. 160 zur Nutzbarkeit des im Vordergrund stehenden Teils bei Software mit zugehörigem Handbuch.

[616] BFH v. 28.5.1979 - I R 1/76, BStBl II 1979, 734 = BFHE 128, 367.

[617] BFH v. 28.5.1979 - I R 1/76, BStBl II 1979, 734 = BFHE 128, 367.

traggeber ohne Bedeutung sei, in welcher Form er das Musikstück erhalte[618].

Auch in der Literatur werden Tonträger grundsätzlich als immaterielle Wirtschaftsgüter angesehen[619]. Werden Musikstücke z.B. auf Musikkassetten oder Compact - Discs in großer Anzahl vervielfältigt, so seien die hergestellten Kopien allerdings materielle Wirtschaftsgüter[620].

b) Stellungnahme zur Behandlung von Tonträgern

Anknüpfungspunkt für die Einordnung von Tonträgern können folgende Teile sein:

- übergegangene Urheberrechte als immaterielle Teile,
- das aufgenommene Musikstück als immaterieller Teil,
- der Datenträger (z.B. CD, Musikkassette) als materieller Teil,
- z.B. ein Textbuch als materieller Teil.

aa) Urheberrechtliche Rechtslage bei der Veräußerung von Tonträgern

Dem Erwerber eines Tonträgers oder Buchs stehen die Eigentumsrechte gem. § 903 BGB zu. Demnach kann er mit der Sache nach Belieben verfahren, soweit nicht Rechte Dritter entgegenstehen. Ein solches Recht ist bei Tonträgern das Vervielfältigungs- und Verbreitungsrecht des Herstellers (§ 85 UrhG). Daneben liegt eine Einräumung oder Übertragung von Urheberrechten ohne besondere zusätzliche Vereinbarung nicht vor.

bb) Auslegung nach den herausgearbeiteten Kriterien

Da ein Tonträger als körperlicher Träger vorhanden ist, bereitet die Einordnung als immateriell oder materiell im Hinblick auf den Wortlaut als Grenze der Auslegung keine Probleme.

Aus systematischer Sicht ist entscheidend, welcher Teil die Nutzbarkeit des Wirtschaftsgutes bestimmt. Übergegangene Urheberrechte bestimmen dann die Nutzbarkeit, wenn eine über den „bestimmungsgemäßen"

---

[618] FG Berlin v. 18.9.1985 - II 292/82, EFG 1986, 107.

[619] *Wolffgang*, in: *Kirchhof/Söhn*, § 5 EStG Rdnr. C 200 "Tonträger"; vgl. auch Bauer, DB 1989, 1051.

[620] *Richter*, in: *Wysocki/Schulze-Osterloh*, HdJ, Abt. II/2 (1990), Die immateriellen Anlagewerte, Rdnr. 25; *Kählert/Lange* 1993, 613 (615).

Gebrauch hinausgehende Nutzung erfolgen soll. Die Rechtslage ist mit derjenigen bei Büchern vergleichbar[621].

Erfolgt eine Veräußerung ohne ausdrückliche Übertragung von Urheberrechten, so bestimmt grundsätzlich das aufgenommene Werk die Nutzbarkeit des Wirtschaftsgutes, denn dem Erwerber kommt es grundsätzlich auf den Inhalt des Tonträgers an. Auch insoweit ist die Rechtslage mit derjenigen von Büchern vergleichbar[622]. Erfolgen Herstellung und Veräußerung in einer mit Büchern vergleichbaren Form, so ergibt sich ebenfalls aus der neben der systematischen Auslegung notwendigen teleologischen Auslegung, daß keine Risikolage vorliegt, die die Anwendung des Aktivierungsverbotes rechtfertigt. Die „Tonträger" sind als einheitliches Wirtschaftsgut als materiell einzuordnen.

Anders ist die Rechtslage nur dann, wenn ein bestimmtes Musikstück extra für einen bestimmten Abnehmer hergestellt und an diesen veräußert wird. Aufgrund der mit der Nutzbarkeit verbundenen Unsicherheit ist das Wirtschaftsgut als immateriell einzuordnen.

3. Einordnung von Filmen

a) Behandlung von Filmen in Literatur und Rechtsprechung

Nach der Rechtsprechung sind Filme grundsätzlich als immaterielle Wirtschaftsgüter anzusehen[623]. Der BFH hat dabei im Zusammenhang mit einer Auftragsproduktion das Recht des Filmherstellers gem. § 94 UrhG als im Vordergrund stehendes Recht angesehen, hinter das die Übertragung des Eigentums am Filmstreifen zurücktrete[624].

Auch in der Literatur werden Filme als immaterielle Wirtschaftsgüter angesehen, wenn es sich um in geringer Auflage hergestellte Kopien von

---

[621] Siehe 2. Teil. 1. Abschnitt. B. IV. 1. b) bb) α), S. 140 f. zu dem aus systematischer Sicht im Vordergrund stehendem Teil bei Büchern.

[622] Siehe 2. Teil. 1. Abschnitt. B. IV. 1. b) bb) α) und β) αα), S. 140 ff.

[623] BFH v. 20.11.1970 - VI R 44/69, BStBl II 1971, 186 ff. = BFHE 100, 555; BFH v. 14.6.1985 - V R 11/78, BFH/NV 1985, 58 f.; FG Hamburg v. 22.11.1977 - VI 159/75, EFG 1978, 409 f.; FG Hamburg v. 4.12.1989- II 208/87, EFG 1990, 463 f.

[624] BFH v. 20.9.1995 - X R 225/93, BStBl II 1997, 320 (322) = BFHE 178, 434: mit Hinweis auf die Übertragung eines Buchmanuskriptes gegenüber derjenigen des schriftstellerischen Werkes als Vergleich; FG Hamburg v. 4.12.1989 -II 208/87, EFG 1990, 463: Körperlichkeit der Filme stehe nicht im Vordergrund.

Kino- oder Fernsehfilmen handelt[625]. Das wirtschaftliche Interesse beziehe sich auf den immateriellen Teil[626]. Immaterielle Wirtschaftsgüter seien auch Industriefilme[627] und Werbespots[628], weil das Recht des Filmherstellers der eigentliche wirtschaftliche Wert sei. Auf dieses Recht sei das wirtschaftliche Interesse gerichtet[629]. Die Rechtslage sei vergleichbar mit Fernsehrechten, die ebenfalls nur mit Hilfe von Filmträgern erstellbar und übertragbar seien. Der Filmträger halte diese wirtschaftliche Leistung lediglich fest und materialisiere sie[630]. Kopien von Videofilmen, die massenhaft vervielfältigt wurden, werden in der Literatur dagegen als materiell angesehen[631].

b) Stellungnahme zur Behandlung von Filmen

Die möglichen Anknüpfungspunkte zur Bestimmung eines im Vordergrund stehenden Teils bei der Einordnung von Filmen sind mit kleineren Abweichungen mit denjenigen bei Tonträgern vergleichbar. Im einzelnen ergeben sich folgende Anknüpfungspunkte:

- die (möglicherweise) übertragenen Urheberrechte als immaterielle Teile,
- das aufgenommene Musikstück als immaterieller Teil,
- der Datenträger (z.B. CD oder Musikkassette) als materieller Teil,
- z.B. ein Textbuch als weiterer materieller Teil.

---

625 *Wolffgang*, in: *Kirchhof/Söhn*, § 5 EStG Rdnr. C 150; *Depping*, DB 1991, 2048 f.: für Werbespots.

626 *Mathiak*, StuW 1984, 71 (72).

627 *Schreiber*, in: *Blümich*, § 5 EStG Rdnr. 740 "Filme".

628 *Depping*, DB 1991, 2048 f.

629 BFH v. 20.11.1970 - VI R 44/69, BStBl II 1971, 186 = BFHE 100, 555; BFH v. 14.6.1985 - V R 11/78, BFH/ NV 1985, 58; BFH v. 20.9.1995 - X R 225/93, BStBl II 1997, 320 (322) = BFHE 178, 434.

630 *Herzig/Söffing*, WPg 1994, 601 (603).

631 *Wolffgang*, in: *Kirchhof/Söhn*, § 5 EStG Rdnr. C 150; *Schreiber*, in: *Blümich*, § 5 EStG Rdnr. 740 "Filme"; vgl. aus der Rechtsprechung FG Berlin v. 8.7.1981 - II 154/80, EFG 1982, 59 (60), für Kopien, die der Hersteller eines Spielfilms in großer Zahl für Lichtspieltheater herstellt und zur Vorführung ausleiht, in geringer Anzahl zur Vorführung und Ausstrahlung hergestellte Kopien seien dagegen immateriell; weitergehend FG Hamburg v. 4.12.1989 - II 208/87, EFG 1990, 463 f.

aa) Zivilrechtliche Einordnung des Vertrages als Vorfrage

Zunächst ist die zivilrechtliche Vorfrage zu beantworten, ob der Entleiher das Eigentum an dem jeweiligen Tonträger oder ein bloßes Nutzungsrecht erwirbt. Werden Filme lediglich vermietet, so erlangt der Mieter ein schuldrechtliches Nutzungsrecht. Das erworbene Nutzungsrecht ist auch bei längerfristigen Verträgen nicht zu aktivieren, weil ein schwebender Vertrag[632] vorliegt und eine Aktivierung deshalb ausscheidet. Steht fest, daß in diesem Sinne nur ein Nutzungsrecht erworben wird, so hat bei dieser Fallgestaltung die Abgrenzungsfrage grundsätzlich keine Relevanz, weil auch ein Nutzungsrecht, das sich auf ein materielles Wirtschaftsgut bezieht, als immateriell einzuordnen ist[633].

bb) Urheberrechtliche Rechtslage bei Filmen[634] als Vorfrage

Da in Rechtsprechung und Literatur insbesondere an die urheberrechtliche Einordnung angeknüpft wird, ist zunächst die urheberrechtliche Rechtslage als Vorfrage zu erörtern. Der Urheber eines Filmwerks ist der bei der Herstellung schöpferisch Mitwirkende (§ 89 Abs. 1 UrhG). Der Filmhersteller ist häufig nicht Mitwirkender und aus diesem Grunde auch nicht (Mit-) Urheber. § 89 Abs. 1 UrhG stellt jedoch insoweit die Auslegungsregel auf[635], daß der sich zur Mitwirkung bei der Herstellung eines Filmwerks Verpflichtende, wenn er ein Urheberrecht am Filmwerk erwirbt, dem Filmhersteller das ausschließliche Recht einräumt, das Filmwerk (sowie Übersetzungen und andere filmische Bearbeitungen oder Umgestaltungen des Filmwerks) auf alle bekannten Arten zu nutzen (vgl. auch § 92 UrhG zum Übergang des Leistungsschutzrechts an den Lichtbildern kraft Gesetzes und § 92 UrhG

---

[632] Siehe *Wolffgang*, in: *Kirchhof/Söhn*, § 5 EStG Rdnr. C 37 zum Grundsatz der Nichtbilanzierung schwebender Geschäfte.

[633] Siehe 1. Teil. 2. Abschnitt. G. I., S. 103 ff. zur Bedeutung der Rechtsnatur des abgeschlossenen Vertrages; siehe aber 2. Teil 1. Abschnitt B. 4. b) ee) γ), S. 167 f. zur Unerheblichkeit der vertraglichen Gestaltung aufgrund einer wirtschaftlichen Betrachtung im Bereich von Standardsoftware.

[634] Der Begriff "Film" ist der Oberbegriff für die Begriffe "Filmwerk" (schutzfähige Filme i.S. des § 2 Abs. 1 Nr. 6 UrhG) und "Laufbilder" (, die die Anforderungen des § 2 Abs. 2 UrhG nicht erfüllen), vgl. *Hertin*, in: *Fromm/Nordemann*, vor § 88 UrhG Rdnr. 3 f.

[635] Hierzu *Hertin*, in: *Fromm/Nordemann*, § 89 UrhG Rdnr. 10.

zum Ausschluß der Rechte der mitwirkenden Künstler aus §§ 75 S. 2, 76, 77 UrhG).

Das Recht des Filmherstellers am Bild- und Tonträger ist übertragbar (§ 94 Abs. 2 UrhG). Die Verwertung kann durch eine Übertragung der Auswertungsrechte und Überlassung der Filmkopien erfolgen, z.B. an eine Verleihfirma durch einen urheberrechtlichen Nutzungsvertrag eigener Art[636]. Bei der Veräußerung von Videokassetten überträgt der Verkäufer dem Käufer regelmäßig keine urheberrechtlichen Nutzungsbefugnisse. Es geht lediglich um die Veräußerung der vervielfältigten Kassetten. Der Käufer benötigt keine urheberrechtliche Nutzungsbefugnis, um die Videokassette nichtöffentlich im privaten Bereich abspielen zu können[637]. Die Rechte des Erwerbers sind allerdings durch den Schutz des Filmherstellers beschränkt.

cc) Lösung der Abgrenzungsfrage nach den herausgearbeiteten Kriterien

Dem Wortlaut nach ist wiederum eine Einordnung als materiell oder immateriell möglich, weil der immaterielle Teil mit Hilfe eines materiellen Trägers übertragen wird.

Zu ermitteln ist der im Vordergrund stehende Teil. Aus systematischer Sicht ist entscheidend, welcher Teil die Nutzbarkeit des Wirtschaftsgutes im Betrieb bestimmt. Als die Nutzbarkeit bestimmender Teil kommen von den genannten Anknüpfungspunkten insbesondere die Filmaufnahme und etwaige, übertragene Urheberrechte in Betracht. Insofern ist danach zu unterscheiden, ob eine Übertragung von Auswertungsrechten erfolgt, oder nicht. Erfolgt eine zusätzliche Übertragung von Auswertungsrechten, so kommt diesen in der Regel auch entscheidende Bedeutung für die Nutzbarkeit des Wirtschaftsgutes im Betrieb zu. Dabei genügt es nicht, daß der Film urheberrechtsschutzfähig ist[638], sondern es ist entscheidend, ob und in

---

[636] *Husmann*, in : *Rau/Dürrwächter*, § 12 Abs. 2 Nr. 7 c UStG Rdnr. 87.

[637] BFH v. 29.11.1984 - V R 96/84, BStBl II 1985, 271 = BFHE 142, 319 zur Behandlung von Videokassetten im Umsatzsteuerrecht.

[638] So *Depping*, DB 1991, 2048 f. für Werbefilme (der nicht körperliche Teil stehe im Vordergrund, da ein Werbefilm ein geistiges Konzept habe und urheberrechtsschutzfähig sei).

welchem Umfang Urheberschutzrechte übertragen wurden. Liegt eine entsprechende Übertragung vor, so stehen diese, gleichzeitig mit dem Film (Filmträger und Filmwerk) übertragenen Rechte auch im Vordergrund.

Das Wirtschaftsgut ist bei im Vordergrund stehenden Urheberrechten auch bei einer teleologischen Auslegung immateriell, weil unter Berücksichtigung von Sinn und Zweck des Aktivierungsverbotes die Nutzbarkeit als unsicher anzusehen ist. Die Rechtslage ist mit derjenigen bei Büchern und Tonträgern vergleichbar[639]. Dabei sollte das Wirtschaftsgut klarstellend im Anschluß an den im Vordergrund stehenden Teil bezeichnet werden, also als „Urheberrechte", nicht als „Filme". Auch bei einem im Vordergrund stehendem Filmwerk ist die Rechtslage mit derjenigen bei Büchern und Tonträgern vergleichbar[640].

4. Einordnung von Software

Software ist der Sammelbegriff für Computerprogramme, wobei ein Computerprogramm die logische Folge von Arbeitsschritten zur Lösung von bestimmten Aufgaben ist[641]. Software ist grundsätzlich ein im Verhältnis zur Hardware eigenständiges Wirtschaftsgut[642]. Software kommt in unterschiedlicher Ausgestaltung vor. Zu untersuchen ist, ob unterschiedliche Ausgestaltungen von Software auch zu voneinander abweichenden Einordnungen als materiell oder immateriell führen.

a) Einordnung in Literatur und Rechtsprechung

Die Einordnung in Literatur und Rechtsprechung hängt im Ergebnis davon ab, um welche Art von Software es sich handelt. Aus diesem Grunde ist eine Unterscheidung vorzunehmen.

---

[639] Siehe 2. Teil. 1. Abschnitt. B. IV. 1. b) bb) β) αα), S. 142.

[640] Siehe 2. Teil. 1. Abschnitt. B. IV. 1. b) bb) β) ββ), S. 142 ff.

[641] *Knepper*, in: FS für *Döllerer*, 1988, S. 299 (300).

[642] Siehe 2. Teil. 1. Abschnitt. A. II, S. 112 ff. zu den Voraussetzungen für die Einordnung als selbständiges Wirtschaftsgut.

aa) Individual-, Standard- , Systemsoftware und Seiten im World Wide Web

Software wird von der Rechtsprechung und Literatur grundsätzlich als immaterielles Wirtschaftsgut angesehen. Das gilt für Systemsoftware[643], Anwender-Individualsoftware und für Anwender-Standardsoftware[644]. Seiten im World Wide Web werden in der Literatur ausdrücklich als immateriell eingestuft, wobei das gesamte „Websystem" als einheitlicher Vermögensgegenstand anzusehen sei. Wenn die Webseiten auf einem körperlichen Gegenstand festgehalten seien (z.B. Server, Festplatte oder Diskette), so diene dieser lediglich dazu, die geistige Leistung als Träger festzuhalten[645].

Der BFH[646] hat sich in einer Grundsatzentscheidung für die Einordnung von Standardsoftware als immaterielles Wirtschaftsgut ausgesprochen. Entscheidend sei, daß dem Programminhalt überragende wirtschaftliche Bedeu-

---

643 FG Hamburg v. 3.8.1988 - II 8/86, EFG 1989, 6; FG Baden-Württemberg v. 28.7.1994 - III R 47/92, HFR 1995, 78 (79 f.); BFH v. 28.7.1994 - III R 47/92, BStBl II 1994, 873 = BFHE 175, 184; BFH v. 8.2.1996 - III R 76/90, BFH/NV, 1996, 643 (644); *Weber-Grellet*, in: *Schmidt*, 1997, § 5 EStG Rdnr. 270 "Software"; als Vorfrage ist allerdings zu klären, ob die Systemsoftware überhaupt als selbständiges Wirtschaftsgut anzusehen ist, vgl. hierzu FG Baden - Württemberg v. 28.7.1994 - III R 47/92, HFR 1995, 78 (79), wonach Systemsoftware nur in Ausnahmefällen ein einheitliches Wirtschaftsgut mit der Hardware bilde.

644 BFH v. 5.10.1979 - III R 78/75, BStBl II 1980, 16 = BFHE 128, 575: Anwender-Individualprogramme; BFH v. 3.6.1987 - III R 147/86, BStBl II 1987, 787 (788) = BFHE 150, 490; BFH v. 3.7.1987 - III R 7/86, BStBl II 1987, 728 (731) = BFHE 150, 259: Anwender- Standardsoftware; BFH v. 2.9.1988 - III R 38/84, BStBl II 1989, 160 = BFHE 154, 573; BFH v. 28.7.1994 - III R 47/92, BStBl II 1994, 873 (874) = BFHE 175, 184; BFH v. 8.2.1996 - III R 76/90, BFH/NV 1996, 643 (644): für Betriebssystem- Software; *Maul*, DB 1972, Beilage 15, 1 (6): in den Programmablaufplänen und Datenflußplänen konkretisierte geistige Leistung als wichtigster Teil; *Sontheimer*, DStR 1983, 350 (353): Wert bestimme sich hauptsächlich nach dem körperlichen Gegenstand, nicht nach dem Wert des geistigen Inhalts; *Zahrnt*, DB 1983, 2068: Vertrag habe die Übertragung von Know-how zum Gegenstand; *Voss*, FR 1989, 358 (359); *Kort*, DB 1994, 1505 (1509): keine Sache; aus zivilrechtlicher Sicht *Müller-Hengstenberg*, NJW 1994, 3128 (3131); *Eisolt*, DStR 1994, 233 (234 f.); differenzierend *Freericks*, DStR 1969, 691 (693): Standardprogramme als materielle wegen ihrer Vergleichbarkeit mit der Produktion von Büchern, Individualprogramme dagegen als immaterielle Wirtschaftsgüter; **a. A.** *Walter*, DB 1980, 1815 (1817): "datenträgergebundene" fixe Standardprogramme als materielle Wirtschaftsgüter; aus zivilrechtlicher Sicht *König*, NJW 1993, 3121 (3124): materielles Wirtschaftsgut, Sache.

645 Hütten, Inf 1998, 161 (163).

646 BFH v. 3.7.1987 - III R 7/86, BStBl II 1987, 728 ff = BFHE 150, 259.

tung zukomme. Im Vordergrund stehe der geistige Gehalt des Programms, an dem der Erwerber vorrangig interessiert und für den er bereit sei, den Kaufpreis zu zahlen. Der Datenträger trete dahinter zurück. Er diene nur dazu, das Programm unverlierbar zu machen und im wirtschaftlichen Verkehr umsetzen zu können. Zudem sei er Eingabemedium für den Computer. Der Materialwert des Datenträgers stehe in der Regel in keinem Verhältnis zum Programm und müsse aus diesem Grunde außer Betracht bleiben[647].

In der Literatur und Teilen der Rechtsprechung wird eine Einordnung als materiell bei der Vervielfältigung von Software für sachgerecht gehalten. Durch die weitgehend serienmäßige Herstellung mit entsprechendem Vertrieb[648] komme es zu einer Materialisierung des geistigen Wertes der Standardsoftware[649]. Standardsoftware sei bei Vervielfältigung mit der Buch, Film- und Schallplattenproduktion vergleichbar und entsprechend zu behandeln[650]. In der Literatur wird im Zusammenhang mit einer Vervielfältigung zum Teil auch an teleologische Kriterien angeknüpft. Dabei wird zwischen der Entwicklungs- und der Vermarktungsphase unterschieden. Die zum Absatz bestimmten Einzelprogramme seien nicht weniger bestimmt als andere materielle Erzeugnisse, die im Rahmen der Vermarktungsphase abgesetzt werden, und daher auch als materielle Wirtschaftsgüter anzusehen seien[651].

bb) Trivialprogramme

Bei Trivialprogrammen stellt sich zunächst die Frage, wie diese von (sonstigen)[652] Standardprogrammen abgegrenzt werden können[653]. Die Finanzver-

---

647 BFH v. 3.7.1987 - III R 7/86, BStBl II 1987, 728 (731) = BFHE 150, 259; BFH v. 28.7.1994 - III R 47/92, BStBl II 1994, 873 (874) = BFHE 175, 184.

648 *Mathiak*, StuW 1988, 83 unter Hinweis auf ein Gutachten der Industrie- und Handelskammer Berlin.

649 Siehe 1. Teil. 2. Abschnitt. F. III. 2., S. 96 f. zum Kriterium "Vervielfältigung".

650 FG Berlin v. 26.2.1975 - II 139/75, EFG 1975, 402 (403); FG Berlin v. 8.7.1981 - II 154/80, EFG 1982, 59 (60); *Freericks*, DStR 1969, 691 (693); *Hartmann*, WPg 1972, 289 (297); *Sauer*, Bilanzierung von Software, 1988, S. 114 ff., DStR 1988, 727 (731, 733); *Walter* DB 1980, 1815 (1817).

651 *Kessler*, BB 1994, Beilage 12, 1 (8).

652 Im BMF-Schr. v. 20.1.1992 - IV B 2 - S 2180 - 1/92, DB 1992, 450 werden Trivial-Programme grundsätzlich zur Standard-Anwender-Software gezählt, da eine Befehls-

waltung sieht Computerprogramme, deren Anschaffungskosten nicht mehr als 800,-- DM betragen, stets als Trivialprogramme an und behandelt sie als materielle Wirtschaftsgüter[654].

Auch der BFH hat angedeutet, daß für Trivialprogramme möglicherweise andere Grundsätze gelten als für System-, Individual- und Standardsoftware[655], weil sich bei diesen Programmen das Wertverhältnis von Programminhalt und Datenträger wesentlich verschoben haben könnte. In der Literatur werden Trivialprogramme zum Teil als materiell eingeordnet[656].

cc) Programme ohne Befehlsstruktur

Die Rechtsprechung sieht Daten ohne Befehlsstruktur als nicht vergleichbar mit einem Softwareprogramm an. Aus dem Vorliegen solcher Daten könne sich deshalb grundsätzlich keine Einordnung als immateriell ergeben. Dies sei aber aufgrund eines anderen rechtlichen Blickwinkels möglich. Beispiele hierfür seien eine Kundenkartei oder ein Verlagsarchiv[657]. Der BFH hat bei der Beurteilung von Datenträgern, die sämtliche Teilnehmer von Telexanschlüssen im Inland und deutschsprachigen Ausland enthalten, für den wirtschaftlichen Wert als entscheidend angesehen, daß der Benutzer innerhalb von kürzester Zeit die Möglichkeit hat, Telexbücher zu erstellen, und zwar je nach Kundenwünschen nach unterschiedlichen Gesichtspunkten. Entscheidend sei die schnelle Abrufbarkeit der Daten, die sich gerade bei Computerprogrammen ergebe, während der Wert der Datenträger dahinter zurücktrete. Die Rechtslage sei zwar nicht mit derjenigen bei einer

---

struktur vorhanden sei, doch rücke der materielle Charakter anstelle des geistigen Inhalts des Programms in den Vordergrund.

653 Siehe hierzu 2. Teil. 1. Abschnitt. B. IV. 4. b) aa), S. 156 f.

654 Vgl. EStR R 31a. Abs. 1 S. 2 und 3 EStR.

655 Ausdrücklich offengelassen in: BFH v. 3.7.1987 - III R 7/86, BStBl II 1987, 728 (732) = BFHE 150, 259.

656 Aus zivilrechtlicher Sicht: *König*, NJW 1990, 1584, wobei eine Gleichstellung von Trivialprogrammen mit Elektrizität oder Gas in Erwägung gezogen wird.

657 BFH v. 5.2.1988 - III R 49/83, BStBl II 1988, 737 (738) = BFHE 153, 269; BFH v. 2.9.1988 - III R 38/84, BStBl II 1989, 160 = BFHE 154, 573; siehe auch 2. Teil. 1. Abschnitt. B. IV. 5., S. 170 ff. zum Verlagsarchiv.

Kundenkartei vergleichbar, aber mit derjenigen bei einem Verlagsarchiv, bei dem es ebenfalls auf das Ordnungsprinzip ankomme[658].

Davon zu unterscheiden seien reine Buchstabenprogramme[659], die regelmäßig materielle Wirtschaftsgüter seien. Auch in der Literatur wird bei einem Datenträger mit bloßen Daten ohne Befehlsstruktur als entscheidend angesehen, welcher Teil dem Umfang nach überwiegt[660]. Teilweise wird die Entscheidung des BFH zur Einordnung von maschinenlesbaren, auf Magnetbändern gespeicherten Telexadressen ausdrücklich abgelehnt. Ein solches Ordnungsprinzip sei z.B. auch bei Telefonbüchern, Kommentaren und Entscheidungssammlungen vorhanden, die aber allgemein als materiell angesehen würden[661].

b) Stellungnahme zur Behandlung von Software unter Berücksichtigung der bisherigen Auslegungsergebnisse

Auch bei der Einordnung von Software sind wiederum unterschiedliche Anknüpfungspunkte zur Ermittlung des im Vordergrund stehenden Teils zu berücksichtigen:

- übergegangene Urheberschutzrechte als immaterielle Teile,
- das Softwareprogramm oder sonstige Daten als immaterielle(r) Teil(e),
- der Datenträger als materieller Teil,
- das Handbuch oder die Anleitung als materieller Teil,
- ein etwaiges Ordnungsprinzip als immaterieller Teil (insbesondere bei allgemein zugänglichen Daten).

aa) Uneinheitliche Begriffsbildungen und Probleme bei der tatsächlichen Einordnung

Grundlage der Abgrenzung muß zunächst eine einheitliche Begriffsbildung sein. Diese einheitliche Begriffsbildung wird durch feine technische Abstufungen erschwert, die sich im Gebrauch einer Vielzahl von technischen

[658] BFH v. 2.9.1988 - III R 38/84, BStBl II 1989, 160 f. = BFHE 154, 573.
[659] Vgl. zu diesen BFH v. 5.2.1988 - III R 49/83, BStBl II 1988, 737 = BFHE 153, 269.
[660] *Stapperfend*, Die steuer- und bilanzrechtliche Behandlung von Software, 1991, S. 85.
[661] *König*, CR 1990, 106 (109 f.)

Begriffen widerspiegeln (z.B. Betriebssystemsoftware, Systemsoftware, Anwendungssoftware, Generatorsoftware, Datenbanksoftware). Die Begriffe werden in der Fachliteratur dabei verstärkt von der technischen Aufgabenstellung her bestimmt (z.B. bei Systemsoftware, Datenbanksoftware, Anwendungssoftware)[662]. Soweit für die Abgrenzung in Rechtsprechung und Teilen der Literatur an bestimmte Begriffe angeknüpft wird (z.B. bei Individual- und Standardsoftware), erschwert ein unterschiedliches Verständnis des jeweiligen Begriffsinhalts die Einordnung[663].

Zudem treten tatsächliche Probleme auf, die jeweilige tatsächliche Ausgestaltung der Software unter die einzelnen Begriffe zu subsumieren. Dies zeigt sich z.B. bei der häufig unsicheren Einordnung im Bereich der Individual- und Standardsoftware[664], deren Grenzen zunehmend verschwimmen. Diese Einordnungsprobleme ergeben sich auch durch Änderungen im jeweiligen Herstellungsprozeß[665].

Auch der BFH hat angedeutet, für Trivialprogramme komme möglicherweise eine von den für Standardsoftware geltenden Grundsätzen abweichende Behandlung in Betracht. Hält man eine solche abweichende Behandlung für gerechtfertigt und knüpft an diese Unterscheidung an, so stellt sich das Problem der Abgrenzung von Trivial- und Standardsoftware. Eine solche Abgrenzung ist schwierig und exakt kaum möglich[666]. Die Grenzen zwischen Standard- und Trivialprogrammen sind grundsätzlich noch schwieriger zu bestimmen als die Grenzen zwischen Standard- und Individualprogrammen[667]. Die Abgrenzung durch die Finanzverwaltung, die pauschal an Anschaffungskosten in einer Höhe von 800,-- DM anknüpft,

---

[662] *Kindermann*, GRUR 1983, 150 (152); *Müller-Hengstenberg*, NJW 1994, 3128 (3129).

[663] *Müller-Hengstenberg*, NJW 1994, 3128 (3129).

[664] FG Berlin v. 8.7.1981 - II 154/80, EFG 1982, 59 (60), mit Software als Beispiel, die zunächst als Individualprogramm erstellt, später aber kopiert und an andere Auftraggeber verkauft wird; *Müller-Hengstenberg*, NJW 1994, 3128 (3129).

[665] *Müller-Hengstenberg*, NJW 1994, 3128 (3129).

[666] Kritisch zum Fehlen entsprechender Abgrenzungskriterien auch *Sauer*, Bilanzierung von Software, Nachtrag (7. Trivialprogramme).

[667] Allerdings ist auch die Unterscheidung von Standard- und Individualprogrammen mit Schwierigkeiten verbunden, vgl. *Sauer*, Bilanzierung von Software, Nachtrag (7. Trivialprogramme).

läßt sich nur pragmatisch erklären[668]. Hintergrund für die konkrete Höhe ist dabei wohl auch die Betragsgrenze in § 6 Abs. 2 S. 1 EStG (geringwertige Wirtschaftsgüter). Trivialprogramme dürften in der Regel einen Wert von 800,-- DM nicht erreichen. Diese Abgrenzung, insbesondere die konkrete Grenze, mag den praktischen Erfordernissen Rechnung tragen[669], läßt sich aber dogmatisch nicht rechtfertigen.

Lehnt man z.B. die Abgrenzung von Standard- und Individualsoftware durch eine feste Betragsgrenze ab, so stellt sich das Problem einer inhaltlichen Abgrenzung. Diese ist in Grenzfällen, bezogen auf das jeweilige Programm, mit Hilfe der herausgearbeiteten Abgrenzungskriterien vorzunehmen. Entscheidend ist demnach die Nutzbarkeit der jeweiligen Teile und die Risikolage im Hinblick auf die Bewertbarkeit der Nutzbarkeit des im Vordergrund stehenden Teils.

bb) Umfang des einheitlichen Wirtschaftsgutes „Software" und „Webseite" bzw. „Websystem"

Bevor sich die Frage stellt, ob ein materielles oder immaterielles Wirtschaftsgut vorliegt, ist zunächst als Vorfrage zu beantworten, was zum einheitlichen Wirtschaftsgut „Software" zu zählen ist. In der Literatur wird ausgeführt, das eigenständige Wirtschaftsgut „Software" umfasse das Programm selbst, die Bedienungsanleitung des Programms und den Datenträger (Diskette, CD usw.)[670].

Entscheidend ist, wie schon ausgeführt[671], ob ein einheitlicher Nutzbarkeitszusammenhang vorliegt. Die Nutzung der Programmfunktionen ist nur möglich, wenn der Benutzer auch über den Programminhalt verfügen kann. Diese Verfügungsmöglichkeit wird durch den vermittelnden Datenträger sichergestellt. Zudem ist eine vernünftige Nutzung der Programmfunktionen

---

[668] Vgl. auch *v. Braunschweig*, CR 1994, 193 (195): aus Vereinfachungsgründen würden auch Anwenderprogramme erfaßt, deren Anschaffungskosten nicht mehr als 800,-- DM betrügen.

[669] Siehe 2. Teil. 2. Abschnitt. B., S. 185 f. zu den praktischen Folgen im Bereich der Abschreibungen und Investitionszulagen, wenn die Grenze von 800,-- DM nicht überschritten wird.

[670] *Schreiber*, in: *Blümich*, § 5 EStG Rdnr. 639.

[671] Siehe 1. Teil. 1. Abschnitt. B. II. 2., S. 37 ff.

nur mit Hilfe einer Anleitung oder eines umfangreicheren Handbuchs möglich[672]. Aus diesem Grunde stehen Softwareprogramm, Datenträger und Handbuch (daneben auch etwaige übergegangene Urheberschutzrechte) in einem Nutzbarkeitszusammenhang und sind als einheitliches Wirtschaftsgut „Software“ anzusehen.

Ob, wie in der Literatur vertreten wird, das gesamte „Websystem“ eines Unternehmens als einheitliches immaterielles Wirtschaftsgut anzusehen ist, das die einzelnen Webseiten umfaßt, hängt vom Einzelfall ab. Entscheidend ist, ob die Nutzbarkeit der einzelnen Webseiten trennbar ist oder ein Nutzbarkeitszusammenhang besteht. Von einem solchen Zusammenhang ist dabei grundsätzlich auszugehen, wenn ein Funktionszusammenhang der Webseiten untereinander besteht.

cc) Urheberrechtliche Rechtslage bei Software als Vorfrage

Die Einordnung von Software kann nur unter Berücksichtigung der damit zusammenhängenden urheberrechtlichen Fragen untersucht werden. Zunächst hatte der BGH für diesen Schutz verlangt, daß die individuelle schöpferische Gestaltung das handwerkliche Durchschnittskönnen erheblich überragt[673], und damit eine große Zahl von Software praktisch vom Urheberrechtsschutz ausgenommen. Diese Rechtsprechung ist durch das Zweite Gesetz zur Änderung des Urheberrechtsgesetzes vom 9.6.1993[674] obsolet geworden (vgl. die Klarstellung in § 2 Abs. 1 Nr. 1 UrhG). Software ist demnach grundsätzlich urheberrechtlich geschützt, entscheidend ist allein die „eigene geistige Schöpfung“ des Urhebers, die auch einfach sein kann[675]. Demnach ist die Individualität des Programms, nicht die persönliche geistige Leistung entscheidend (§ 2 Abs. 2 UrhG)[676].

---

[672] Handbücher und Anleitungen werden heute zunehmend in das Softwareprogramm integriert. In einem solchen Fall stellt sich die Abgrenzungsfrage ohnehin nicht mehr.

[673] BGH v. 4.10.1990 - I ZR 139/89, DB 1991, 587 (589) = BGHZ 112, 264 zu Betriebssystemen.

[674] BGBl I 1993, 910.

[675] So auch die neuerer Rspr.: BGH v. 14.7.1993 - I ZR 41/91, DB 1993, 2226 ff.

[676] *Vinck*, in: *Fromm/ Nordemann*, § 69a UrhG Rdnr. 4.

§ 69 c Nr. 1 UrhG regelt insbesondere, wem das Recht zur Vervielfältigung eines Computerprogramms zusteht. Allerdings enthält § 69 d Abs. 1 UrhG gleichzeitig Ausnahmen zu den zustimmungsbedürftigen (Vervielfältigungs-) Handlungen. Die in § 69 c Nr. 1 (und Nr. 2) UrhG genannten Handlungen bedürfen demnach nicht der Zustimmung des Rechtsinhabers, wenn sie für eine bestimmungsgemäße Benutzung durch eine zur Verwendung eines Vervielfältigungsstücks des Programms berechtigte Person notwendig sind. § 69 d Abs. 2 UrhG schränkt zudem die Möglichkeit ein, die Erstellung von Sicherungskopien vertraglich einzuschränken. Die Einräumung eines urheberrechtlichen Nutzungsrechts ist demnach zur Vervielfältigung des Programms in diesem Rahmen nicht erforderlich[677].

Eine über den bestimmungsgemäßen Gebrauch hinausgehende Benutzung macht dagegen die Zustimmung des Urhebers erforderlich (z.B. in den Fällen des § 69c Nr. 1 UrhG: Übersetzung, Bearbeitung, Arrangement und andere Umarbeiten eines Computerprogramms sowie die Vervielfältigung der erzielten Ergebnisse). Allerdings sind wiederum die Ausnahmen von den zustimmungsbedürftigen Handlungen in § 69d UrhG zu beachten[678].

dd) Grammatische und systematische Auslegung

Soweit es um die Abgrenzung von auf einem Datenträger gespeicherter Software geht, hält sich die Einordnung als materiell und auch als immateriell noch im Rahmen des Wortlauts.

Aus systematischer Sicht kommt es darauf an, durch welchen Teil die Nutzbarkeit des Wirtschaftsgutes bestimmt wird[679]. Zu untersuchen ist, ob und unter welchen Voraussetzungen die übergegangenen Urheberrechte die Nutzbarkeit bestimmen. Dies ist unter Berücksichtigung der Ausführungen zur urheberrechtlichen Rechtslage zu beantworten. Entscheidend ist wiederum, ob eine über den bestimmungsgemäßen Gebrauch hinausgehende

---

[677] *Amann*, UR 1994, 218 (220): auch zu den Grenzen einer bestimmungsgemäßen Benutzung.

[678] *Amann*, UR 1994, 218 (220).

[679] Siehe 1. Teil. 2. Abschnitt. D. V. 3., S. 69 f.

Benutzung vorliegt[680], was grundsätzlich eine ausdrückliche Vereinbarung erfordert. Wird bei einer Veräußerung keine zusätzliche Vereinbarung getroffen, so haben die möglicherweise auch übergegangenen Urheberrechte nur eine Hilfsfunktion und Bedeutung dafür, die Nutzbarkeit des Programms rechtlich zu gewährleisten. Steht die Nutzbarkeit der Urheberrechte im Vordergrund, so sollte wiederum klarstellend von „Urheberrechten" gesprochen werden, nicht von „Software".

Stehen die Urheberrechte nicht im Vordergrund, so bestimmt das Softwareprogramm das einheitliche Wirtschaftsgut, wenn die Nutzbarkeit des Programms entscheidend ist. Grundsätzlich ist die Nutzbarkeit des Programms, nicht diejenige des Datenträgers oder Handbuchs entscheidend[681]. Dies zeigt sich in der Funktion[682] von Datenträger und Handbuch, die grundsätzlich darin zu sehen ist, die Nutzbarkeit des Softwareprogramms zu ermöglichen und zu erleichtern. Herauszustellen ist, daß die Qualität des Softwareprogramms (z.B. Standard- oder Trivialprogramm), soweit sie die Nutzbarkeit nicht beeinträchtigt, nicht dafür entscheidend ist, ob der immaterielle Teil auch die Nutzbarkeit des Wirtschaftsgutes bestimmt.

Etwas anderes könnte gelten, wenn es sich um bloße Datensammlungen handelt. Insoweit ist dem BFH[683] im Ergebnis zuzustimmen. Bei bloßen Datensammlungen ist als möglicher Anknüpfungspunkt für die Einordnung ein etwaiges Ordnungsprinzip, das eine zusätzliche Nutzungsmöglichkeit eröffnet, als immaterieller Teil zu berücksichtigen. Dieses Ordnungsprinzip bestimmt die Nutzbarkeit, wenn es sich zwar um allgemein zugängliche Daten handelt, die besonders schnelle Abrufungsmöglichkeit für das Unternehmen aber einen besonderen Wert darstellt.

---

680 Vgl. 2. Teil. 1. Abschnitt. B. IV. 1. b) bb) α), S. 140 f.

681 Allerdings ist auch der umgekehrte Fall denkbar, daß das Buch als bestimmender, materieller Teil anzusehen ist, während das Softwareprogramm lediglich zur Demonstration dient.

682 Siehe 1. Teil. 2. Abschnitt. D. V. 3., S. 69 f.

683 Siehe 2. Teil. 1. Abschnitt. B. IV. 4. a) cc), S. 154 f.

ee) Teleologische Auslegung

Zu prüfen ist weiterhin, ob die Bewertbarkeit der Nutzbarkeit des im Vordergrund stehenden Teils als unsicher anzusehen ist[684]. Bestimmen Urheberrechte die Nutzbarkeit, so sind diese im Vordergrund stehenden Rechte als unsicher anzusehen. Das Wirtschaftsgut ist als immateriell einzuordnen. Die Rechtslage ist insoweit mit derjenigen bei Büchern vergleichbar, bei denen übergegangene Urheberrechte die Nutzbarkeit bestimmen[685].

Es ist grundsätzlich richtig, daß der Verkauf eines Programms in großer Zahl nicht entscheidend ist, sondern dessen Funktion im Betrieb des Anwenders, wenn man die Funktion als wichtigen Hinweis für die Nutzbarkeit ansieht[686]. Diese Sichtweise ist jedoch abzulehnen, wenn sich aufgrund der Vervielfältigung eine Risikolage ergibt, die die von § 5 Abs. 2 EStG vorgesehenen Beschränkungen der konkreten Bilanzierungsfähigkeit nicht rechtfertigt, weil die zukünftige Nutzbarkeit nicht unsicher ist.

Hinweise können sich aus einem Vergleich mit der Risikolage bei einhellig als materiell oder immateriell eingeordneten Wirtschaftsgütern ergeben. Insofern werden technische Erfindungen, Know-how und Urheberrechte auf der einen Seite, und vervielfältigte Bücher, Musikträger und Filme im Bereich der Buch-, Musik- und Filmindustrie auf der anderen Seite zur Charakterisierung der Risikolage herangezogen. Allein eine solche Risikobetrachtung wird der gesetzlichen Ausgestaltung gerecht.

---

684 Den teleologischen Ansatz lehnt grundsätzlich aus betriebswirtschaftlicher Sicht ab *David*, Die Abgrenzung materieller und immaterieller Güter im Jahresabschluß und ihre Konkretisierung am Beispiel der Software, 1985: der Grad der Sicherheit sei als Abgrenzungskriterium ungeeignet, weil ein nicht unerheblicher Teil der traditionell als materiell eingeordneten Güter den "unsicheren Werten" zuzurechnen wäre, die "rechtstechnische" Vorgehensweise, unbestimmte Rechtsbegriffe zu ihrer inhaltlichen Konkretisierung teleologisch auszulegen, habe hinter der im wirtschaftlichen Verkehr üblichen Einordnung der Güter zurückzutreten.

685 Siehe 2. Teil. 1. Abschnitt. B. IV. 1. b) bb) β) αα), S. 142.

686 Siehe 1. Teil. 2. Abschnitt. D. V. 3., S. 69 f. zum Verhältnis von Nutzbarkeit und Funktion.

α) Bedeutung von praktischen Folgeproblemen bei Einordnung von Software als materiell aus teleologischer Sicht

Vorab soll geprüft werden, inwieweit Folgeprobleme bei einer etwaigen Einordnung als materiell im Rahmen der teleologischen Auslegung berücksichtigt werden können. In der Literatur wird darauf hingewiesen, daß bei Annahme eines materiellen Wirtschaftsgutes bei Programmänderungen geprüft werden müsse, ob diese als „Reparaturen“ oder als „Generalüberholung“ zu qualifizieren seien[687]. Zudem könne die Annahme eines materiellen Wirtschaftsgutes im Einzelfall zu erheblichen Bewertungsproblemen führen. Außerdem ergäben sich mittelbare Auswirkungen im Bereich der Investitionszulagen, da über den Begriff „beweglich“ die bilanzsteuerrechtliche und investitionssteuerrechtliche Behandlung miteinander verknüpft seien[688].

Diese praktischen Folgeprobleme können im Rahmen einer teleologischen Auslegung des § 5 Abs. 2 EStG nur berücksichtigt werden, wenn diese Vorschrift gerade solche Probleme ausschließen soll. Bewertungsprobleme der Höhe nach können bei der Auslegung des § 5 Abs. 2 EStG nicht entscheidend sein, wenn zumindest sicher ist, daß überhaupt ein werthaltiges Wirtschaftsgut vorliegt, da § 5 Abs. 2 EStG eine Ansatzvorschrift ist[689]. Das ergibt sich aus der systematischen Stellung im EStG, die auch im Rahmen der teleologischen Auslegung zu berücksichtigen ist. Hält man für entscheidend, daß ein Wert unsicher ist, so kann es nur um eine Unsicherheit i.S. des § 5 Abs. 2 EStG gehen, also um eine etwaige unsichere Werthaltigkeit. Deshalb können Bewertungsschwierigkeiten der Höhe nach nicht dazu führen, daß ein Wirtschaftsgut als materiell oder immateriell anzusehen ist.

Entsprechendes gilt für die Einordnungsprobleme, die sich bei Programmänderungen ergeben. Diese können auf der Ebene der konkreten Bilanzierungsfähigkeit nicht berücksichtigt werden, weil es dabei nicht um die Frage der Werthaltigkeit geht. Auch die Entscheidung des Gesetzgebers, die Gewährung von Investitionszulagen vom Vorliegen eines beweglichen

---

[687] *Schmidt, Eberhard*, FR 1985, 149 (151).

[688] Siehe 2. Teil. 2. Abschnitt. B. II., S. 191 ff. zur Bedeutung der Einordnung als immateriell für die Gewährung von Investitionszulagen.

[689] Siehe 1. Teil. 2. Abschnitt. D. II., S. 57.

Wirtschaftsgutes abhängig zu machen, kann keine Auswirkungen für die Auslegung des Begriffs „immaterielle" i.S. des § 5 Abs. 2 EStG haben[690].

β) Risikolage und Einordnung von Standardsoftware

Um die Risikolage bei Standardsoftware zu bestimmen, soll ein Vergleich mit typischerweise als unsicher (technische Erfindungen, Urheberrechte und Lizenzen) bzw. sicher (vervielfältigte Bücher, Tonträger und Filme) im Hinblick auf die Werthaltigkeit angesehenen Wirtschaftsgütern vorgenommen werden.[691]

αα) Vergleich mit der Risikolage bei technischen Erfindungen, Urheberrechten und Lizenzen

Der BFH hat in seiner Entscheidung zur Einordnung von Standardsoftware ausgesprochen, daß Computerprogramme anderen wirtschaftlichen Gütern, z.B. technischen Erfindungen und geistigen Schöpfungen i.S. des Urhebergesetzes, die unstreitig immaterielle Wirtschaftsgüter sind, ähnlich seien[692]. Die in der Entscheidung behauptete Ähnlichkeit mit den genannten immateriellen Wirtschaftsgütern wird jedoch nicht weiter erörtert und begründet.

Es erscheint zweifelhaft, ob generell von einer Ähnlichkeit von Software und technischen Erfindungen gesprochen werden kann. Dies ergibt sich aus einer Betrachtung der dargestellten unterschiedlichen Entwicklungsstufen[693]. Wird Software im Anschluß an den Forschungs- und Entwicklungsprozeß produziert, so liegt bereits die Umsetzung des technischen Wissens vor. Die behauptete Ähnlichkeit zu geistigen Schöpfungen i.S. des Urheberrechts ist im Bereich der Standardsoftware nur dann gegeben, wenn die übertragenen Urheberrechte die Nutzbarkeit des Wirtschaftsgutes

---

[690] Siehe 2. Teil. 2. Abschnitt. B. II. 2. b), S. 194 f. zur Kritik..

[691] Siehe 2. Teil. 1. Abschnitt. B. III. 2. b), S. 129 ff. zum Typenvergleich.

[692] BFH v. 3.7.1987 - III R 7/86, BStBl II 1987, 728 (732) = BFHE 150, 254, wobei problematisch ist, daß der BFH in der genannten Entscheidung die urheberrechtliche Einordnung letztendlich gerade nicht abschließend klärt, da diese unsicher sei (die Entscheidung bezieht sich allerdings auf die Rechtslage vor Erlaß des Zweiten Gesetzes zur Änderung des Urheberrechtsgesetzes vom 9.6.1993; siehe 2. Teil. 1. Abschnitt. B. IV. 4. b) cc), S. 158 f. zum Inhalt der inzwischen erfolgten Änderung).

[693] Siehe 2. Teil. 1. Abschnitt. B. III. 1., S. 127 f. zu den zwei Phasen bei der Herstellung von Standardsoftware.

bestimmen. Das ist aber bei Software grundsätzlich nicht der Fall, wenn nicht eine über den bestimmungsgemäßen Gebrauch hinausgehende Benutzung erfolgen soll und deshalb ausdrücklich auch urheberrechtliche Befugnisse eingeräumt werden.

Ein Vergleich mit Lizenzen ist ebenfalls nicht möglich. Ein Patent sichert die schöpferische Leistung und das geistige Eigentum des Erfinders gegen eine unberechtigte Ausnutzung ab. Eine Lizenz wird erworben, wenn die Nutzung eines Patents gegen eine laufende Zahlung erworben wird[694]. Der Inhaber des Hauptrechts, der Lizenzgeber, verpflichtet sich dabei, einem Dritten, dem Lizenznehmer, die Nutzung zu gestatten[695]. Bei Lizenzen liegt der Vorteil demnach darin, daß die übertragenen Nutzungsrechte die weitere Nutzbarkeit bestimmen. Diese eingeräumte Rechtsposition ist als unsicher i.S. des § 5 Abs. 2 EStG anzusehen. Anders als Finanzwerte und Forderungen, die nicht in diesem Sinne als immateriell angesehen werden[696], sind sie nicht auf konkrete materielle, nicht unsichere Werte gerichtet. Die Nutzbarkeit ergibt sich erst aufgrund der weiteren Produktionsmöglichkeiten, die die Lizenz eröffnet[697]. Das ist bei Software als Endprodukt anders, weil sich die Nutzbarkeit unmittelbar durch die Software ergibt

ββ) Vergleich mit der Risikolage vervielfältigten bei Büchern, Tonträgern und Filmen und Stellungnahme

Es ist umstritten, ob Standardsoftware mit sonstigen Medien (insbesondere mit Büchern und Tonträgern) verglichen werden kann. Gegen eine Vergleichbarkeit wird vorgebracht, daß Software im Gegensatz zu Büchern, Musikträgern und Filmen eine Befehlsstruktur enthalte. Das Computerprogramm sei ein geistiges Werkzeug, eine Instruktion für eine Maschine[698].

---

[694] *Glade*, A., Rechnungslegung und Prüfung nach dem Bilanzrichtlinien-Gesetz, § 266 HGB Rdnr. 34.

[695] Vgl. auch *Schön*, Aktivierung von immateriellen Anlagewerten in den USA im Vergleich zur deutschen Rechnungslegung, 1997, S. 148, der als Beispiele Lizenzen für ungeschützte Erfindungen, Muster- oder Markenrechte oder Rezepte nennt.

[696] Siehe hierzu auch 2. Teil. 1. Abschnitt. B. III. 3 c), S. 137 f.

[697] Siehe 2. Teil. 1. Abschnitt. B. IV. 1. b) bb) β) αα), S. 142 zu diesem Gesichtspunkt bei Büchern.

[698] *Hauter*, CR 1987, 580 f.; zustimmend *Mathiak*, StuW 1988, 79 (83).

Dagegen gingen von Musikträgern keine Anweisungen und Befehle an eine Maschine aus, sondern diese dienten nur der Information[699]. In der Literatur wird dieser Ansatz kritisiert, da Programme austauschbare Steuerungsmittel und mit mechanischen Schaltwerken vergleichbar seien. Software habe deshalb eine rein technische Steuerungsfunktion. Der Gebrauch der Begriffe „Anweisungen“ und „Befehle“ provoziere Mißverständnisse im Hinblick auf die tatsächlichen technischen Abläufe[700].

Gegen die Betonung der Befehlsstruktur spricht, unabhängig von den angeführten technischen Einwänden, die immer stärker werdende Vermischung der einzelnen Darstellungsformen. Inzwischen gibt es auch Bücher auf CD, die ebenfalls Programmfunktionen mit einer entsprechenden Befehlsstruktur aufweisen. Sieht man die Befehlsstruktur als entscheidendes Merkmal an, so müßte konsequenterweise jede Software mit einer entsprechenden Struktur als immateriell eingeordnet werden. Insbesondere könnte auch Trivialsoftware, die regelmäßig ebenfalls eine Befehlsstruktur aufweist, nicht als materiell eingeordnet werden[701]. Problematisch ist darüber hinaus, daß dieses Kriterium sich nicht am Sinn und Zweck des Aktivierungsverbotes orientiert und diesen auch nicht widerspiegelt.

Wenn keine Benutzung erfolgt, die die Zustimmung des Urhebers erforderlich macht und über den bestimmungsgemäßen Gebrauch hinausgeht, so stehen nicht etwaige übertragene Urheberrechte im Vordergrund. Die Nutzbarkeit des einheitlichen Wirtschaftsgutes „Software“ wird durch das Softwareprogramm bestimmt. Das entspricht dem Ergebnis der systematischen Auslegung bei Büchern, Tonträgern und Filmen. Auch bei diesen Wirtschaftsgütern bestimmt der immaterielle Teil, die schriftstellerische Leistung, das aufgenommene Musikstück oder die filmische Leistung die Nutzbarkeit. Da bei diesen Wirtschaftsgütern ebenfalls die Nutzbarkeit des immateriellen Teils im Vordergrund steht, kann die Einordnung von Standardsoftware als immateriell bei dieser vergleichenden Betrachtung nicht damit gerechtfertigt werden, daß es sich um Werte handele, bei denen keine

---

699 *Mathiak*, StuW 1988, 79 (83).

700 *König*, CR 1990, 106 (107).

701 Siehe 2. Teil. 1. Abschnitt. B. IV. 4. a) bb), S. 153 f. zur Einordnung von Trivialprogrammen durch Literatur, Verwaltung und Rechtsprechung.

reale Substanz als hinreichender Anknüpfungspunkt für einen bilanziellen Ausweis vorhanden sei[702].

Die Risikolage im Hinblick auf die Werthaltigkeit könnte mit derjenigen bei Wirtschaftsgütern mit sicherer Werthaltigkeit, insbesondere mit derjenigen bei Büchern, vergleichbar sein.[703] Standardprogramme werden als Endprodukte am Markt wie (materielle) Wirtschaftsgüter mit sicherer Werthaltigkeit veräußert[704], insbesondere auch über Zwischenhändler vertrieben. Sie werden häufig für eine unbestimmt große Anzahl von Abnehmern entwickelt, serienmäßig hergestellt und über allgemeine Vertriebswege verkauft[705]. Der Erwerber trifft dabei eine Auswahl unter den am Markt angebotenen Endprodukten, die mit anderen, am Markt angebotenen Wirtschaftsgütern, vergleichbar sind[706]. Indiz für eine Vergleichbarkeit aufgrund der Marktgängigkeit ist eine nicht unbedeutende Auflagenhöhe. Besonders auffällig ist diese abweichende Risikolage im Vergleich zu herkömmlich als immateriell eingeordneten Wirtschaftsgütern (z.B. Rechte, Prototypen), wenn Herstellung und Absatz im Rahmen einer industriellen Massenproduktion erfolgen.

Aus dem Umstand, daß es sich um Endprodukte handelt, ergibt sich gleichzeitig die Entstehung von Standardprogrammen im Rahmen der „2. Phase“ innerhalb der genannten Entwicklungsstufen[707], also bei der Produktion nach Abschluß des Forschungs- und Entwicklungsprozesses. Auch insoweit besteht die Möglichkeit eines Vergleichs mit Büchern, Tonträgern und Filmen. Während bei Lizenzen die Nutzbarkeit nicht absehbar ist, weil sich diese wesentlich erst im weiteren Produktionsablauf ergibt, sind die

---

702 So aber *Uelner*, StKr 1975, 95 (102).

703 Siehe 2. Teil. 1. Abschnitt. B. IV. 1. b) bb) β) ββ), S. 142 ff. zu den im Rahmen der Einordnung von Büchern herausgearbeiteten Kriterien.

704 *König*, CR 1990, 106 (108).

705 Vgl. schon FG Berlin v. 18.9.1985 - II 292/82, EFG 1986, 106 (107), das allerdings nicht unmittelbar auf die Risikolage im Hinblick auf die Werthaltigkeit, sondern darauf abstellt, ob "die Speicherung der Information auf dem betreffenden Datenträger und ihre so gewonnene Materialisierung eine eigene wirtschaftliche Bedeutung haben".

706 Siehe 1. Teil. 2. Abschnitt. E. I. 1., S. 72 ff. allgemein zum Sinn und Zweck der Vorschrift und 2. Teil. 1. Abschnitt. B. IV. 1. b) bb) β) ββ), S. 142 ff.

707 Siehe 2. Teil. 1. Abschnitt. B. III. 1., S. 127 f.

produzierten Bücher, Filme und Standardprogramme gerade Ergebnisse des weiteren Produktionsablaufs.

Da demnach die Risikolage bei Standardsoftware mit derjenigen von Büchern, Tonträgern und Filmen vergleichbar ist, hat auch eine entsprechende Einordnung als materiell zu erfolgen. Der Begriff „Standardsoftware" wird dabei in dem Sinne verstanden[708], daß Software mit einer hier umschriebenen Risikolage vorliegt. Allerdings ist nicht zu verkennen, daß die hier vorgeschlagene Lösung im Einzelfall zu Schwierigkeiten bei der Abgrenzung führen kann, ob eine Risikolage vorliegt, die die Anwendung des Aktivierungsverbotes nicht rechtfertigt. Der Grund für diese Schwierigkeiten ist in der an einen unbestimmten Rechtsbegriff anknüpfenden gesetzlichen Regelung zu sehen.

γ) Möglichkeit einer Einordnung als materiell bei bloßem Übergang eines Nutzungsrechts

In der Literatur wird gegen die Möglichkeit einer Einordnung von Software als materiell eingewandt, Software werde nicht veräußert, sondern lediglich zur Nutzung überlassen[709]. Diese Argumentation greift allerdings von vornherein nur ein, wenn sich das Abgrenzungsproblem im Zusammenhang mit einem Veräußerungsvorgang stellt, nicht aber im Hinblick auf die Frage der Einordnung von Standardsoftware beim Hersteller. Die vertragliche Ausgestaltung hat Bedeutung für den Umfang, in dem Rechte auf den Erwerber übergehen. Der Erwerber erwirbt grundsätzlich ein immaterielles Wirtschaftsgut, wenn ihm der Veräußerer lediglich ein Nutzungsrecht einräumt. Das ergibt sich daraus, daß Nutzungsrechte grundsätzlich als immaterielle Wirtschaftsgüter anzusehen sind, wenn nicht schon deren Wirtschaftsgutqualität abgelehnt wird[710].

Diese Abhängigkeit der Einordnung als materiell oder immateriell von dem Umfang, in dem in der vertraglichen Vereinbarung der Übergang von

---

[708] Siehe 2. Teil. 1. Abschnitt. B. IV. 4. b) aa), S. 156 f.

[709] *Knepper*, in: FS für *Döllerer*, 1988, S. 299 (309), auch näher zur urheberrechtlichen Problematik (siehe auch 2. Teil. 1. Abschnitt. B. IV. 4. b) cc), S. 158 f. zur urheberrechtlichen Rechtslage).

[710] Siehe 1. Teil. 2. Abschnitt. G. I., S. 101 f. zur Wirtschaftsgutqualität von Nutzungsrechten.

Rechten festgelegt wird, erkennen Teile der Literatur nicht an. Teilweise wird die Rechtsnatur des Vertrages als unerheblich für die Einordnung angesehen. Angeknüpft wird insoweit an § 39 Nr. 1 AO. Demnach sei der Anwender wirtschaftlicher Eigentümer der zur Nutzung überlassenen Software[711]. Dem wird entgegengehalten, daß § 39 AO nur die Zurechnungsfrage regele, den Eigentumsbegriff aber unberührt lasse. Aus diesem Grunde könne ein Nutzungsrecht mit Hilfe dieser Vorschrift nicht als Eigentumsrecht eingeordnet werden[712].

Die Einordnung als materiell ist unter Berücksichtigung der bisherigen Auslegungsergebnisse auch dann möglich, wenn nicht an § 39 AO angeknüpft wird. Geht lediglich ein Nutzungsrecht über, so kann die Anwendbarkeit des Aktivierungsverbots des § 5 Abs. 2 EStG ausscheiden, wenn dies eine teleologische Auslegung ergibt. Da gleichzeitig der Datenträger oder sonstige materielle Teile übergehen, ist die Grenze des Wortlauts nicht überschritten, wenn zwar an dem Programm nur ein Nutzungsrecht eingeräumt, gleichzeitig aber das Eigentum am Datenträger übertragen wird. Die Nutzbarkeit ist auf einen immateriellen Teil gerichtet, da es um die Möglichkeit geht, das Softwareprogramm aufgrund der übergegangenen Rechte nutzen zu können. Demnach steht aus systematischer Sicht der immaterielle Teil im Vordergrund.

Aus teleologischer Sicht ist entscheidend, ob die Werthaltigkeit unsicher ist. Bei der teleologischen Auslegung ist zu berücksichtigen, daß eine wirtschaftliche Betrachtungsweise zu erfolgen hat. Daraus ergibt sich, daß der jeweilige Sachverhalt nach wirtschaftlichen Gesichtspunkten zu beurteilen ist[713]. Bei einer wirtschaftlichen Betrachtung des Sachverhalts muß festgestellt werden, daß die Befugnisse und die Risikolage im Hinblick auf die Nutzbarkeit der Software für den Nutzungsberechtigten nicht anders als beim Eigentumserwerb an Büchern oder Filmen ist. Voraussetzung ist eine vertragliche Vereinbarung, die den Nutzungsberechtigten berechtigt, die Software auf Dauer wie beim Übergang des Eigentums zu nutzen. Damit entfällt gleichzeitig die für die Einordnung als immateriell erforderliche Un-

---

711 Institut Finanzen und Steuern, Die ertragsteuerliche Behandlung von Software, S. 95

712 *Knepper*, in: FS für *Döllerer*, 1988, S. 299 (309 f.).

713 Siehe 1. Teil. 2. Abschnitt. E. II., S. 76 ff.

sicherheit hinsichtlich der Nutzbarkeit. Deshalb kann bei der genannten Fallgestaltung offenbleiben, ob lediglich ein Nutzungsrecht übergeht, weil davon die Einordnung als materiell oder immateriell und die Anwendung des § 5 Abs. 2 EStG nicht abhängen.

δ) Risikolage und Einordnung von Individualsoftware und Seiten im World Wide Web

Zu prüfen ist, ob die für Standardsoftware festgestellte, abweichende Risikolage auch bei Individualsoftware besteht, obwohl die Nutzbarkeit eines immateriellen Teils (Softwareprogramm oder Nutzungsrecht) im Vordergrund steht. Bei Individualsoftware müßte ebenfalls eine Risikolage gegeben sein, die ein Abweichen von der gesetzlichen Typisierung[714] des § 5 Abs. 2 EStG rechtfertigt. Durch einen entgeltlichen Erwerb, also eine zusätzliche Marktbestätigung, müßte die Sicherheit im Hinblick auf die Nutzbarkeit erhöht werden[715].

Bei Standardsoftware hat die teleologische Auslegung ergeben, daß eine mit materiellen Wirtschaftsgütern (Büchern, Tonträgern und Filmen) vergleichbare Marktgängigkeit vorliegt. Individualsoftware wird für einen bestimmten Erwerber speziell für dessen Bedürfnisse hergestellt. Deshalb ist die Nutzbarkeit unsicher und eine zusätzliche Marktbestätigung erforderlich, die darin zu sehen ist, daß der Erwerber bereit ist, ein Entgelt zu zahlen. Die Rechtslage ist vergleichbar mit dem Erwerb eines Manuskriptes oder eines Gutachtens[716].

Der Einordnung von Seiten im World Wide Web als immateriell ist zuzustimmen. Diese stehen aufgrund ihres „Zuschnitts" auf das jeweilige Unternehmen Individualsoftware nahe[717]. Im Vordergrund steht die Nutzbarkeit der Programmstrukturen der Webseiten, für die die Typisierung in § 5 Abs. 2 EStG im Hinblick auf eine unsichere Werthaltigkeit gilt.

---

714 Moxter, BB 1998, 259 (261).
715 Siehe 1. Teil. 2. Abschnitt. E. III, S. 80 zu dieser "Kontrollfrage".
716 Siehe 2. Teil. 1. Abschnitt. B. IV. 1. bb) β) ββ), S. 143.
717 Hütten, Inf 1998, 161 (164).

ε) Risikolage und Einordnung von reinen Datensammlungen

Die Risikolage bei Standardsoftware und reinen Datensammlungen im Hinblick auf deren Nutzbarkeit ist vergleichbar, wenn Handel und Produktion in miteinander vergleichbarer Weise erfolgen. Im Hinblick auf die Sicherheit der Nutzbarkeit macht es dann keinen Unterschied, ob der die Nutzbarkeit bestimmende Teil ein Ordnungsprinzip oder ein Softwareprogramm ist.

Dagegen ist eine reine Datensammlung als immateriell einzuordnen, wenn es sich um einen einzelnen Bestand handelt, dessen Nutzbarkeit nicht sicher bestimmt werden kann.

5. Einordnung von Verlagsarchiven

a) Verlagsarchiv insgesamt als einheitliches Wirtschaftsgut

Bei einem Verlagsarchiv ist wiederum zunächst zu prüfen, inwieweit ein einheitliches Wirtschaftsgut vorliegt. Ein einheitliches Wirtschaftsgut liegt vor, soweit ein Nutzbarkeitszusammenhang besteht[718]. Eine Trennbarkeit scheidet meist schon deshalb aus, weil die inhaltlichen Beiträge aufgrund der konkreten Ausgestaltung fest an die jeweiligen Träger gebunden sind. Im Hinblick auf den Nutzbarkeitszusammenhang scheidet auch eine getrennte Beurteilung der einzelnen Beiträge aus, weil sich die Nutzbarkeit aus dem Informationswert des Verlagsarchivs insgesamt ergibt, nicht aus den einzelnen Beiträgen für sich genommen.

b) Einordnung des Verlagsarchivs als immaterielles Wirtschaftsgut

Beim Verlagsarchiv ergeben sich drei mögliche Anknüpfungspunkte für die Ermittlung des im Vordergrund stehenden Teils und die Einordnung als materiell oder immateriell:

- die einzelnen inhaltlichen Beiträge als immaterielle Teile,
- die körperlichen Träger der inhaltlichen Beiträge als materielle Teile,
- das Ordnungsprinzip des Archivs als immaterieller Teil.

---

[718] Siehe 1. Teil. 1. Abschnitt. B. II. 2., S. 37 ff.

Dem Wortlaut des § 5 Abs. 2 EStG nach kommt eine Einordnung als materiell oder immateriell in Betracht, da das einheitliche Wirtschaftsgut aus materiellen und immateriellen Teilen besteht.

Im Rahmen der systematischen Auslegung ist entscheidend, welcher Teil die Nutzbarkeit des einheitlichen Wirtschaftsgutes bestimmt. Hinweise gibt die Funktion der einzelnen Teile[719]. Die körperlichen Träger, die die einzelnen Informationen vermitteln, haben nur eine Hilfsfunktion, die sich auch in der Austauschbarkeit der Art der körperlichen Träger zeigt. Die Information kann auf Papier oder moderneren Datenträgern enthalten sein. Die Nutzbarkeit des Archivs für den Betrieb ist in dem im Archiv insgesamt enthaltenen Ordnungsprinzip zu sehen, nicht in dem Informationswert der einzelnen Beiträge. Dieses Ordnungsprinzip gibt dem Benutzer die Möglichkeit, einen gesuchten Beitrag innerhalb von kurzer Zeit zu finden[720]. Aus systematischer Sicht steht demnach der immaterielle Teil „Ordnungsprinzip" im Vordergrund.

Auch eine teleologische Betrachtung rechtfertigt keine abweichende Einordnung, weil der Wert des im Vordergrund stehenden Ordnungsprinzips als flüchtig und unsicher anzusehen ist. Das Verlagsarchiv ist aus diesem Grunde als immateriell anzusehen.

V. Abgrenzung immaterieller Wirtschaftsgüter von den Sachanlagen als materielle Wirtschaftsgüter

1. Behandlung von Bauten auf fremden Grundstücken

a) Behandlung bei wirtschaftlichem Eigentum des Bauenden

Zu unterscheiden ist von der Frage nach der Bilanzierung eines Baues auf einem fremden Grundstück die Problematik, wem ein solcher Bau zuzurechnen ist. Die Zurechnung richtet sich nach den allgemeinen Grundsätzen über die Zurechnung von Wirtschaftsgütern[721]. Das gilt auch für Mietereinbauten[722]. Ein Bau, der im Rahmen der Ausübung eines dinglichen Rechts (z.B. eines Erbbaurechts) auf einem fremden Grundstück errichtet wird, ist

---

[719] Siehe 1. Teil. 2. Abschnitt. D. V. 3., S. 69 f.

[720] BFH v. 2.9.1988 - III R 38/84, BStBl II 1989, 160 (161) = BFHE 154, 573, allerdings kein tragender Grund.

[721] *Bordewin*, in: *Hartmann/Böttcher/Nissen/Bordewin*, §§ 4 - 5 EStG Rdnr. 727.

[722] *Bordewin*, in: *Hartmann/Böttcher/Nissen/Bordewin*, §§ 4 - 5 EStG Rdnr. 733.

gemäß § 95 Abs. 1 S. 2 BGB nicht Bestandteil des Grund und Bodens. Es handelt sich daher um das Eigentum des Bauenden, nicht um das Eigentum des Grundstückseigentümers[723]. Wird ein Bau auf fremdem Boden wesentlicher Bestandteil des Grundstücks (§§ 93, 94 BGB), so ist dieser dem Bauenden nur dann zurechenbar, wenn der Bauende aufgrund seiner gesicherten Rechtsposition wirtschaftlicher Eigentümer wird.

Bei Bauten auf fremden Grundstücken kommt demnach zusammenfassend keine Einordnung als immaterielles Wirtschaftsgut in Betracht, wenn der Bauherr wirtschaftlicher Eigentümer wird. Solche Bauten sind gemäß § 266 Abs. 2 A II 1. HGB als „grundstücksgleiche Rechte und Bauten einschließlich der Bauten auf fremden Grundstücken“ zu den Sachanlagen zu zählen. Bilanziert wird nicht das mit dem Bau verbundene Nutzungsrecht, sondern der jeweilige Bau als Sachanlage und materielles Wirtschaftsgut.

b) Behandlung, wenn der Bauende nicht wirtschaftlicher Eigentümer nach bisherigem Verständnis wird

Im Zusammenhang mit dem Problemkreis der Bauten auf fremden Grundstücken wird inzwischen eine Ausweitung des Begriffs „wirtschaftliches Eigentum“ vertreten[724]. Errichte der Steuerpflichtige einen Bau, den er selbst zu nutzen beabsichtige, und könne der zivilrechtliche Eigentümer den Bau am Ende des Nutzungsverhältnisses nur gegen Zahlung eines Verwendungsersatzanspruchs übernehmen, so sei bei wirtschaftlicher Betrachtungsweise das Eigentum dem Bauenden zuzurechnen[725].

Die Rechtsprechung geht bei einem Bau auf fremdem Grund und Boden und unentgeltlicher betrieblicher Nutzungsmöglichkeit des Bauenden davon aus, daß der Bauende auch dann eine Aktivierung vornehmen kann, wenn er nicht wirtschaftlicher Eigentümer i.S. des § 39 AO wird[726]. Nach der Rechtsprechung kann der Bauende die von ihm aufgewandten Herstellungskosten für den Bau wie ein Gebäude aktivieren und in entsprechender Weise ab-

---

723 BFH v. 14.11.1989 - IX R 110/85, BStBl II 1990, 462 = BFHE 159,442.

724 *Weber-Grellet*, Das Steuerbilanzrecht, 1996, 107; *Eisgruber*, DStR 1997, 522 (525).

725 *Weber-Grellet*, Das Steuerbilanzrecht, 1996, 107.

726 Vgl. *Eisgruber*, DStR 1997, 522 (523) m.w.N. zur Frage, wann im einzelnen von wirtschaftlichem Eigentum auszugehen ist.

schreiben. In der Vergangenheit hat die Rechtsprechung dabei auf die Entstehung eines Nutzungsrechts abgestellt, wobei ein Nutzungsrecht grundsätzlich entstehe, wenn der Bauende eine gegen seinen Willen nicht mehr entziehbare, rechtlich gesicherte Position erlange[727]. Das Recht auf Nutzung beim Bau, Anbau oder Umbau eines Unternehmers auf einem gemieteten oder gepachteten Grundstück, das einem eigenen betrieblichen Zweck diene und sich nicht in den Nutzungs- und Funktionszusammenhang eines vorhandenen Gebäudes einfüge[728], sei wie ein materielles Wirtschaftsgut zu aktivieren[729].

Die Voraussetzungen für die konkrete Bilanzierungsfähigkeit wurden bejaht, indem angenommen wurde, das Nutzungsrecht entstehe im Privatvermögen und werde anschließend in den Betrieb eingelegt[730]. In der Literatur wird auch vertreten, bei Annahme eines Nutzungsrechts greife das Aktivierungsverbot ohnehin nicht ein, da der Mieter das Nutzungsrecht an den Einbauten als Vertragsinhalt im engeren Sinne entgeltlich erwerbe[731].

Im Beschluß vom 30.1.1995[732] hat der Große Senat nicht (mehr) ausdrücklich an die Entstehung eines Nutzungsrechts angeknüpft. Im Ergebnis bleibt es jedoch dabei, daß der Bauende die Nutzungsbefugnis wie ein materielles Wirtschaftsgut zu aktivieren hat, wobei der Große Senat von einer Aktivierung aus „bilanztechnischen Gründen" spricht[733].

In der Literatur werden Mietereinbauten als materielle Wirtschaftsgüter angesehen. Die Probleme ergäben sich erst aus dem Umstand, daß das

---

[727] Vgl. BFH v. 31.10.1978 - VIII R 182/75, BStBl II 1979, 399 (401) = BFHE 127, 163.

[728] Vgl. BFH v. 26.2.1975 - I R 184/73, BStBl II 1975, 443 = BFHE 115, 238.

[729] BFH v. 17.3.1989 - III R 58/87, BStBl II 1990, 6 (7) = BFHE 157, 83: das Nutzungsrecht sei entgeltlich entstanden und wie ein materielles Wirtschaftsgut mit den anteiligen Anschaffungs- und Herstellungskosten anzusetzen; BFH v. 11.12.1987 - III R 188/81, BStBl II 1988, 493 (494) = BFHE 152, 125.

[730] BFH v. 31.10.1978 - VIII R 182/75, BStBl II 1979, 399 (401) = BFHE 127, 163; *Eisgruber*, DStR 1997, 522 (523) mit Nachweisen zum Problem der Bewertung der Einlage, der Einlagefähigkeit von unentgeltlich erworbenen Nutzungsrechten und zur Rechtsnatur des Nutzungsrechts; siehe 2. Teil. 2. Abschnitt. A. I., S. 181 f. zum Vorrang der Einlagenregelung vor § 5 Abs. 2 EStG.

[731] *Moxter*, BB 1998, 259 (261).

[732] BFH v. 30.1.1995 - GrS 4/92, BStBl II 1995, 281 (285) = BFHE 176, 267.

[733] BFH v. 30.1.1995 - GrS 4/92, BStBl II 1995, 281 = BFHE 176, 267; *Bordewin*, in: *Hartmann/Böttcher/Nissen/Bordewin*, §§ 4 - 5 EStG Rdnr. 731.

sachenrechtliche und wirtschaftliche Eigentum fehle. Auch bei fehlendem wirtschaftlichem Eigentum könne eine greifbare Werthaltigkeit vorliegen. Daher greife der Sinn und Zweck des Aktivierungsverbotes nicht ein, weil dieser gerade in einer Typisierung einer nicht gegebenen, greifbaren Werthaltigkeit bestehe[734]. Nach anderer Ansicht ist zwar an ein immaterielles Wirtschaftsgut anzuknüpfen, das Aktivierungsverbot greife jedoch deshalb nicht ein, weil das Aktivierungsverbot als „Beispielfall mangelnder Leistungsfähigkeit" zu verstehen sei[735].

c) Stellungnahme im Hinblick auf die Ansatzfrage

Die Frage, ob eine Ausweitung des wirtschaftlichen Eigentums gerechtfertigt ist, soll nicht näher untersucht werden, weil sie nicht unmittelbar mit dem hier behandelten Abgrenzungsproblem zusammenhängt. Im Rahmen der vorliegenden Arbeit soll der mit Bauten auf fremden Grundstücken zusammenhängende Problemkreis vorrangig im Hinblick auf die Bilanzierungsfähigkeit dem Grunde nach behandelt werden. Ein weitergehendes Verständnis des Begriffs „wirtschaftliches Eigentum" dürfte jedoch naheliegen, wenn die einseitige Betonung der Ausschlußfunktion des Eigentums überdacht wird[736].

Weitere Vorfrage für die Aktivierung ist die Wirtschaftsgutqualität und das Vorliegen eines selbständigen Wirtschaftsgutes. Die Wirtschaftsgutqualität von Mietereinbauten bereitet Schwierigkeiten, wenn als Voraussetzung für das Vorliegen eines Vermögensgegenstandes -und damit auch eines Wirtschaftsgutes[737] - konkrete oder abstrakte Einzelveräußerbarkeit verlangt wird, da Mietereinbauten nur zusammen mit dem Grundstück und durch den

---

[734] *Moxter*, BB 1998, 259 (261); im Ergebnis auch *Gschwendtner*, in: FS für *Beisse*, 1997, S. 215 (233): einschränkende Auslegung des § 248 Abs. 2 EStG, die sich aus dem Zweck der Vorschrift selbst ergebe.

[735] *Schilling*, Bauten auf fremden Grundstücken im Einkommensteuerrecht, 1997, S. 82.

[736] Auf diesen Ansatz stellt *Eisgruber*, DStR 1997, 522 (523) ab, indem er zwischen der "Ausschlußfunktion" und der "Wertzuweisungsfunktion" des zivilrechtlichen Eigentums unterscheidet.

[737] Siehe 1. Teil. 1. Abschnitt. A. V., S. 19 zur Identität beider Begriffe.

Eigentümer übertragbar sind[738]. Die Einzelveräußerbarkeit als Voraussetzung für das Vorliegen eines Wirtschaftsgutes ist jedoch abzulehnen[739].

Ein gesonderter Ausweis der Mietereinbauten kommt darüber hinaus nicht in Betracht, wenn sie in einem Nutzbarkeitszusammenhang mit dem sie umschließenden Gebäude stehen, also nicht selbständig bewertbar sind. Das ist grundsätzlich bei einem Funktionszusammenhang der Fall[740]. Entscheidend ist, ob aus objektiver Sicht die Nutzbarkeit der einzelnen Werte unterschieden werden kann. Das ist bei Mietereinbauten der Fall, weil der Mieter zumindest den Wert durch Veräußerung oder im Rahmen eines Entschädigungsanspruchs gegenüber dem Eigentümer geltend machen kann[741].

Wird an ein immaterielles Wirtschaftsgut angeknüpft, so müßte mangels eines entgeltlichen Erwerbs grundsätzlich das Aktivierungsverbot eingreifen. Die Literaturansicht, die davon ausgeht, der Mieter erwerbe das Nutzungsrecht an den Einbauten als Vertragsinhalt entgeltlich, ist abzulehnen, weil die erforderliche Wertbestätigung nicht feststellbar ist[742]. Das Wirtschaftsgut kann daher nur dann konkret bilanziert werden, wenn das Aktivierungsverbot ausnahmsweise nicht eingreift. Wird im Zusammenhang mit dem Aktivierungsverbot auf das Leistungsfähigkeitsprinzip abgestellt[743], so darf das nicht dazu führen, daß die Entscheidung des Gesetzgebers unterlaufen wird, für eine Erhöhung der Leistungsfähigkeit insoweit an die Grundsätze ordnungsgemäßer Buchführung anzuknüpfen[744].

Das Aktivierungsverbot könnte aus teleologischer Sicht nicht anwendbar sein. Dabei ist zu berücksichtigen, daß dann, wenn nicht an einen erweiterten Begriff „wirtschaftlichen Eigentums“ angeknüpft wird, nur eine teleologische Reduktion in Betracht kommt, weil der Einbau in diesem Fall nicht direkt aktiviert und lediglich an einen rechtlichen oder wirtschaftlichen

---

738 *Gschwendtner*, in: FS für *Beisse*, 1997, S. 215 (224); *Leffson*, DB 1976, 685 (686).

739 Siehe 1. Teil. 1. Abschnitt. A. VII. 1. S. 25.

740 Siehe 1. Teil. 1. Abschnitt. B. II. 2., S. 38 f.

741 *Gschwendtner*, in: FS für *Beisse*, 1997, S. 215 (232).

742 Siehe 2. Teil 2. Abschnitt A. I., S. 179 ff. zu den einzelnen Voraussetzungen für einen entgeltlichen Erwerb.

743 So *Schilling*, Bauten auf fremden Grundstücken im Einkommensteuerrecht, 1997, S. 87

744 Siehe 1. Teil. 2. Abschnitt. E. I. 2., S. 74.

Vorteil ohne körperliche Substanz angeknüpft werden kann. Eine solche teleologische Reduktion ist bei Wirtschaftsgütern ohne jegliche Substanz im Hinblick auf das Tatbestandsmerkmal „immateriell" jedenfalls möglich[745]. Entscheidend ist, ob der Zweck des Aktivierungsverbotes im Hinblick auf die Ansatzfrage nicht eingreift. Güter mit unsicherer Werthaltigkeit sollen vom Ansatz dem Grunde nach ausgeschlossen werden. Eine solche Unsicherheit liegt bei Mietereinbauten nicht vor, weil die Werthaltigkeit der Bauten, auf die sich der immaterielle Wert bezieht, nicht zweifelhaft ist. Da es sich demnach nicht um immaterielle Wirtschaftsgüter i.S. des § 5 Abs. 2 EStG handelt, sind Mietereinbauten als materiell anzusehen.

Damit gelten gleichzeitig auch die AfA-Regeln für materielle Wirtschaftsgüter[746]. Die Rechtsprechung wendet dabei die Vorschriften über die Gebäude-AfA an[747].

2. Behandlung von Erbbaurechten

Auch das Erbbaurecht wird als grundstücksgleiches Recht und damit als Wirtschaftsgut des Sachanlagevermögens angesehen, obwohl es nicht körperlich ist, wobei auf § 266 Abs. 2 A II 1. HGB verwiesen wird[748]. Dem ist im Ergebnis zuzustimmen. Allerdings kann dieses Ergebnis nicht auf die handelsrechtlichen Gliederungsvorschriften gestützt werden[749]. Eine teleologische Reduktion ist im Hinblick darauf zulässig, daß mit dem Fehlen jeglicher körperlicher Substanz nicht zwangsläufig die Anwendung des § 5 Abs. 2 EStG einhergehen muß[750]. Da dem Erbbaurecht aufgrund seiner Ausgestaltung bei wirtschaftlicher Betrachtung die Unsicherheit im Hinblick

---

745 Siehe 2. Teil. 1. Abschnitt. B. III. 3., S. 132 ff.

746 *Moxter*, BB 1998, 259 (261) der als Vorteil des Anknüpfens an ein materielles Wirtschaftsgut anführt, daß dadurch die AfA-Regeln feststünden.

747 BFH v. 30.1.1995 - GrS 4/92, BStBl II 1995, 281 = BFHE 176, 267; **a.A.** *Werndl*, in: *Kirchhof/Söhn*, § 7 EStG Rdnr. A 261. Diese Streitfrage soll an dieser Stelle nicht näher erläutert werden, weil es sich um eine Bewertungsfrage handelt (siehe aber 2. Teil. 2. Abschnitt. B. I., S. 186 ff. zu Abschreibungsmöglichkeiten bei immateriellen Wirtschaftsgütern).

748 BFH v. 4.6.1991 - X R 136/87, BStBl II 1992, 70 (72) = BFHE 165, 349.

749 Siehe 1. Teil. 2. Abschnitt. D. I., S. 54 ff. zur Bedeutung der handelsrechtlichen Gliederungsvorschriften.

750 Siehe 2. Teil. 1. Abschnitt. B. III. 3., S. 132 ff.

auf die Werthaltigkeit fehlt, ist es nicht als immateriell in diesem Sinne anzusehen.

Diese Risikolage spiegelt sich auch darin wider, daß der Bauherr Eigentümer wird, wenn er auf der Grundlage eines Erbbaurechts ein Gebäude errichtet (§ 12 Abs. 1 S. 1 ErbbauRVO). Da der Bau ein materielles Wirtschaftsgut ist, stellt sich von vornherein nicht die Frage, ob § 5 Abs. 2 EStG anwendbar ist.

2. Abschnitt: Praktische Bedeutung der Abgrenzung

Abschließend soll untersucht werden, welche praktische Bedeutung die Einordnung eines Wirtschaftsgutes als immateriell für den Steuerpflichtigen hat. Auswirkungen ergeben sich insbesondere im Bereich der konkreten Bilanzierungsfähigkeit, den Abschreibungsmöglichkeiten, der Gewährung von Investitionszulagen und der Darstellung der Vermögenslage des Unternehmens in der Bilanz.

A. Bedeutung für die konkrete Bilanzierungsfähigkeit

Von der Einordnung als immaterielles Wirtschaftsgut ist abhängig, ob § 5 Abs. 2 EStG anwendbar ist, der die konkrete Bilanzierungsfähigkeit bei immateriellen Wirtschaftsgütern des Anlagevermögens an einen entgeltlichen Erwerb als weitere Voraussetzung knüpft. Handelt es sich um immaterielle Wirtschaftsgüter des Anlagevermögens, so besteht ein Aktivierungsverbot, wenn diese Wirtschaftsgüter nicht entgeltlich erworben wurden. Die Aufwendungen sind dann als Betriebsausgabe sofort abziehbar.

I. Entgeltlicher Erwerb als Voraussetzung für die konkrete Bilanzierungsfähigkeit

§ 5 Abs. 2 EStG setzt neben dem Vorliegen eines immateriellen Wirtschaftsgutes des Anlagevermögens einen entgeltlichen Erwerb des entsprechenden Wirtschaftsgutes voraus. Der entgeltliche Erwerb erfordert mehr als das Vorliegen von Aufwendungen als Teil der Wirtschaftsgutdefinition[751] und steht unabhängig neben der abstrakten Bilanzierungsfähigkeit, weil er nicht Teil der Wirtschaftsgutdefinition ist und die abstrakte Bilanzierungsfähigkeit nicht ersetzt. Der Vorteil muß also nicht nur entgeltlich erworben sein, sondern alle Voraussetzungen für das Vorliegen eines Wirtschaftsgutes erfüllen. Der entgeltliche Erwerb ist nicht zentrale Voraussetzung für die Aktivierung, sondern tritt als Merkmal der konkreten Bilanzierungsfähigkeit neben die erforderliche abstrakte Bilanzierungsfähigkeit[752].

---

[751] Vgl. auch *Schreiber* in: *Blümich*, § 5 EStG Rdnr. 534.
[752] *Moxter*, DB 1804 (1809).

Die Auslegung des Begriffs hat unter Berücksichtigung von Sinn und Zweck des § 5 Abs. 2 EStG zu erfolgen. Für einen entgeltlichen Erwerb müssen drei Voraussetzungen[753] gegeben sein:

- ein abgeleiteter Erwerb auf dem Markt, der von der eigenen Herstellung abzugrenzen ist,
- ein entgeltlicher Erwerb, der von einer Schenkung abzugrenzen ist,
- ein immaterielles Wirtschaftsgut, das als solches Gegenstand des Erwerbsvorganges ist.

Ein Erwerb liegt vor, wenn der Steuerpflichtige seine eigene Verfügungsgewalt erweitert, ihm ein Vorteil zugeht[754]. Der Begriff „Erwerb" ist der Oberbegriff für die Begriffe „Anschaffung" und „Herstellung"[755]. Der Erwerb kann demnach ursprünglich (erstmalig, originär) durch eine Herstellung oder abgeleitet durch eine Anschaffung erfolgen[756]. Auch bei einer Schenkung liegt ein abgeleiteter Erwerb vor, doch scheitert die Aktivierung daran, daß nur ein unentgeltlicher Erwerb vorliegt[757]. Den Gegensatz zum abgeleiteten, entgeltlichen Erwerb bilden der abgeleitete, unentgeltliche Erwerb und die eigene Herstellung. Bloße interne Aufwendungen, die zur eigenen Herstellung führen, und eine Anschaffung sind auseinanderzuhalten.

Der Erwerb ist nur abgeleitet i.S. des § 5 Abs. 2 EStG, wenn eine Anschaffung vorliegt. Voraussetzung für eine Anschaffung ist zunächst ein Erwerbsakt, also ein abgeleiteter Erwerb auf dem Markt[758]. Als Grundlage für den Erwerbsakt kommen ein Rechtsgeschäft (z.B. ein Kaufvertrag oder Tauschvertrag), ein Hoheitsakt oder ein gesellschaftsrechtlicher Vorgang in Betracht. Die so verstandene Auslegung des Begriffs „entgeltlicher Erwerb" führt zu einer zusätzlichen Objektivierung auf der Ebene der konkreten Bilanzierungsfähigkeit.

---

[753] Grundlegend *Döllerer*, BB 1969, 501 (505); zustimmend *Moxter*, DB 1978, 1804 ff.
[754] *Moxter*, DB 1978, 1804 (1805).
[755] *Littmann*, DStR 1970, 391 (393).
[756] *Pfeiffer*, Das immaterielle Wirtschaftsgut, 1982, S. 190.
[757] *Tiedtke*, Einkommensteuer- und Bilanzsteuerrecht, 1995, S. 358.
[758] BFH v. 13.12.1984 - VIII R 249/80, BStBl II 1985, 289 (291) = BFHE 143, 50.

Nach überwiegender Ansicht ist § 5 Abs. 2 EStG allerdings bei der Einlage eines immateriellen Wirtschaftsgutes nicht anwendbar.[759] Der Zweck für den Abzug von Einlagen vom Betriebsvermögen, nämlich vom Steuerpflichtigen steuerfrei gebildetes oder von ihm bereits versteuertes Vermögen nach Einbringung in das Betriebsvermögen nicht durch Erhöhung des Gewinns zu besteuern, geht demnach dem Aktivierungsverbot vor. Auch bei einer verdeckten Einlage[760], der Entnahme[761] und der verdeckten Gewinnausschüttung[762] gilt das Aktivierungsverbot des § 5 Abs. 2 EStG unabhängig von einer Wertkonkretisierung nicht.

Sieht man das Aktivierungsverbot des § 5 Abs. 2 EStG als Grundsatz ordnungsgemäßer Buchführung an[763], so handelt es sich bei der Nichtan-

---

[759] BFH v. 22.1.1980 - VIII R 74/77, BStBl II 1980, 244 (246) = BFHE 129, 485: Einlage eines Nutzungsrechts; BFH v. 20.8.1986 - I R 150/82, BStBl II 1987, 455 (457) = BFHE 149, 25; BFH v. 26.10.1987 - GrS 2/86, BStBl II 1988, 348 (353) = BFHE 151, 523; R 31a. Abs. 3 S. 3 EStR; *Herrmann/Heuer/Raupach*, § 5 EStG Rdnr. 1711; *Weber-Grellet*, in: *Schmidt*, 1997, § 5 EStG Rdnr. 164; *Schreiber*, in: *Blümich*, § 5 EStG Rdnr. 525; *Plewka*, in: *Lademann / Söffing / Brockhoff*, § 5 EStG Rdnr. 938; *Bordewin*, in: *Hartmann / Böttcher / Nissen/Bordewin*, §§ 4 - 5 Rdnr. 155m.; *Hommel*, Bilanzierung immaterieller Anlagewerte, 1998, S. 263 ff.; a.A. *Nieland*, in: *Littmann/Bitz/Hellwig*, §§ 4, 5 EStG Rdnr. 694 ff.; *Knobbe-Keuk*, Bilanz- und Unternehmenssteuerrecht, 1993, S. 289; *Plückebaum*, FR 1978, 554 (555 f.); *Seifried*, DB 1990, 1525; Kritisch auch *Marx*, BB 1994, 2379 (2386).

[760] Vgl. BFH v. 19.1.1984 - IV R 224/80, BStBl II 1984, 312 = BFHE 140, 270; BFH v. 20.8.1986 - I R 150/82, BStBl II 1987, 455 = BFHE 149, 25; BFH v. 24.3.1987 - I R 202/83, BStBl II 1987, 705 (706) = BFHE 149, 552; *Wolffgang, in: Kirchhof/Söhn*, § 5 EStG Rdnr. C 25 f. (auch zur Behandlung von Nutzungsrechten); *Plewka*, in: *Lademann / Söffing / Brockhoff*, § 5 EStG Rdnr. 935; *Bordewin*, in: *Hartmann / Böttcher / Nissen / Bordewin*, § 4 - 5 EStG Rdnr. 155o; **a.A.** die frühere Rechtsprechung: z.B. BFH v. 29.1.1975 - I R 135/70, BStBl II 1975, 553 (556) = BFHE 115, 107; BFH v. 22.1.1980 - VIII R 74/77, BStBl II 1980, 244 (246) = BFHE 129, 485; *Knobbe- Keuk*, Bilanz- und Unternehmenssteuerrecht, 1993, S. 583; *Seifried*, DB 1990, 1525 (1526); *Siegers*, DStR 1992, 1570 (1574).

[761] BFH v. 24.11.1982 - R 123/78, BStBl II 1983, 113 (114) = BFHE 137, 59; *Bordewin*, in: *Hartmann/Böttcher/Nissen/Bordewin*, § 4 - 5 EStG Rdnr. 155p; *Schreiber*, in: *Blümich*, § 5 EStG Rdnr. 526.

[762] BFH v. 20.8.1986 - I R 150/82, BStBl II 1987, 455 (457) = BFHE 149, 25; *Weber-Grellet, in: Schmidt*, 1997, § 5 EStG Rdnr. 165; *Plewka*, in: *Lademann/Söffing/Brockhoff*, § 5 EStG Rdnr. 944; *Bordewin*, in: *Hartmann/Böttcher/Nissen/Bordewin*, § 4 - 5 EStG Rdnr. Rdnr. 155q; *Groh*, StbJb 1988/89, 187 (190); **a.A.** FG Berlin v. 27.1.1982 - II 153/81, EFG 1982, 505 (506).

[763] Siehe 1. Teil. 2. Abschnitt. D. IV 1., S. 58 ff.

wendung gleichzeitig um eine Einschränkung des Maßgeblichkeitsprinzips[764]. Im Hinblick auf das hier interessierende Abgrenzungsproblem ist zu betonen, daß dabei nicht an eine Einschränkung des Begriffs „immaterielle“ angeknüpft wird, sondern daß § 5 Abs. 2 EStG aus systematischen Gründen nicht angewandt wird.

II. Immaterielle Wirtschaftsgüter des Anlagevermögens als Voraussetzungen für die Anwendbarkeit des Aktivierungsverbotes

Das Aktivierungsverbot erfaßt nur immaterielle Wirtschaftsgüter des Anlagevermögens[765]. Vom Wortlaut nicht erfaßt sind immaterielle Wirtschaftsgüter des Umlaufvermögens. Auch vor der Aufnahme des § 5 Abs. 2 EStG und dem Inkrafttreten des Bilanzrichtlinien-Gesetzes mit der Aufnahme des § 248 Abs. 2 ins HGB galt das Aktivierungsverbot nur für immaterielle Wirtschaftsgüter des Anlagevermögens[766]. Ein Wirtschaftsgut des Anlagevermögens liegt vor, wenn das Wirtschaftsgut dazu bestimmt ist, dauernd dem Geschäftsbetrieb zu dienen (vgl. § 247 Abs. 2 HGB), also zur wiederholten betrieblichen Nutzung zur Verfügung steht[767].

Eine gesetzliche Definition für Wirtschaftsgüter des Umlaufvermögens existiert im EStG nicht. Über den Maßgeblichkeitsgrundsatz des § 5 Abs. 1 EStG hat die Bestimmung nach handelsrechtlichen Grundsätzen zu erfolgen. Auch im HGB ist der Begriff „Umlaufvermögen“ nicht definiert, läßt sich aber im Umkehrschluß aus § 247 Abs. 2 HGB ableiten. Im Umkehrschluß gehören zum Umlaufvermögen bei negativer Abgrenzung Wirtschaftsgüter, die nicht zum Anlagevermögen gehören und auch keine Rechnungsabgrenzungsposten sind[768]. Bei positiver Definition setzt ein

---

[764] Siehe hierzu 1. Teil. 1. Abschnitt. A. III. 2., S. 16 f.

[765] *Wolffgang, in: Kirchhof/Söhn*, § 5 EStG Rdnr. C 80 f.; *Claussen*, in: Kölner Kommentar zum AktG, § 248 HGB Rdnr. 8 (für § 248 Abs. 2 HGB); *Falterbaum*, Buchführung und Bilanz, 1996, S. 368; *Müller, Welf*, DStZ 1991, 385 (386).

[766] *Schreiber*, in: *Blümich*, § 5 EStG Rdnr. 523; **a.A.** *Döllerer*, BB 1965, 1405 (1408) für § 153 Abs. 3 AktG 1965: entsprechende Anwendung auf immaterielle Wirtschaftsgüter des Umlaufvermögens.

[767] BFH v. 13.1.1972 - V R 47/71, BStBl II 1972, 744 (745) = BFHE 106, 142; BFH v. 26.11.1974 - VIII R 61-62/73, BStBl II 1975, 352 (353) = BFHE 114, 354; *Döllerer/Rädler*, FR 1994, 808 (809).

[768] *Kessler*, BB 1994, Beilage 12, 1 (10).

Wirtschaftsgut des Umlaufvermögens voraus, daß dieses in einem Akt veräußert oder verbraucht werden soll[769]. Demnach darf keine Eigennutzung vorgesehen sein. Entscheidend für die Einordnung ist die wirtschaftliche Zweckbestimmung[770], wobei die Eigenschaften der Sache und der Wille des Kaufmannes über die Art des Einsatzes ausschlaggebend sind[771]. Abgrenzungsprobleme treten dabei insbesondere bei gemischt-genutzten Gütern auf, die Merkmale des Anlage- und Umlaufvermögens aufweisen[772].

1. Abweichende Risikolage als Grund für die Nichterfassung von Umlaufvermögen

Grund für die unterschiedliche Behandlung von immateriellen Wirtschaftsgütern des Anlage- und Umlaufvermögens ist eine abweichende Risikolage[773]. Bei Wirtschaftsgütern des Umlaufvermögens besteht eine abweichende Risikolage, weil das vereinbarte oder zu erwartende Entgelt zu einer ausreichenden Bewertbarkeit führt[774]. Das Vollständigkeitsgebot ist aufgrund dieser abweichenden Risikolage im Rahmen des Umlaufvermögens gewichtiger als das Vorsichtsgebot[775]. Auch eine entsprechende Anwendung auf immaterielle Wirtschaftsgüter des Umlaufvermögens scheidet aus[776]. Der Zweck des Aktivierungsverbotes greift aufgrund der unter-

---

[769] BFH v. 25.2.1955 - III 187/51 U, BStBl III 1955, 96 (98) = BFHE 60, 243 zur Abgrenzung von Anlage- und Umlaufvermögen; BFH v. 13.1.1972 - V R 47/71, BStBl II 1972, 744 (745) = BFHE 106, 142.

[770] *Schnicke/Reichmann*, in: Beck'scher Bilanzkommentar, § 247 HGB Rdnr. 351; *Richter*, in: *Wysocki/Schulze-Osterloh*, HdJ, Abt. II/2 (1990), Die immateriellen Anlagewerte, Rdnr. 46; *Kessler*, BB 1994, Beilage 12, 1 (10).

[771] *Schnicke/Reichmann*, in: Beck'scher Bilanzkommentar, § 247 HGB Rdnr. 351.

[772] *Kessler*, BB 1994, Beilage 12, 1 (10): Software als mögliches Beispiel.

[773] *Knobbe-Keuk*, Bilanz- und Unternehmenssteuerrecht, 1993, S. 90 f; siehe 1. Teil. 2. Abschnitt. I. 1. und 2., S. 72 ff. zum Sinn und Zweck des § 5 Abs. 2 EStG.

[774] *Depping*, DB 1991, 2048 (2049), der allerdings von einer ausreichenden "Bewertungsgrundlage" spricht.

[775] *Veit*, DB 1985, 557 (558); siehe 1. Teil. 1. Abschnitt. A. VI., S. 20 ff. zu den Zwecken der Handelsbilanz.

[776] *Herrmann/Heuer/Raupach*, § 5 EStG Rdnr. 1720, 1754; *Knobbe-Keuk*, Bilanz- und Unternehmenssteuerrecht, 1993, S. 90 f.; *Biergans*, Einkommensteuer und Steuerbilanz, 1992, S. 216; *Döllerer*, BB 1969, 501 (505); *Depping*, DB 1991, 2048 (2049); *Stapperfend*, Die steuer- und bilanzrechtliche Behandlung von Software, 1991, S. 129 f.; **a.A.** *Döllerer*,

schiedlichen Risikolage zumindest nicht im gleichen Umfang durch, wie dies bei immateriellen Wirtschaftsgütern des Anlagevermögens der Fall ist[777]. Selbstgeschaffene immaterielle Wirtschaftsgüter des Umlaufvermögens müssen daher gemäß § 5 Abs. 1 EStG i.V. mit dem Vollständigkeitsgebot mit den Herstellungskosten aktiviert werden[778].

2. Kritik an der unterschiedlichen Behandlung von Umlauf- und Anlagevermögen

Diese unterschiedliche Behandlung von Umlauf- und Anlagevermögen wird kritisiert, weil das Risiko nicht davon abhängig sei, ob das Wirtschaftsgut zur längerfristigen Verwendung im Betrieb oder zur Veräußerung bestimmt ist[779]. Teilweise wird der Begriff „Umlaufvermögen" in § 5 Abs. 2 EStG einschränkend ausgelegt, indem verlangt wird, daß bei wirtschaftlicher Betrachtung die einmalige Verwertungsabsicht eindeutig dominieren müsse[780]. Bei Wirtschaftsgütern, die nur schwer als materiell oder immateriell einzuordnen seien, könne gleichzeitig die Schwierigkeit bestehen, zu bestimmen, ob diese Wirtschaftsgüter zum Umlauf- oder Anlagevermögen gehören[781].

Insofern kann demnach die Frage, ob § 5 Abs. 2 EStG anwendbar ist, in mehrfacher Hinsicht zweifelhaft sein. Auf der anderen Seite kann die Einordnung als materiell oder immateriell in der Praxis allerdings auch offenbleiben, wenn Umlaufvermögen vorliegt, soweit es ausschließlich um die Anwendbarkeit des § 5 Abs. 2 EStG geht. Der Verzicht darauf, auch immaterielle Wirtschaftsgüter des Umlaufvermögens zu erfassen, stellt einen Kompromiß zwischen Objektivierung und vollständiger Erfassung der Vermögenswerte dar, darf aber nicht dazu führen, daß das Aktivierungsverbot

---

BB 1965, 1405 (1408) für § 153 Abs. 3 AktG 1965: entsprechende Anwendung auf immaterielle Wirtschaftsgüter des Umlaufvermögens.

777 *Wolffgang*, in: *Kirchhof/Söhn*, § 5 EStG Rdnr. C 81.

778 *Weber-Grellet*, in: *Schmidt*, 1997, § 5 EStG Rdnr. 161; *Schreiber*, in: *Blümich*, § 5 EStG Rdnr. 523; *Tiedtke*, Einkommensteuer- und Bilanzsteuerrecht, 1995, S. 359.

779 *Biergans*, Einkommensteuer und Steuerbilanz, 1992, S. 218 f.

780 *Kessler*, BB 1994, Beilage 12, 1 (11): für die Unterscheidung bei EDV-Programmen.

781 Vgl. *Kessler*, BB 1994, Beilage 12, 1 (10).

durch großzügige Einordnung als Umlaufvermögen unterlaufen wird[782]. In der Tat erscheint es bedenklich, wenn die Anwendbarkeit einer Vorschrift, die dem Vorsichtsprinzip Rechnung tragen soll, gleichzeitig auch vom Willen des Kaufmannes über die Art des Einsatzes[783] abhängig gemacht wird, weil dadurch der Objektivierungseffekt der Vorschrift eingeschränkt wird. Aus diesem Grunde muß der Wille hinreichend objektiv zum Ausdruck kommen.

B. Mittelbare Bedeutung der Einordnung als immateriell für den Bereich der Abschreibungen und Investitionszulagen

Wird ein Wirtschaftsgut im Einzelfall nicht als immateriell, sondern als materiell eingeordnet, so ergeben sich von vornherein nur eingeschränkte praktische Folgen für etwaige Abschreibungsmöglichkeiten und die Gewährung von Investitionszulagen, wenn die Anschaffungs- oder Herstellungskosten (abzüglich eines etwaigen Vorsteuerabzugs gem. § 9b Abs. 1 EStG) des Wirtschaftsgutes die Grenze von 800,-- DM nicht überschreiten. Wird diese Grenze nicht überschritten und ist das Wirtschaftsgut einer selbständigen Nutzung fähig, so ist § 6 Abs. 2 S. 1 EStG anwendbar. Die Aufwendungen können grundsätzlich in voller Höhe als Betriebsausgabe abgesetzt werden. Übt der Steuerpflichtige sein Wahlrecht entsprechend aus, führt dies zu einem Ergebnis wie beim Eingreifen des Aktivierungsverbotes.

Im Bereich der Investitionszulagen sind gemäß § 2 S. 2 Nr. 1 InvZulG geringwertige Wirtschaftsgüter im Sinne des § 6 Abs. 2 EStG nicht begünstigt. Das gilt selbst dann, wenn der Steuerpflichtige von seinem Wahlrecht keinen Gebrauch macht[784].

---

[782] *Richter*, in: *Wysocki/Schulze-Osterloh*, HdJ, Abt. II/2 (1990), Die immateriellen Anlagewerte, Rdnr. 46; *Kessler*, BB 1994, Beilage 12, 1 (11).

[783] Vgl. *Keitz*, Immaterielle Güter in der internationalen Rechnungslegung, 1997, S. 48.

[784] *Söffing, M.*, in: *Lademann/Söffing/Brockhoff*, § 2 InvZulG Rdnr. 58 f., auch zum Zweck von § 2 S. 2 Nr. 1 InvZulG (gleichzeitige Gewährung von zwei Vergünstigungen vermeiden, wobei auch dann, wenn das Wahlrecht nicht ausgeübt werde, eine Investitionszulage ausscheide, weil die in § 6 Abs. 2 S. 4 EStG geforderten Daten sich nicht aus einem besonderen, laufend zu führenden Verzeichnis und auch nicht aus der Buchführung ergäben).

I. Bedeutung für Abschreibungsmöglichkeiten (Verhältnis der Begriffe „immaterielle“ und „bewegliche“)

Das Verhältnis der Begriffe „immaterielle“ und „bewegliche“ zueinander ist umstritten. Von der Einordnung als bewegliches Wirtschaftsgut hängt es ab, welche Abschreibungsmöglichkeiten für den Steuerpflichtigen bestehen. Z.B. sind die leistungsbezogene Absetzung für Abnutzung gemäß § 7 Abs. 1 S. 4 EStG und die degressive Absetzung für Abnutzung gemäß § 7 Abs. 2 S. 1 EStG nur für bewegliche Wirtschaftsgüter zulässig. Auch § 6 Abs. 2 S. 1 EStG setzt tatbestandlich das Vorliegen eines abnutzbaren beweglichen Wirtschaftsgutes voraus. Daneben werden u.a. im Bereich der Sonderabschreibungen in § 7f Abs. 1 Nr. 1 und 2 EStG bewegliche oder unbewegliche Wirtschaftsgüter des Anlagevermögens und in § 7g Abs. 1 EStG ein neues bewegliches Wirtschaftsgut des Anlagevermögens vorausgesetzt.

1. Behandlung in Literatur und Rechtsprechung

Nach überwiegender Ansicht in Literatur und Rechtsprechung kommen immaterielle Wirtschaftsgüter nicht als bewegliche Wirtschaftsgüter (z.B. i.S. des § 7 Abs. 2 EStG) in Betracht[785]. Die Begriffe „beweglich“ und „unbeweglich“ seien dem Oberbegriff „materiell“ nachgeordnet und präzisierten diesen[786]. Das entspricht im Ergebnis auch der Behandlung im Zivilrecht, in dem nur bei körperlichen Gegenständen zwischen ”beweglich” und ”unbeweglich” unterschieden wird[787]. In der Literatur werden immaterielle Wirtschaftsgüter auch als Wirtschaftsgüter suis generis bezeichnet, die nicht zu den beweglichen und auch nicht zu den unbeweglichen Wirtschaftsgütern

---

[785] BFH v. 6.8.1964 - IV 215/62 U, BStBl III 1964, 575 = BFHE 80, 279; BFH v. 20.11.1970 - VI R 44/69, BStBl II 1971, 186 = BFHE 100, 555; BFH v. 22.5.1979 - III R 129/74, BStBl II 1979, 634 = BFHE 128, 289; Abschn. 43 Abs. 3 EStR.; *Werndl*, in: *Kirchhof/Söhn*, § 7 EStG Rdnr. C 10: immaterielle Wirtschaftsgüter als "Wirtschaftsgüter suis generis" (zu § 7 Abs. 2 EStG); *Weber-Grellet*, in: *Schmidt*, 1997, § 5 EStG Rdnr. 115; *Schreiber*, in: *Blümich*, § 5 EStG Rdnr 331; *Herrmann/Heuer/Raupach*, § 7 EStG Rdnr. 343.

[786] *Schreiber*, in: *Blümich*, § 5 EStG Rdnr 331.

[787] *Heinrichs*, in: *Palandt*, vor § 90 BGB Rdnr. 3 i.V.m Rdnr. 2: "Gegenstände" als Oberbegriff und Unterscheidung nur im Rahmen des Begriffs "Sache"..

zu zählen seien[788]. Teilweise wird für zum Anlagevermögen gehörende Nutzungsrechte, die durch Baumaßnahmen des Nutzungsberechtigten entstehen, eine Ausnahme befürwortet[789].

Die Entstehungsgeschichte spreche dafür, immaterielle Wirtschaftsgüter nicht zu den beweglichen Wirtschaftsgütern zu zählen. Dies zeige, daß der Begriff „bewegliche Wirtschaftsgüter“ nicht weit auszulegen sei. Der Begriff sei erstmals 1948[790] im Rahmen des § 7a EStG ins Gesetz eingefügt worden. Damals sei für Ersatzbeschaffungen abnutzbarer beweglicher Wirtschaftsgüter des Anlagevermögens eine erhöhte Absetzungsmöglichkeit geschaffen worden. Die Verwendung des Wortes „Ersatzbeschaffung“ zeige, daß eine Beschränkung auf körperliche Wirtschaftsgüter gewollt gewesen sei[791]. Auch durch Änderung des § 7a EStG durch das Einkommensteuer- und Körperschaftsteuer-ÄndGesetz vom 27.6.1951 habe sich an der Beschränkung auf körperliche Wirtschaftsgüter nichts geändert, obwohl die ausdrückliche Beschränkung auf Ersatzwirtschaftsgüter weggefallen sei. Da der Gesetzgeber bei erstmaliger Verwendung des Begriffs „bewegliche Wirtschaftsgüter“ ausschließlich körperliche Wirtschaftsgüter erfaßt habe, sei mangels gegenteiliger Äußerungen des Gesetzgebers weiterhin von einer entsprechenden Verwendung des Begriffs auszugehen[792].

Der 1958 eingefügte § 7 Abs. 2 EStG habe die degressive Abschreibung für bewegliche Wirtschaftsgüter vor dem Hintergrund steigenden Erhaltungsaufwands und der Gefahr der Veralterung aufgrund des technischen Fortschritts zugelassen. Dieser Gedanke greife nur bei körperlichen Gegen-

---

788 *Werndl*, in: *Kirchhof/Söhn*, § 7 EStG Rdnr. A 265; *Herzig/Söffing*, WPg 1994, 601 (604): für die Abschreibung von Fernsehrechten.

789 BMF-Schr. v. 3.5.1985 - IV B 2 - S 2196 - 7/85, BB 1985, 850; *weiter einschränkend Littmann/Bitz/Hellwig*, § 7 EStG Rdnr. 174: demnach sei zu prüfen, ob nicht zumindest Nutzungsrechte an beweglichen Objekten zu den beweglichen Wirtschaftsgütern i.S. des § 7 Abs. 2 S. 1 EStG zu zählen seien.; **ablehnend** zu Mieterein- und umbauten und Bauten auf fremdem Grund und Boden *Werndl*, in: *Kirchhof/Söhn*, § 7 EStG Rdnr. A. 264.

790 Gesetz Nr. 64 der Militärregierung v. 22.6.1948.

791 BFH v. 6.8.1964 - IV 215/62 U, BStBl II 1964, 575 (576).

792 Zu den Gründen *Söffing*, JbFfSt 1978/79, 199 (216): die Vorschrift sei auf den Personenkreis der Verfolgten, Vertriebenen und auf Flüchtlinge beschränkt worden, für die die Anschaffung oder Herstellung von abnutzbaren Wirtschaftsgütern des Anlagevermögens stets als Ersatzbeschaffung gegolten habe; **a.A.** *Littmann*, DB 1975, 373 (374); *Skuhr*, FR 1975, 55 (56).

ständen ein[793]. Hingewiesen wird zudem auf § 7 d Abs. 7 S. 1 EStG 1975, der erhöhte Absetzungen unter anderem unter den Voraussetzungen zuläßt, daß durch Hingabe eines Zuschusses nach dem 31.12.1974 und vor dem 1.1.1991 ein Recht auf Mitbenutzung eines Wirtschaftsgutes, also ein immaterielles Wirtschaftsgut erworben wird. In dieser Vorschrift seien die Begriffe „bewegliche und unbewegliche Wirtschaftsgüter" in Abgrenzung zu den immateriellen Wirtschaftsgütern verwandt worden[794].

Nach anderer Ansicht können auch immaterielle Wirtschaftsgüter „bewegliche Wirtschaftsgüter" sein[795]. § 7 Abs. 2 EStG erfasse nur bewegliche, § 7 Abs. 5 EStG nur unbewegliche Wirtschaftsgüter. Dagegen gebe es keine Vorschrift, die eine degressive AfA für immaterielle Wirtschaftsgüter regele, obwohl kein Grund dafür ersichtlich sei, nicht auch für immaterielle Wirtschaftsgüter eine degressive AfA zuzulassen. Auch aus der Begründung zum Entwurf des Gesetzes[796] gehe nicht hervor, daß der Begriff „bewegliches Wirtschaftsgut" nicht auch immaterielle Wirtschaftsgüter erfasse.

Ein degressiver Abnutzungsverlauf sei auch bei immateriellen Wirtschaftsgütern denkbar. Eine systematisch-logische Begriffsauslegung im Hinblick auf die Gliederung des Anlagevermögens spreche ebenfalls dafür, immaterielle Wirtschaftsgüter als beweglich anzusehen. Das Betriebsvermögen werde im EStG im wesentlichen in Anlage-, Umlaufvermögen und Verbindlichkeiten unterteilt. Im Rahmen des Anlagevermögens werde eine Unterteilung in abnutzbares und nicht abnutzbares Anlagevermögen, daneben in bewegliches Anlagevermögen und in Gebäude und Grund und Boden vorgenommen. Aus diesem Grunde sei der Begriff „bewegliches Anlagevermögen" als Gegensatz zu Gebäuden und zum Grund und Boden

---

793 BFH v. 6.8.1964 - IV 215/62 U, BStBl II 1964, 575 (576) = BFHE 80, 279, wo außerdem mit §§ 75 bis 79, 81, 82 EStDV 1961, § 36 Abs. 1 IHG (in den Vorschriften werden bewegliche und unbewegliche Wirtschaftsgüter erwähnt) und § 14 (später § 16) BHG argumentiert wird; **a.A.** *Littmann*, DB 1975, 373 (374), der einwendet, diese Motive hätten im Gesetz keinen Niederschlag gefunden, zudem sei zweifelhaft, ob diese Motive überhaupt zuträfen.

794 *Herrmann/Heuer/Raupach*, § 7 EStG Rdnr. 343.

795 *Nolte*, DB 1964, 1604; *Heigl*, BB 1965, 665; *Littmann*, DB 1975, 373 f.

796 Vgl. BR-Drucksache 41/58, S. 34.

zu sehen. Der Begriff „materielles Wirtschaftsgut“ komme im Gesetz überhaupt nicht vor[797].

Zum Teil wird vorgeschlagen, zumindest Nutzungsrechte an beweglichen Wirtschaftsgütern zu den beweglichen Wirtschaftsgütern i.S. des 7 Abs. 2 S. 1 EStG zu zählen. Die Zulässigkeit der degressiven AfA könne nicht davon abhängig sein, ob das Eigentum oder ein Nutzungsrecht übergehe.[798]

2. Stellungnahme zum Verhältnis der Begriffe und zur Bedeutung für Abschreibungsmöglichkeiten

Zu prüfen ist, wie der Begriff „bewegliche“ auszulegen ist, ob auch immaterielle Wirtschaftsgüter beweglich in diesem Sinne sein können.

a) Betrachtung „de lege lata“

Es ist zu prüfen, ob unter Berücksichtigung der systematischen Stellung und von Sinn und Zweck des § 5 Abs. 2 EStG bei einer Einordnung als immateriell die entsprechenden Wirtschaftsgüter gleichzeitig generell als nicht beweglich i.S. der genannten Vorschriften anzusehen sind.

Dem Wortlaut nach könnten immaterielle Wirtschaftsgüter zumindest dann als beweglich in Betracht kommen, wenn sie an körperliche Träger gebunden sind (z.B. Software). Im Rahmen der systematisch-historischen Auslegung ist § 7d Abs. 7 S. 1 EStG 1975 zu berücksichtigen. Aus dieser Sondervorschrift, die erhöhte Absetzungen bei dem Umweltschutz dienenden Wirtschaftsgütern zuläßt, könnte sich ein genereller Ausschluß immaterieller Wirtschaftsgüter aus dem Kreis der nicht beweglichen Wirtschaftsgüter ergeben. Insofern ist zu berücksichtigen, daß die Rechtsprechung auch vor der Aufnahme dieser Vorschrift ins EStG bewegliche Wirtschaftsgüter voraussetzende Abschreibungsregeln nicht auf immaterielle Wirtschaftsgüter angewandt hatte.[799] Durch die Differenzierung in der o.g. Vorschrift hat der Gesetzgeber diese Rechtsprechung aufgegriffen und in einem abge-

---

[797] *Littmann*, DB 1975, 373 f.: der außerdem mit § 19 Abs. 1 BFG argumentiert.
[798] *Littmann/Bitz/Hellwig*, § 7 EStG Rdnr. 174.
[799] BFH v. 6.8.1964 - IV 215/62 U, BStBl III 1964, 575 = BFHE 80, 279; BFH v. 20.11.1970 - VI R 44/69, BStBl II 1971, 186 = BFHE 100, 555.

grenzten Bereich abweichend geregelt. Dadurch kommt seine Entscheidung zum Ausdruck, immaterielle Wirtschaftsgüter generell nicht als bewegliche Wirtschaftsgüter im EStG anzusehen.

Nach dem Sinn und Zweck kann jedoch im Einzelfall auch eine Anwendung auf immaterielle Wirtschaftsgüter in Betracht kommen, wenn als Grund für die Einführung der degressiven Abschreibung für bewegliche Wirtschaftsgüter in § 7 Abs. 2 EStG angesehen wird, die Gefahr der Veralterung aufgrund des technischen Fortschritts stärker zu berücksichtigen.[800] Der so verstandene Sinn und Zweck greift zumindest auch bei Software ein, soweit sie als immateriell eingeordnet wird. Auch bei Nutzungsrechten, die sich auf bewegliche Wirtschaftsgüter beziehen, könnte eine entsprechende wirtschaftliche Sichtweise erfolgen. Allerdings scheiden einige immaterielle Wirtschaftsgüter auch bei dieser Argumentation von vornherein als beweglich aus, z.B. den Geschäfts- und Firmenwert, eine Baugenehmigung und eine Schankkonzession.[801]

Unter Berücksichtigung der systematisch-historischen Auslegung ist der Sinn und Zweck jedoch enger zu fassen. Dabei muß das Problem der Rangfolge nicht näher erörtert werden, weil die übrigen Auslegungsmethoden zumindest als Mittel anzusehen sind, den Gesetzeszweck zu ermitteln.[802] Durch die Aufnahme von § 7d Abs. 7 S. 1 ins EStG ist die Entscheidung des Gesetzgebers objektiv im Gesetz zum Ausdruck gekommen, immaterielle Wirtschaftsgüter generell aus dem Anwendungsbereich von Vorschriften herauszunehmen, die bewegliche Wirtschaftsgüter voraussetzen. Insoweit führt die systematisch-historische Auslegung zu einem eindeutigen Auslegungsergebnis. Daraus ergibt sich gleichzeitig eine eingeschränkte Zweckrichtung, nämlich den o.g. Sinn und Zweck bei einem gleichzeitig gesetzlich fest umrissenen Anwendungsbereich der entsprechenden Abschreibungsvorschriften zu gewährleisten. Eine Auslegung nach den herkömmlichen Methoden führt somit zum generellen Ausschluß immaterieller Wirtschafts-

---

[800] BFH v. 6.8.1964 - IV 215/62 U, BStBl II 1964, 575 (576) = BFHE 80, 279.

[801] Vgl. auch *Skuhr*, FR 1975, 55 (56), allerdings zur Frage, ob immaterielle Wirtschaftsgüter bewegliche Wirtschaftsgüter i.S. des BerlinFG sind.

[802] Siehe 1. Teil. 2. Abschnitt. A. III., S. 45 ff.

güter aus dem Anwendungsbereich der Abschreibungsnormen, die bewegliche Wirtschaftsgüter voraussetzen.

b) Betrachtung „de lege ferenda"

Unabhängig von dieser, bei der Auslegung zu respektierenden, Entscheidung des Gesetzgebers, soll geprüft werden, ob diese Regelung auch gerechtfertigt erscheint. Indem immaterielle Wirtschaftsgüter generell als nicht beweglich angesehen werden, erfolgt eine Verknüpfung der nach den Grundsätzen ordnungsgemäßer Buchführung auszulegenden Ansatzvorschrift § 5 Abs. 2 EStG mit der Bewertungsebene (das gilt z.B. für die als immateriell einzuordnende Individualsoftware und für Standardsoftware, wenn diese abweichend von der hier vertretenen Ansicht[803] ebenfalls als immateriell eingeordnet wird). Die notwendige, teleologische Auslegung des Begriffs „immaterielle" führt dazu, daß Risikoerwägungen im Hinblick auf die Werthaltigkeit der jeweiligen Wirtschaftsgüter zugleich für die Anwendbarkeit von Abschreibungsvorschriften entscheidend sind.

Im Einzelfall kann im Hinblick auf den Abnutzungsverlaufs aber auch die Anwendbarkeit auf immaterielle Wirtschaftsgüter gerechtfertigt sein, wobei durch den generellen Ausschluß immaterieller Wirtschaftsgüter die Abgrenzungsprobleme auf die Frage verlagert werden, welche Wirtschaftsgüter als immateriell und damit als nicht beweglich anzusehen sind. Der generelle Ausschluß von immateriellen Wirtschaftsgütern i.S. des § 5 Abs. 2 EStG aus dem Kreis der beweglichen Wirtschaftsgüter der jeweiligen Abschreibungsvorschriften durch den Gesetzgeber ist deshalb nicht sachgerecht.

II. Bedeutung für die Gewährung von Investitionszulagen

1. Behandlung in Literatur und Rechtsprechung

Immaterielle Wirtschaftsgüter i.S. des Investitionszulagenrechts gehören nach der Rechtsprechung und überwiegender Ansicht in der Literatur nicht zu den beweglichen Wirtschaftsgütern[804]. Die Unterscheidung in beweg-

---

[803] Siehe 2. Teil 1. Abschnitt B. IV. 4. b), S. 155 ff.

[804] BFH v. 6.8.1964 - IV 215/62 U, BStBl III 1964, 575 (576) = BFHE 80, 279; BFH v. 22.5.1979 - III R 129/74, , BStBl II 1979, 634 (635) = BFHE 128, 289; BFH v. 5.10.1979 –

liche und unbewegliche Wirtschaftsgüter hat demnach auch Bedeutung dafür, ob Investitionszulagen gewährt werden. Der BFH hat in seiner Grundsatzentscheidung zur Behandlung von Standardsoftware allerdings angedeutet, daß der Begriff im EStG und InvZulG einen unterschiedlichen Inhalt haben könne. Insbesondere zieht der BFH auch eine analoge Anwendung auf immaterielle Wirtschaftsgüter in Betracht, die er allerdings im Ergebnis ablehnt[805]. Die Rechtsprechung geht demnach grundsätzlich weiterhin davon aus, daß der Begriff „bewegliche Wirtschaftsgüter" i.S. des InvZulG ebenso zu verstehen ist wie im EStG. Immaterielle Wirtschaftsgüter gehören demnach nicht zu den beweglichen Wirtschaftsgütern[806].

Der BFH knüpft dabei argumentativ insbesondere an § 4 Abs. 2 Nr. 3 InvZulG in der Form des Änderungsgesetzes vom 30.10.1978[807] an. Demnach waren bei der Bemessung der Investitionszulage für Forschungs- und Entwicklungsinvestitionen nur unter bestimmten Voraussetzungen auch die Anschaffungskosten von „neuen abnutzbaren immateriellen Wirtschaftsgütern" zu berücksichtigen. Im Umkehrschluß schloß der BFH daraus, daß außerhalb des § 4 Abs. 2 Nr. 3 InvZulG für die Anschaffung immaterieller Wirtschaftsgüter keine Investitionszulage gewährt wird[808]. Dies wird durch die Gesetzesbegründung gestützt, in der von der Ausdehnung der bisherigen Regelung auf bestimmte, der Forschung und Entwicklung dienende, immaterielle Wirtschaftsgüter gesprochen wird.[809]

III R 78/75, BStBl II 1980, 16 = BFHE 128, 575; BFH v. 3.7.1987 - III R 7/86, BStBl II 1987, 728 (732) = BFHE 150, 259; Abschn. 42 Abs. 5 EStR; BMF-Schr. V. 5.5.1977, BStBl I 1977, 248 Rdnr. 1, wonach unbestimmte Begriffe des Investitionszulagerechts regelmäßig nach einkommensteuerlichen Grundsätzen auszulegen sind; *Schreiber*, in: *Blümich*, § 5 EStG Rdnr 331; *Selder*, in: *Blümich*, § 2 InvZulG Rdnr. 20; *Herrmann/Heuer/Raupach*, § 7 EStG Rdnr. 343 *Söffing, M.*, in: *Lademann/Söffing/Brockhoff*, § 2 InvZulG Rdnr. 22; **a.A.** *Littmann/Bitz/Hellwig*, § 7 EStG Rdnr. 213; *Littmann*, DB 1975, 373 ff.

805 BFH v. 3.7.1987 - III R 7/86, BStBl II 1987, 728 (732) = BFHE 150, 259.

806 BFH v. 6.8.1964 - IV 215/62 U, BStBl III 1964, 575 (576) = BFHE 80, 279; BFH v. 22.5.1979 - III R 129/74, BStBl II 1979, 634 (635) = BFHE 128, 289; Abschn. 42 Abs. 5 EStR; *Herrmann/Heuer/Raupach*, § 7 EStG Rdnr. 343.

807 BGBl I 1978, 1693.

808 BFH v. 3.7.1987 - III R 7/86, BStBl II 1987, 728 (730) = BFHE 150, 259.

809 BT-Drucksache 8/1409, S. 9 (unter b).

Nach anderer Ansicht sind auch im Bereich des Investitionszulagenrechts immaterielle mit beweglichen Wirtschaftsgütern gleichzustellen[810]. Zum Teil wird zumindest eine Änderung der augenblicklichen Rechtslage für angebracht gehalten[811].

2. Stellungnahme zur Bedeutung für die Gewährung von Investitionszulagen

Zu prüfen ist demnach, ob immaterielle Wirtschaftsgüter beweglich i.S. des § 2 S. 1 InvZulG sind.

a) Betrachtung „de lege lata"

Die Begriffe „materiell" und „immateriell" (bzw. „beweglich" und „unbeweglich") sind im Hinblick auf das jeweilige Einzelsteuergesetz auszulegen, weil jede Steuervergünstigungsvorschrift nach ihrer eigenen Bedeutung und Zweckbestimmung auszulegen ist[812].

Dem Wortlaut nach kommen wiederum jedenfalls auch dann immaterielle Wirtschaftsgüter als beweglich in Betracht, wenn sie an körperliche Träger gebunden sind. Aus systematischer Sicht kann nach der Neufassung des Investitionszulagengesetzes nicht mehr unmittelbar an § 4 Abs. 2 Nr. 3 InvZulG in der Form des Änderungsgesetzes vom 30.10.1978 angeknüpft werden. Heute sieht § 2 S. 1 InvZulG in der Fassung der Bekanntmachung vom 22.1.1996 lediglich vor, daß begünstigte Investitionen (unter weiteren Voraussetzungen) die „Anschaffung und die Herstellung von neuen abnutzbaren beweglichen Wirtschaftsgütern des Anlagevermögens" seien.

Eine Subsumtion immaterieller Wirtschaftsgüter unter den Begriff „bewegliche Wirtschaftsgüter" könnte ausscheiden, weil der Gesetzgeber das Problem immaterieller Wirtschaftsgüter in der Vergangenheit gesehen und in § 4 Abs. 2 Nr. 3 InvZulG in der Form des Änderungsgesetzes vom 30.10.1978 aufgegriffen hatte. Insofern ist zu berücksichtigen, daß die Rechtsprechung schon vor dieser Änderung immaterielle Wirtschaftsgüter als nicht beweglich im Sinne des Investitionszulagengesetzes angesehen

---

810 *Littmann/Bitz/Hellwig*, § 7 EStG Rdnr. 212 f.; *Spanke*, BB 1986, 2251 ff.

811 *George*, FR 1980, 68 (71).

812 *Skuhr*, FR 1975, 55 (56 f.).

hatte.[813] Diese Rechtsprechung wurde durch die Änderung praktisch bestätigt. Bei der erneuten Änderung wurde in Kenntnis der bisherigen Rechtsprechung wiederum der Begriff „bewegliche Wirtschaftsgüter" benutzt. Aufgrund dieser Umstände ist der gesetzgeberische Wille, immaterielle Wirtschaftsgüter nicht als beweglich i. S. des Investitionszulagengesetzes anzusehen und für diese grundsätzlich keine Investitionszulagen zu gewähren, hinreichend klar zum Ausdruck gekommen. Diese gesetzgeberische Entscheidung, die bisher von der Rechtsprechung als „beweglich" angesehenen Wirtschaftsgüter zu begünstigen, ist zu respektieren.[814] Immaterielle Wirtschaftsgüter sind deshalb nicht „beweglich" i.S. von § 2 S. 1 InvZulG.

b) Betrachtung „de lege ferenda"

Es ist allerdings zweifelhaft, ob die gesetzgeberische Entscheidung, immaterielle Wirtschaftsgüter generell aus dem Kreis der beweglichen Wirtschaftsgüter auszuschließen, den Zwecken und Zielen des Investitionszulagengesetzes angemessen Rechnung trägt. Zielvorgabe ist insbesondere die allgemeine Stärkung der Wirtschaftskraft im Fördergebiet, die sich in der Arbeitsplatzbeschaffung und -sicherung, außerdem in der Gründung und Modernisierung von Betrieben äußert[815]. Dieser besonderen Zwecksetzung kann nicht Rechnung getragen werden, wenn die Begriffe „beweglich" und „immateriell" generell als unvereinbar miteinander angesehen werden, weil der Begriff „immateriell" handelsrechtlich unter Berücksichtigung der Grundsätze ordnungsgemäßer Buchführung auszulegen ist[816], also mit der Zwecksetzung des Investitionszulagengesetzes praktisch keine Gemeinsamkeiten aufweist[817]. Allerdings führt die Verknüpfung der an sich unter-

---

[813] BFH v. 6.8.1964 - IV 215/62 U, BStBl III 1964, 575 (576) = BFHE 80, 279.

[814] Vgl. *Tipke/Lang*, Steuerrecht, 1996, § 5 Rdnr. 55 f. zur subjektiven und objektiven Theorie, wonach es auf den vom Gesetzgeber angestrebten Gesetzeszweck ankomme, soweit dieser feststellbar sei.

[815] *Söffing, M.*, in: *Lademann/Söffing/Brockhoff*, Einführung zum InvZulG, Rdnr. 7.

[816] Siehe 1. Teil. 2. Abschnitt. D. IV. 1., S. 58 f.

[817] Vgl. BFH v. 25.1.1985 - III R 130/80, BStBl II 1985, 309 = BFHE 143, 192; BFH v. 21.7.1989, BStBl II 1989, 906; *Söffing, M.*, in: *Lademann/Söffing/Brockhoff*, Rdnr. 10, wonach zwar an die Auslegung im EStG anzuknüpfen, es aber nicht zwingend geboten sei,

schiedlichen Zwecksetzung überwiegend (z.B. bei Belieferungsrechten, Konzessionen, Lizenzen, Urheberrechten) zu angemessenen Ergebnissen. Zweifelhaft ist dies jedoch im Bereich der Software, die zumindest, wenn es sich um Individualsoftware handelt, als immateriell anzusehen ist[818].

Die gesetzgeberische Entscheidung, immaterielle Wirtschaftsgüter i.S. des § 5 Abs. 2 EStG generell als nicht beweglich i.S. des Investitionszulagengesetzes anzusehen, ist deshalb abzulehnen.

C. Folgen für die Darstellung der Vermögenslage des Unternehmens in der Bilanz

Eine Folge ist es, wenn die Möglichkeit zum Ansatz eines immateriellen Wirtschaftsgutes besteht, daß sich aufgrund der Aktivierung die Vermögenslage des Unternehmens entscheidend besser als bei sofortiger Gewinnwirksamkeit darstellen kann. Die Bedeutung einer Möglichkeit zur Aktivierung für die aktuelle Vermögenslage eines Unternehmens zeigt sich insbesondere auch bei der nach der BFH-Rechtsprechung bisher in größerem Umfang möglichen Bilanzierung der Spielerlaubnis für Bundesligafußballspieler durch die Vereine[819].

Die häufig mit geringen eigenen Mitteln ausgestatteten Vereine des Profifußballs waren oft darauf angewiesen, die eigene Vermögenslage durch die

---

die Auslegung vergleichbarer einkommensteuerrechtlicher Vorschriften in allen Einzelheiten zu übernehmen.

818 Siehe im einzelnen 2. Teil. 1. Abschnitt. B. IV. 4., S. 151 ff.

819 Transferzahlungen sind nach der BFH-Rechtsprechung zu aktivieren (BFH v. 26.8.1992 - I R 24/91, BStBl II 1992, 977 (981) = BFHE 169, 163; zweifelnd noch BFH v. 13.5.1987, I B 179/86, BStBl II 1987, 777 ff. = BFHE 150, 136)). Auch Teile der Literatur bejahen die abstrakte und konkrete Bilanzierungsfähigkeit der Spielerlaubnis. Die zu zahlende Transfersumme sei wirtschaftlich gesehen die Gegenleistung für das übergegangene lizenzmäßige Recht [*Hüttemann*, DStR 1994, 490 (493 f.)]. Die Spielerlaubnis sei ein entgeltlich erworbener ähnlicher Wert i.S. des § 266 Abs. 2 A I 1 HGB ist (BFH v. 26.8.1992 - I R 24/91, BStBl II 1992, 977 = BFHE 169, 163). Es ist zweifelhaft, ob tatsächlich ein entgeltlicher Erwerb vorliegt, da im Ergebnis die insoweit bisher engen Voraussetzungen erweitert werden (siehe 2. Teil zu den Voraussetzungen; Aktivierung **ablehnend** *Jansen*, DStR 1992, 1785 ff.: kein immaterielles Wirtschaftsgut und kein entgeltlicher Erwerb; ders. DStR 1994, 1217; *Marx*, BB 1994, 2379 (2385): Erfordernis der Gegenseitigkeit werde durch engen Veranlassungszusammenhang ersetzt; *Kronner*, DStR, 1996, 1185 (1186): besonderer Zusammenhang, Kausalität werde auf eine wirtschaftliche Betrachtung ausgedehnt).

Aktivierung der Spielerlaubnis als immaterielles Wirtschaftsgut günstiger im Vergleich zur sofortigen Gewinnwirksamkeit darstellen zu können, um den finanziellen Zusammenbruch zu vermeiden[820]. Die Aktivierungsmöglichkeiten der Vereine werden allerdings in Zukunft als mittelbare Folge des Urteils des EuGH[821] zur Zulässigkeit von Ablösezahlungen im Profifußball abnehmen. Soweit keine Ablösezahlungen mehr geleistet werden, scheidet auch eine Aktivierung aus, weil kein Entgelt vorhanden ist. Das gilt jedoch nur, soweit die Ablösesummen wegfallen, also bei auslaufenden Verträgen[822].

Die praktischen Auswirkungen des § 5 Abs. 2 EStG (bzw. des § 248 Abs. 2 HGB)[823] verstärken sich für ein Unternehmen erheblich, wenn Aufwendungen für Forschung und Entwicklung (bzw. für die Herstellung immaterieller Wirtschaftsgüter generell) einen überdurchschnittlichen Umfang haben[824]. Das kann bei einseitig ausgerichteten Unternehmen (z.B. im Bereich der Softwarehersteller) erhebliche Bedeutung haben.

Solche Auswirkungen sind aus handelsrechtlicher Sicht, insbesondere unter Berücksichtigung des § 264 Abs. 2 S. 1 HGB, bedenklich. Demnach hat der Jahresabschluß einer Kapitalgesellschaft unter Beachtung der Grundsätze ordnungsgemäßer Buchführung ein den tatsächlichen Verhältnissen

---

820 Vgl. *Ströfer*, BB 1982, 1087 (1092).

821 EuGH v. 15.12.1995 - C - 415/93, EuGHE I 1995, 4921 (*Jean-Marc Bosman*).

822 *Wolffgang*, in: *Kirchhof/Söhn*, § 5 EStG Rdnr. C 200 "Spielerlaubnis".

823 Immaterielle Vermögensgegenstände haben in den Jahresabschlüssen deutscher Kapitalgesellschaften betragsmäßig eher eine geringe Bedeutung. Die Bilanzstatistik des Statistischen Bundesamtes (vgl. Deutsche Bundesbank (Hrsg.), Jahresabschlüsse westdeutscher Unternehmen 1971 bis 1991, Frankfurt a.M. 1993) enthält, bezogen auf das Jahr 1990, Angaben über den tatsächlichen Ansatz immaterieller Vermögensgegenstände in den Bilanzen westdeutscher Kapitalgesellschaften (insgesamt 1328), wobei Kreditinstitute und Versicherungsgesellschaften nicht berücksichtigt werden. Demnach waren immaterielle Vermögensgegenstände und Bilanzierungshilfen lediglich in Höhe von 1 % des Anlagevermögens aktiviert. 63 % der Vermögensgegenstände waren Konzessionen, gewerbliche Schutzrechte oder ähnliche Rechte und Werte (vgl. auch die Untersuchung von *Schön*, Aktivierung von immateriellen Anlagewerten in den USA im Vergleich zur deutschen Rechnungslegung, 1997, S. 123 ff.).

824 **Kritisch** zu diesen Folgen für die Darstellung im Abschluß *Baetge/Fey/Weber*, in: *Küting/Weber*, Handbuch der Rechnungslegung, § 248 HGB Rdnr. 19 und *Kessler*, BB 1994, Beilage 12, 1 (12).

entsprechendes Bild der Vermögens-, Finanz- und Ertragslage der Kapitalgesellschaft zu vermitteln.

Allerdings sieht § 264 Abs. 2 S. 2 HGB gleichzeitig vor, daß im Anhang besondere Angaben zu machen sind, wenn der Jahresabschluß aufgrund von besonderen Umständen ein Bild vermittelt, das nicht den tatsächlichen Verhältnissen entspricht. Dennoch ist herauszustellen, daß eine solche verbale Korrektur im Anhang in der Praxis häufig nicht als gleichwertig mit einem Bilanzansatz angesehen wird und zu Wettbewerbsnachteilen führen kann[825]. Dieses Problem ist jedoch vom Gesetzgeber gesehen und i.S. des § 264 Abs. 2 S. 2 HGB gelöst worden. Diese Entscheidung ist zu akzeptieren.

---

825 *Wöhe*, Betriebswirtschaftliche Steuerlehre I/2. Der Einfluß der Besteuerung auf das Rechnungswesen des Betriebes, S. 92 f; *Kessler*, BB 1994, Beilage 12, 1 (12).

Zusammenfassung der wesentlichen Ergebnisse

1. Zusammenfassung 1. Teil 1. Abschnitt

a) Wirtschaftsgutqualität als Vorfrage (1. Teil. 1. Abschnitt. A., S. 5 ff.)

Der Maßgeblichkeitsgrundsatz beinhaltet die gesetzgeberische Entscheidung, in seinem Geltungsbereich einen Gleichlauf von Handels- und Steuerbilanz zu erreichen. Eine Einschränkung im Bereich der abstrakten Bilanzierungsfähigkeit ist nur unter engen Voraussetzungen möglich (**str.**, siehe 1. Teil. 1. Abschnitt. A. III. 2. und IV., S. 16 ff.). Der Ansatz müßte mit zwingenden steuerrechtlichen Prinzipien unvereinbar und der Widerspruch nicht anders (z.B. auf der Bewertungsebene) lösbar sein.

Aus der Gesetzesbegründung ergibt sich, daß der unterschiedliche Sprachgebrauch, „Wirtschaftsgut" im EStG und „Vermögensgegenstand" im HGB, bewußt beibehalten wurde, um die Gefahr einer steuerrechtlichen Auslegung des Begriffs zu vermeiden. Die Begriffe „Wirtschaftsgut" und „Vermögensgegenstand" sind inhaltlich identisch (**str.**, siehe 1. Teil. 1. Abschnitt. A. II. und V., S. 13 f. und S. 19).

Die Grundsätze ordnungsgemäßer Buchführung sind deduktiv aus den Zwecken der Rechnungslegung abzuleiten (**str.**, siehe 1. Teil. 1. Abschnitt. A. VI., S. 20 f.). Zwecke sind insbesondere die Dokumentation, die Rechenschaft und Information (des Kaufmanns gegenüber sich selbst und Dritter) und die Kapitalerhaltung. Das Vorsichtsprinzip, das der Kapitalerhaltung und damit dem Gläubigerschutz Rechnung trägt, und das Vollständigkeitsprinzip, das sich aus dem Rechenschafts- und Dokumentationszweck ableiten läßt, sind Grundsätze ordnungsgemäßer Buchführung. Unter Berücksichtigung der gesetzlichen Ausgestaltung ist an den Grundsatz der Unternehmensfortführung anzuknüpfen, nicht an denjenigen der Unternehmenszerschlagung (**str.**, siehe 1. Teil. 1. Abschnitt. A. VI. 2., S. 22 f.). Eine rein dynamische Sichtweise ist mit dem Vorsichtsprinzip, das eine Objektivierung zur Folge hat, nicht vereinbar. Es ist vielmehr eine statische Grundkonzeption des Bilanzsteuerrechts festzustellen.

Der Begriff „Wirtschaftsgut" ist wie folgt zu definieren (**str.**, siehe 1. Teil. 1. Abschnitt. A. I. und VII. 1., S. 6 ff. und S. 25 ff): Es müssen abgrenzbare Aufwendungen, ein wirtschaftlicher Wert durch die Nutzbarkeit in mehreren Wirtschaftsjahren, die Greifbarkeit und selbständige Bewertbarkeit dieser Nutzbarkeit vorliegen. Diese selbständige Bewertbarkeit setzt voraus, daß ein gedachter Erwerber des Unternehmens bei dessen Fortführung für die Nutzbarkeit ein besonderes Entgelt ansetzen würde. Diese Definition berücksichtigt den Grundsatz der Unternehmensfortführung und enthält gleichzeitig eine ausreichende Objektivierung im Hinblick auf das Vorsichtsprinzip. Sie gewährleistet auch die Besteuerung nach der persönlichen Leistungsfähigkeit, indem nur ein Vermögenszuwachs berücksichtigt wird, der ein gewisses Maß an Sicherheit erreicht. Zwischen der Wirtschaftsgutdefinition und einem etwaigen entgeltlichen Erwerb, der Voraussetzung für die konkrete Bilanzierungsfähigkeit ist, ist zu unterscheiden. Der entgeltliche Erwerb ist nicht Teil der Wirtschaftsgutdefinition.

b) Vorliegen von selbständigen Wirtschaftsgütern (1. Teil. 1. Abschnitt. B., S. 31 ff.)

Der Umfang eines einheitlichen Wirtschaftsgutes und seine Abgrenzung von anderen, selbständigen Wirtschaftsgütern bestimmen, in welchem Rahmen sich die Abgrenzungsfrage überhaupt stellt, und welche (unselbständigen) Teile bei der Ermittlung des im Vordergrund stehenden Teils einzubeziehen sind. Das Aktivierungsverbot erfaßt auch einen unselbständigen, materiellen Teil, der im Vergleich zu einem im Vordergrund stehenden, immateriellen Teil untergeordnet ist. Liegt ein selbständiges Wirtschaftsgut vor, so ist aufgrund des Grundsatzes der Einzelbewertung ein getrennter Ansatz vorzunehmen.

Da das Vorliegen eines selbständigen Wirtschaftsgutes voraussetzt, daß dem Wert Wirtschaftsgutqualität zukommt, handelt es sich insoweit um eine Ansatzfrage, die sich nach den Grundsätzen ordnungsgemäßer Buchführung richtet (**str.**, siehe 1. Teil. 2. Abschnitt. B. II. 1., S. 36 f.). Zentrales Merkmal für die Abgrenzung selbständiger Wirtschaftsgüter von unselbständigen Teilen im Rahmen eines einheitlichen Wirtschaftsgutes ist die selbständige Bewertbarkeit. Läßt sich wegen eines Nutzbarkeitszusammenhangs nicht entscheiden, welcher Nutzen dem Betrieb in Zukunft von welchem Teil zufließt, so entfällt gleichzeitig die selbständige Bewertbarkeit, und es handelt sich um ein einheitliches Wirtschaftsgut, soweit dieser Zusammenhang reicht. Bei einem Funktionszusammenhang ist grundsätzlich von einem Nutzungszusammenhang auszugehen (**str.**, siehe 1. Teil. 2. Abschnitt. B. I. und II. 2., S. 32 ff. und S. 38). Der Nutzbarkeitszusammenhang ist aus der Sicht eines gedachten Erwerbers bei einer unterstellten Betriebsfortführung, also objektiv unter Berücksichtigung der betriebsindividuellen Verhältnisse, zu bestimmen.

Wird ein Preis für einzelne Wirtschaftsgüter nicht gesondert ausgewiesen, so ist der Kaufpreis nach allgemeinen Grundsätzen aufzuteilen, u.U. auch zu schätzen. Beim Vorliegen einer vertraglichen Vereinbarung ist objektiv aus der Sicht eines gedachten Erwerbers und unter Berücksichtigung der betriebsindividuellen Verhältnisse zu prüfen, ob ein Wirtschaftsgut übergegangen ist.

2. Zusammenfassung 1. Teil. 2. Abschnitt

a) Verhältnis der Auslegungskriterien zueinander und grammatische und historische Auslegung (1. Teil. 2. Abschnitt. A. III., B. und C., S. 48 ff.)

Die Abgrenzung materieller und immaterieller Wirtschaftsgüter ist auf der Grundlage einer methodengerechten Auslegung vorzunehmen, um vorhersehbare, das Rechtsstaatsprinzip berücksichtigende, Entscheidungen zu gewährleisten, und die Grenze der Auslegung zu markieren. Bei der Definition werden die Begriffe „immaterielle" und „Wirtschaftsgüter" getrennt, um die weitere, notwendige Konkretisierung zu gewährleisten. Allerdings stehen beide Begriffe auch nicht zusammenhangslos nebeneinander, weil das Aktivierungsverbot Unsicherheiten auf der Ansatzebene Rechnung tragen soll, die praktisch nur im Bereich der immateriellen Werte vorkommen.

Die einzelnen Auslegungskriterien stehen nicht in einem festen Rangverhältnis zueinander. Das Gewicht der einzelnen Kriterien ist im Rahmen des jeweiligen Auslegungsvorgangs zu ermitteln (**str.**, siehe 1. Teil. 2. Abschnitt. A. III., S. 45 ff.). Grenze der Auslegung ist der sprachlich mögliche Wortsinn. Diese Grenze ist überschritten, wenn Wirtschaftsgüter ohne jegliche körperliche Substanz nicht als immateriell eingeordnet werden. Da der natürliche Wortlaut entscheidend ist, ist die Grenze des Wortsinns in diesem Sinne unter Berücksichtigung der Lebensanschauung zu bestimmen.

Im Bereich neuerer technischer Entwicklungen läßt die historische Auslegung nur eingeschränkt Rückschlüsse auf die Auslegung zu. Aus den Gesetzesmaterialien ergibt sich, daß § 5 Abs. 2 EStG 1969 § 153 Abs. 3 AktG 1965 nachgebildet wurde, um die Anwendung des Aktivierungsverbotes im Steuerrecht zu sichern. § 153 Abs. 3 AktG 1965 sollte gewährleisten, daß immaterielle Anlagewerte nur dann angesetzt werden, wenn ihr Wert am Markt durch ein entgeltliches Rechtsgeschäft bestätigt wird, weil es sich ansonsten um unsichere, flüchtige Posten mit schwer schätzbarem Wert handelt. § 248 Abs. 2 HGB geht auf die Bilanzrichtlinie vom 25.7.1978 zurück, sollte aber zu keiner Änderung der bisherigen Rechtslage führen. Die Motive zu § 153 Abs. 3 AktG 1965 bleiben weiterhin für die Auslegung des § 5 Abs. 2 EStG 1969 von Bedeutung. Die Abweichungen im Wortlaut zwischen § 5 Abs. 2 EStG und § 248 Abs. 2 HGB wirken sich inhaltlich nicht aus. Die Bilanzrichtlinie zählt zwar einige immaterielle Werte auf, enthält aber keine nähere Definition des Begriffs „immaterielle".

b) Systematischen Auslegung (1. Teil. 2. Abschnitt. D., S. 54 ff.)

Die handelsrechtlichen Gliederungsvorschriften können für die Auslegung nur bedingt herangezogen werden, weil sie die (abstrakte und konkrete) Bilanzierungsfähigkeit nicht regeln, sondern voraussetzen (**str.**, siehe 1. Teil. 2. Abschnitt. D. I. 1. und 2., S. 55 f.). § 5 Abs. 2 EStG regelt die konkrete Bilanzierungsfähigkeit und ist eine Ansatzvorschrift. Aktivierungsverbot und -gebot sind zu unterscheiden. Jede Anwendung des Aktivierungsverbotes schränkt gleichzeitig das Aktivierungsgebot ein.

Das Maßgeblichkeitsprinzip gilt auch für die Abgrenzungsfrage (**str.**, siehe 1. Teil. 2. Abschnitt. IV. 1., S. 58 f.), weil das Aktivierungsverbot ein Grundsatz ordnungsgemäßer Buchführung ist. Sieht man § 5 Abs. 2 EStG als besonderen Gesetzesvorbehalt an, so ist ebenfalls eine Auslegung nach handelsrechtlichen Grundsätzen vorzunehmen. Das Maßgeblichkeitsprinzip wird zunehmend kritisiert, insbesondere auch deshalb, weil handelsrechtliche und steuerrechtliche Prinzipien als miteinander unvereinbar angesehen werden. Im Hinblick auf die Abgrenzungsfrage trifft diese Kritik nicht zu. Das handelsrechtliche Vorsichtsprinzip trägt der Tatbestandsmäßigkeit der Besteuerung Rechnung. Es erfolgt eine Besteuerung unter Berücksichtigung der wirtschaftlichen Leistungsfähigkeit, obwohl dadurch die periodengerechte Besteuerung eingeschränkt wird, weil ein zweifelhafter Vermögenszuwachs gleichzeitig auch kein sicheres Indiz für eine erhöhte persönliche Leistungsfähigkeit ist. Durch den Maßgeblichkeitsgrundsatz hat der Gesetzgeber zudem zwischen den aus steuerrechtlicher Sicht widerstreitenden Grundsätzen einen Ausgleich geschaffen.

Die Einordnung eines Wirtschaftsgutes als materiell oder immateriell hat unter Berücksichtigung der Wirtschaftsgutdefinition zu erfolgen, weil der im Vordergrund stehende Teil auch die Wirtschaftsgutqualität im Rahmen des Nutzbarkeitszusammenhangs bestimmen muß. Die Abgrenzungskriterien müssen deshalb gewährleisten, daß sich kein Widerspruch zur Wirtschaftsgutdefinition ergibt. Ein im Vordergrund stehender Teil muß die Greifbarkeit und Nutzbarkeit über mehrere Wirtschaftsjahre bestimmen.

Das Vorliegen von Greifbarkeit als solcher läßt anders als der Grad der Greifbarkeit keine Rückschlüsse auf die Einordnung zu. Bei zweifelhafter Greifbarkeit ist das Wirtschaftsgut regelmäßig immateriell. Vom unterschiedlichen Konkretisierungsgrad der einzelnen Teile im Rahmen eines einheitlichen Wirtschaftsgutes hängt nicht die Einordnung des Wirtschaftsgutes ab. Ein im Vordergrund stehender Teil muß aufgrund der aus den Voraussetzungen für das Vorliegen eines selbständigen Wirtschaftsgutes abzuleitenden Vorgaben den jeweiligen Nutzbarkeitszusammenhang bestimmen.

Unter Berücksichtigung der Vorgaben zum Vorliegen eines selbständigen Wirtschaftsgutes ist zunächst die Nutzbarkeit des Wirtschaftsgutes zu bestimmen. Im Anschluß daran ist der die Nutzbarkeit bestimmende Teil zu ermitteln. Bei der Bestimmung der Nutzbarkeit des im Vordergrund stehenden Teils ist die Sicht eines gedachten Erwerbers im Falle der Veräußerung des gesamten Betriebes bei gleichzeitiger Unternehmensfortführung ausschlaggebend. Bei einer vertraglichen Vereinbarung ist entscheidend, was ein Erwerber aus objektiver Sicht erwirbt. Hinweise auf den die Nutzbarkeit bestimmenden Teil ergeben sich aus der Funktion der jeweiligen Teile. Aufgrund der betriebsindividuellen Betrachtung kann sich die Einordnung als materiell oder immateriell ändern, wenn sich die betriebsindividuellen Verhältnisse ändern.

c) Teleologische Auslegung (1. Teil. 2. Abschnitt. E., S. 72 ff.)

Der Sinn und Zweck von § 5 Abs. 2 EStG ist unter Berücksichtigung des über das Maßgeblichkeitsprinzip auch für die Steuerbilanz verbindlichen Vorsichtsprinzips zu bestimmen (**str.**, siehe 1. Teil. 2. Abschnitt. E. I. 1. und 2., S. 72 ff.). Das Aktivierungsverbot soll die Aktivierung von immateriellen Wirtschaftsgütern des Anlagevermögens von einer zusätzlichen Marktbestätigung abhängig machen, weil es sich um unsichere Werte handelt. Durch das Aktivierungsverbot sollen nicht Aktivierungsschwierigkeiten der Höhe nach verhindert werden, obwohl Ansatz- und Bewertungsebene nicht völlig isoliert nebeneinander stehen, weil die Wirtschaftsgutdefinition die Bewertbarkeit, also die Möglichkeit überhaupt eine Bewertung vorzunehmen, vorsieht. Es soll lediglich Unsicherheiten bei der Feststellung entgegengewirkt werden, ob sich die Aufwendungen überhaupt zu einem werthaltigen Wirtschaftsgut verdichtet haben (**str.**, siehe 1. Teil. 2. Abschnitt. E. I. 2. a), S. 75).

Die wirtschaftliche Betrachtungsweise ist Teil der teleologischen Auslegung. Ergebnisse und argumentative Herleitung im Bereich des Zivilrechts zum Vorliegen körperlicher Sachen sind, wegen des Erfordernisses einer normbezogenen Auslegung, nur in engen Grenzen auf den Bereich des Einkommensteuerrechts übertragbar (**str.**, siehe 1. Teil. 2. Abschnitt. E. II., S. 76 ff.). Die wirtschaftliche Betrachtungsweise hat bei der teleologischen Auslegung Bedeutung für die Ermittlung des Sinns und Zwecks der Norm im Hinblick auf den darin zum Ausdruck gekommenen wirtschaftlichen Gehalt. Daneben hat sie Bedeutung bei der Beurteilung des nach wirtschaftlichen Gesichtspunkten zu beurteilenden Sachverhalts, wobei die Sichtweise der beteiligten Wirtschaftskreise entscheidend ist. Beim jeweiligen Wirtschaftsgut ist zu prüfen, ob der Wert als unsicher in diesem Sinne anzusehen ist. Im Zweifel kann auf die Kontrollfrage zurückgegriffen werden, ob ein entgeltlicher Erwerb zu einer erhöhten Sicherheit im Hinblick auf die Werthaltigkeit des Wirtschaftsgutes führt. Die Einordnung als immateriell kann sich aufgrund zukünftiger Marktentwicklungen, aufgrund derer sich eine neue Risikolage ergibt, ändern.

d) Betrachtung der bisherigen Abgrenzung in Literatur und Rechtsprechung unter Berücksichtigung der Auslegungsergebnisse (1. Teil. 2. Abschnitt. F., S. 82 ff.) und Bedeutung der Behandlung im Zivil- und Umsatzsteuerrecht (1. Teil. 2. Abschnitt. G., S. 100 ff.)

Bei der Definition des Begriffs „immaterielle“ ist zu unterscheiden, ob eine lediglich am Wortlaut oder auch am Sinn und Zweck der gesetzlichen Bestimmung orientierte Definition erfolgt. Eine maßgeblich am Sinn und Zweck des § 5 Abs. 2 EStG orientierte Definition hat grundsätzlich nur im Rahmen dieser Vorschrift ihre Gültigkeit. Die Begriffe „immateriell“ und „unkörperlich“ können nicht gleichgesetzt werden, weil es eine Reihe von immateriellen Wirtschaftsgütern mit körperlicher Substanz gibt. Charakteristisch für immaterielle Wirtschaftsgüter ist ein Mangel an physischer Substanz. Vorzunehmen ist also eine relative Betrachtung.

Die bisher in Rechtsprechung und Literatur entwickelten Abgrenzungskriterien lassen sich unterteilen in eine Abgrenzung nach inhaltlichen (Abgrenzung nach dem wirtschaftlichen Interesse, nach der Nutzenstifung der geistigen und körperlichen Komponente und nach teleologischen Kriterien) und rein objektiven Kriterien (Abgrenzung nach der objektiven Wertrelation, mit Hilfe der Vervielfältigung und nach der Funktion der körperlichen Komponente).

Problematisch ist bei der Abgrenzung mit Hilfe des wirtschaftlichen Interesses, daß eine weitere Konkretisierung meist ausbleibt. In Grenzfällen ist eine systematische Prüfung unverzichtbar. Die hier vorgeschlagene Abgrenzung -mit Hilfe des die Nutzbarkeit bestimmenden Teils- bestätigt den Ausgangspunkt der im betriebswirtschaftlichen Schrifttum entwickelten Abgrenzung mit Hilfe der Art der Nutzenstiftung der geistigen und körperlichen Komponente, die allerdings nicht aus den gesetzlichen Vorgaben abgeleitet wird und bei der unklar bleibt, wie die Nutzenstiftung im Einzelfall bestimmt werden soll. Zudem ist die Nutzbarkeit im Rahmen der Auslegung nur ein Aspekt, insbesondere neben der teleologischen Auslegung. Der Abgrenzung mit Hilfe der teleologischen Auslegung ist grundsätzlich zuzustimmen, wobei die nähere Konkretisierung dieses Kriteriums allerdings von der Bestimmung von Sinn und Zweck der Vorschrift abhängt.

Zudem ist neben der teleologischen Auslegung die systematische Auslegung als Erkenntnisquelle zu nutzen.

Das Kriterium der Wertrelation ist problematisch, weil es die Bestimmung des Wertes des immateriellen Teils voraussetzt, die häufig mit erheblichen Unsicherheiten verbunden ist. Das Anknüpfen an die Vervielfältigung darf nicht zu einer formalen Abgrenzung führen, sondern hat Bedeutung für die Risikolage im Rahmen der teleologischen Auslegung. Die Abgrenzung mit Hilfe der Funktion des körperlichen Teils ist problematisch, wenn sich die Nutzung ändert. Zudem müßte bei konsequenter Anwendung eine objektive, also keine betriebsindividuelle Betrachtung erfolgen, was den herausgearbeiteten Grundsätzen widerspricht.

Der zugrunde liegende zivilrechtliche Vertrag hat Bedeutung dafür, ob und in welchem Umfang der Erwerber Rechte erwirbt, insbesondere, ob das Eigentum oder lediglich ein Nutzungsrecht übergeht. Dabei handelt es sich um einen zivilrechtliche Vorfrage, die nach zivilrechtlichen Grundsätzen zu beurteilen ist. Ist das Wirtschaftsgut ohnehin als immateriell einzuordnen, so kommt es für die Anwendung des § 5 Abs. 2 EStG nicht darauf an, ob das Vollrecht oder lediglich ein Nutzungsrecht übergeht.

Der Begriff „immaterielle“ wird im Umsatzsteuerrecht nicht verwandt. Das Vorliegen eines körperlichen Gegenstandes hat jedoch Bedeutung dafür, ob eine Lieferung eines Gegenstandes (§ 3 Abs. 1 UStG) oder eine sonstige Leistung (§ 3 Abs. 9 UStG) vorliegt. Daneben knüpft § 12 Abs. 2 S. 2 Nr. 7 c) UStG an die Einräumung, Übertragung und Wahrnehmung von Rechten an, die sich aus dem UrhG ergeben. Auch im Umsatzsteuerrecht erfolgt eine normbezogene Auslegung. Rückschlüsse auf die einkommensteuerrechtliche Auslegung sind deshalb nur möglich, soweit es um einheitlich zu beurteilende (zivilrechtliche) Vorfragen geht. Dies gilt z.B. für die Frage der Einräumung oder Übertragung von Rechten i.S. des Urheberrechts im Zusammenhang mit der Veräußerung von Standardsoftware.

f) Zusammenfassender Definitionsvorschlag auf der Grundlage der abstrakten Abgrenzung (1. Teil. 2. Abschnitt H., S. 106)

Unter Berücksichtigung der Auslegungsergebnisse hat ein selbständiges Wirtschaftsgut, bei dem der die Nutzbarkeit bestimmende Teil ohne körperliche Substanz und als unsicher und flüchtig anzusehen ist, einen Mangel an körperlicher Substanz. Es ist deshalb ein immaterielles Wirtschaftsgut i.S. des § 5 Abs. 2 EStG.

3. Zusammenfassung 2. Teil. 1. Abschnitt

a) Konkrete Anwendung der Ergebnisse zur Bestimmung des Abgrenzungsgegenstandes (2. Teil. 1. Abschnitt. A., S. 109 ff.)

Aufwendungen für Werbung sind nur als selbständige (materielle oder immaterielle) Wirtschaftsgüter zu aktivieren, wenn die jeweiligen Werte selbständig bewertbar sind. Erforderlich ist dazu insbesondere auch die Nutzbarkeit der einzelnen Werte für mehrere Wirtschaftsjahre. Liegen selbständige Wirtschaftsgüter vor, so kann es sich nicht um geschäftswertbildende Faktoren handeln. Ärztemuster und Musterbücher sind unter Berücksichtigung dieser Grundsätze grundsätzlich als selbständige Wirtschaftsgüter zu aktivieren (**str.**, siehe 2. Teil. 1. Abschnitt. A. I. 1. und 2., S. 100 ff.).

Software ist ein eigenständiges Wirtschaftsgut und nicht unselbständiger Teil der EDV-Anlage, wenn sich die für den Betrieb ergebene Nutzbarkeit des Maschinen- und Benutzersystems trennen läßt, und deshalb jeweils selbständige Wirtschaftsgüter vorliegen. Das gilt auch für Systemprogramme und die einzelnen Softwareprogramme im Rahmen des Benutzersystems. Fest in eine Maschine eingebaute Programme bilden zusammen mit dieser ein einheitliches Wirtschaftsgut.

b) Konkrete Anwendung der Ergebnisse zur methodischen Auslegung auf exemplarische Fallgruppen (2. Teil. 1. Abschnitt. B., S. 114 ff.)

aa) Im Rahmen von Forschungs- und Entwicklungsprozessen hergestellte Wirtschaftsgüter (2. Teil. 1. Abschnitt. B. I. und II., S. 115 ff.)

Aufwendungen für Forschung und Entwicklung führen nicht zu einem Wirtschaftsgut, wenn sich kein wirtschaftlicher und greifbarer, selbständiger Wert ergibt. Das ist im Bereich der Grundlagenforschung häufig der Fall. Auch bei außerhalb eines Forschungs- und Entwicklungsprozesses hergestellten und angeschafften Werten entscheiden insbesondere die selbständige Bewertbarkeit und das Vorliegen eines wirtschaftlichen Wertes über die Wirtschaftsgutqualität.

Werden Wirtschaftsgüter im Rahmen von noch nicht abgeschlossenen Forschungs- und Entwicklungsprozessen hergestellt und eingesetzt, so bestimmt der immaterielle Teil (das technische Wissen) die Nutzbarkeit, weil der Nutzen für das Unternehmen in der weiteren Einsatzmöglichkeit des technischen Wissens im jeweiligen Prozeß zu sehen ist. Da der Zeitpunkt des Abschlusses des Forschungs- und Entwicklungsprozesses und die eigentliche Produktion mit Unsicherheiten belastet sind, gilt dies auch für die selbständige Bewertbarkeit und das Vorliegen eines Nutzens über mehrere Wirtschaftsjahre für den Betrieb.

Materielle und immaterielle Teile von Prototypen bilden einheitliche Wirtschaftsgüter (**str.**, siehe 1. Teil. 1. Abschnitt. B. II. 1. a), S. 119 f.), weil ein Nutzbarkeitszusammenhang besteht, von dem grundsätzlich aufgrund des Funktionszusammenhangs auszugehen ist. Eine Aktivierung der Aufwendungen für Prototypen zusammen mit den Endprodukten scheidet aus, weil keine Herstellungskosten vorliegen. Das technische Wissen bestimmt die Nutzbarkeit des Prototypen. Das im Vordergrund stehende technische Wissen ist als immateriell einzuordnen, wenn das Unternehmen den Prototypen im Rahmen eines noch nicht abgeschlossenen Forschungs- und Entwicklungsprozesses nutzt. Die Einordnung von Prototypen als immateriell kann sich ändern. Ist der immaterielle Teil bei objektiver, betriebsindividueller Betrachtung nicht mehr nutzbar, dann ist der Prototyp als materiell einzustufen. Der immaterielle Teil ist auch für den Betrieb nutzbar, wenn eine Veräußerung an Dritte möglich ist. Nach einer Veräußerung ist die

Einordnung betriebsindividuell im Hinblick auf das erwerbende Unternehmen zu bestimmen. Die vertragliche Vereinbarung und ein ausgehandelter Preis können grundsätzlich Aufschluß darüber geben, ob ein immaterielles Wirtschaftsgut übergegangen ist.

Fertigungsmuster und Modelle sind grundsätzlich immaterielle Wirtschaftsgüter, wobei die Einordnung nach den auch für Prototypen geltenden Grundsätzen vorzunehmen ist.

Für den eigenen Betrieb im Rahmen eines Forschungs- und Entwicklungsprozesses hergestellte und eingesetzte Konstruktionspläne sind nach den für Prototypen und Fertigungsmuster geltenden Grundsätzen zu behandeln. Es handelt sich demnach grundsätzlich um immaterielle Wirtschaftsgüter. Für Pläne, die für einen anonymen Markt hergestellt werden, sind die für Bücher geltenden Grundsätze anwendbar. Die Herstellung von Konstruktionsplänen an einzelne Abnehmer ist mit der Erstellung eines Gutachtens für einen bestimmten Auftraggeber vergleichbar. Deshalb gelten die entsprechenden Grundsätze.

bb) Durch einen körperlichen Träger vermittelte immaterielle Teile (2. Teil. 1. Abschnitt. B. III. und IV., S. 127 ff.)

Bei durch einen körperlichen Träger vermittelten immateriellen Teilen können sich Überschneidungen mit einem Forschungs- und Entwicklungsprozeß ergeben. Dies zeigt exemplarisch die Herstellung von Standardsoftware, bei der zwei Phasen zu unterscheiden sind. In der ersten Phase liegen Zwischenergebnisse im Rahmen eines noch nicht abgeschlossen Forschungs- und Entwicklungsprozesses vor, und es gelten die hierzu herausgearbeiteten Grundsätze. In der zweiten Phase wird die Standardsoftware nach Abschluß des Forschungs- und Entwicklungsprozesses hergestellt, und die Abgrenzungskriterien für einen durch einen körperlichen Träger vermittelten immateriellen Teil sind anwendbar. Als Anknüpfungspunkt zur Ermittlung des im Vordergrund stehenden Teils kommen übergegangene Urheberrechte als immaterielle Teile, die immaterielle Leistung (schriftstellerisches Werk, aufgenommenes Musikstück oder Filmwerk, Softwareprogramm oder sonstige gespeicherte Daten), der körperliche Träger (Buch, Datenträger u.s.w.), und sonstige materielle oder immaterielle Teile (z.B. ein Handbuch,

Demonstrations-Software oder ein bestimmtes Ordnungsprinzip) in Betracht. Da ein körperlicher Träger vorhanden ist, ist dem Wortlaut nach eine Einordnung als materiell oder immateriell möglich. Grundsätzlich wird die Nutzbarkeit nicht durch den körperlichen Teil bestimmt, wenn diesem lediglich eine Trägerfunktion zukommt.

Im Rahmen der teleologischen Auslegung kann ein Typenvergleich Hinweise darauf geben, ob eine Unsicherheit i.S. des § 5 Abs. 2 EStG vorliegt. Entscheidend ist ein Vergleich mit der Risikolage bei materiellen Wirtschaftsgütern, deren Werthaltigkeit nach allgemeiner Auffassung nicht unsicher ist, und mit immateriellen Wirtschaftsgütern, deren Werthaltigkeit allgemein als unsicher i.S. des § 5 Abs. 2 EStG angesehen wird. Ausschlaggebend für die Beurteilung der Risikolage ist die Betrachtungsweise der entsprechenden Wirtschaftskreise. Insbesondere eine Vervielfältigung kann zu einer Abweichung von der bisherigen Risikolage führen.

Entfällt jeglicher körperlicher Träger, z.B. bei einer Datenfernübertragung, und soll dennoch keine Einordnung als immateriell erfolgen, so ist die Grenze der Auslegung überschritten, doch können die Voraussetzungen für eine teleologische Reduktion erfüllt sein. Zulässigkeit und Voraussetzungen einer teleologischen Reduktion sind umstritten. Nach der hier vertretenen Ansicht ist eine teleologische Reduktion im vorliegenden Fall zulässig, weil es sich um eine „zweischneidige Lückenfüllung“ handelt, die keinen neuen Steuertatbestand schafft, und der Eingriff vorhersehbar ist, weil der Steuerpflichtige nicht darauf vertrauen kann, daß bei Wirtschaftsgütern ohne jegliche körperliche Substanz gleichzeitig automatisch § 5 Abs. 2 EStG anwendbar ist.

Bei Büchern stehen die urheberrechtlichen Befugnisse im Vordergrund, wenn dem Erwerber ausdrücklich auch Urheberrechte eingeräumt werden, die über die Beschränkungen der §§ 53, 54 UrhG hinausgehen. Die Ausübung der Befugnisse aufgrund der übergegangenen Urheberrechte bestimmt in diesem Fall die Nutzbarkeit, die aus teleologischer Sicht unsicher ist, weil sie sich erst indirekt aufgrund des weiteren Einsatzes im Unternehmen ergibt. Stehen nicht die urheberrechtlichen Befugnisse im Vordergrund, so bestimmt grundsätzlich das schriftstellerische Werk die Nutzbarkeit.

Aus teleologischer Sicht sind Bücher dennoch als materiell einzuordnen, wenn eine Vervielfältigung erfolgt und sich eine Risikolage ergibt, die mit derjenigen von materiellen Wirtschaftsgütern mit sicherer Werthaltigkeit vergleichbar ist. Zusammenfassend läßt sich die Risikolage bei Büchern mit Hilfe folgender Kriterien, die nicht als abschließend oder notwendig für eine entsprechende Risikolage zu verstehen sind, näher konkretisieren: Veräußerung des Wirtschaftsgutes als Endprodukt auf dem Markt wie andere (materielle) Wirtschaftsgüter mit sicherer Werthaltigkeit (z.B. bei einem Vertrieb über Zwischenhändler), Auswahl durch den Erwerber aus den am Markt angebotenen Endprodukten und die Vergleichbarkeit der angebotenen Endprodukte mit anderen Wirtschaftsgütern am Markt. Diese Vergleichbarkeit ergibt sich grundsätzlich aus dem vorhandenen Markt, für den eine nicht unbedeutende Auflagenhöhe ein Indiz ist. Entsprechendes gilt bei Büchern, bei denen nicht eine schriftstellerische Leistung, sondern ein bestimmtes Ordnungsprinzip im Vordergrund steht.

Eine andere Risikolage ergibt sich, wenn eine schriftstellerische Leistung für einen bestimmten Abnehmer erbracht wird (z.B. ein Gutachten in „buchähnlicher" Form), weil der Abnehmer die individuelle Nutzbarkeit nicht absehen kann. Es besteht rein äußerlich keine Vergleichbarkeit mit der Veräußerung von materiellen Wirtschaftsgütern mit sicherer Werthaltigkeit, insbesondere entfällt die Vergleichbarkeit mit anderen schriftstellerischen Leistungen.

Handbücher für Software bilden zusammen mit dem Programm ein einheitliches Wirtschaftsgut, wobei die Software grundsätzlich die Nutzbarkeit bestimmt. Die Einordnung richtet sich deshalb nach den für Software geltenden Grundsätzen. Wird ein Buch später zu einem Sammlerstück, so hat dies keine Auswirkung auf die bisherige Einordnung.

Die Einordnung von Tonträgern und Filmen richtet sich grundsätzlich nach den für Büchern geltenden Grundsätzen.

Das einheitliche Wirtschaftsgut „Software" umfaßt das Softwareprogramm, den Datenträger und das Handbuch, außerdem etwaige übergegangene Urheberschutzrechte. Übergegangene Urheberrechte bestimmen die Nutzbarkeit, wenn eine über den bestimmungsgemäßen Gebrauch hinausgehende Benutzung erfolgen soll. Die Werthaltigkeit der im Vordergrund stehenden Urheberrechte ist unsicher, und das Wirtschaftsgut ist als immateriell anzusehen. Anwendbar sind die schon für Bücher herausgearbeiteten Grundsätze. Im übrigen bestimmt grundsätzlich das Softwareprogramm die Nutzbarkeit, wobei dafür die Qualität des Programms keine Bedeutung hat, wenn die Nutzbarkeit nicht beeinträchtigt wird. Auch ein besonderes Ordnungsprinzip kann die Nutzbarkeit bestimmen, wenn die Möglichkeit im Vordergrund steht, die allgemein zugänglichen Daten schnell abrufen zu können.

Im Rahmen der teleologischen Auslegung können Bewertungsprobleme und Schwierigkeiten der Einordnung bei Programmänderungen nicht berücksichtigt werden (**str.**, siehe 2. Teil. 1. Abschnitt. B. IV. 4. b) ee) α), S. 162 f.). Es geht allein darum, ob die Werthaltigkeit als unsicher anzusehen und deshalb das Aktivierungsverbot anwendbar ist. Die allein entscheidende Risikolage im Hinblick auf die Werthaltigkeit ist bei Standardsoftware nicht mit derjenigen bei technischen Erfindungen und Lizenzen, sondern mit derjenigen bei Büchern mit sicherer Werthaltigkeit vergleichbar (**str.**, siehe 2. Teil. 1. Abschnitt. B. IV. 4. b) ee) β), S. 163 ff.). Gegen die Vergleichbarkeit spricht nicht, daß Software eine Befehlsstruktur enthält. Standardprogramme werden am Markt wie Bücher als Endprodukte angeboten und der Erwerber wählt aus den jeweiligen Endprodukten aus. Dabei besteht eine Vergleichbarkeit der Standardsoftware untereinander. Aufgrund der teleologischen Auslegung ist Standardsoftware im Ergebnis als materiell einzuordnen, obwohl die Nutzbarkeit des Softwareprogramms im Vordergrund steht. Auch wenn lediglich ein Nutzungsrecht übergeht, ist eine Einordnung als materiell möglich, wenn dies die Risikolage im Hinblick auf die Werthaltigkeit nicht berührt, weil die Stellung des Erwerbers sich nicht von derjenigen beim Übergang des Eigentums unterscheidet (**str.**, siehe 2. Teil. 1. Abschnitt. B. IV. 4. b) ee) γ), S. 167 ff.).

Individualsoftware ist ein immaterielles Wirtschaftsgut, weil keine Risikolage besteht, die eine Abweichung der in § 5 Abs. 2 EStG normierten Typisierung rechtfertigt. Die Rechtslage ist vergleichbar mit der Einordnung eines Gutachtens in „buchähnlicher“ Form für einen bestimmten Auftraggeber.

Ein Verlagsarchiv ist insgesamt ein einheitliches Wirtschaftsgut. Die Nutzbarkeit wird von dem im Archiv enthaltenen Ordnungsprinzip bestimmt. Dieses Ordnungsprinzip ist als unsicher im Hinblick auf seine Werthaltigkeit anzusehen, weil keine besonderen Umstände vorliegen, die es rechtfertigen, von der in § 5 Abs. 2 EStG enthaltenen Typisierung abzuweichen. Das Verlagsarchiv ist deshalb ein immaterielles Wirtschaftsgut.

Baut der Steuerpflichtige auf fremdem Boden und wird er Eigentümer des Baues, so hat er den Bau als Sachanlage und materielles Wirtschaftsgut zu aktivieren. Wird der Bauende nicht wirtschaftlicher Eigentümer im herkömmlichen Sinne, so ist § 5 Abs. 2 EStG nicht anwendbar. Der Bau ist ein selbständiges Wirtschaftsgut, das jedoch nicht als unsicher im Hinblick auf die Werthaltigkeit anzusehen ist.

Das Erbbaurecht ist als grundstücksgleiches Recht ebenfalls nicht unsicher i.S. des § 5 Abs. 2 EStG und deshalb kein immaterielles Wirtschaftsgut in diesem Sinne. Wird aufgrund eines Erbbaurechts ein Gebäude errichtet, so wird der Bauherr Eigentümer. Der Bauherr kann den Bau deshalb als materielles Wirtschaftsgut aktivieren.

4. Zusammenfassung 2. Teil. 2. Abschnitt

a) Bedeutung für die konkrete Bilanzierungsfähigkeit (2. Teil. 2. Abschnitt. A., S. 179 ff.)

§ 5 Abs. 2 EStG macht die konkrete Bilanzierungsfähigkeit immaterieller Wirtschaftsgüter des Anlagevermögens von einem entgeltlichen Erwerb abhängig, der einen abgeleiteten Erwerb im Gegensatz zu einer eigenen Herstellung und einen entgeltlichen Erwerb im Gegensatz zu einer Schenkung voraussetzt. Zudem muß das immaterielle Wirtschaftsgut als solches Gegenstand des Erwerbsvorgangs sein. Der so verstandene entgeltliche Erwerb führt dabei zu einer zusätzlichen Objektivierung auf der Ebene der konkreten Bilanzierungsfähigkeit. § 5 Abs. 2 EStG ist bei einer (offenen oder verdeckten) Einlage, der Entnahme und verdeckten Gewinnausschüttung nicht anwendbar (**str.**, siehe 2. Teil. 2. Abschnitt. A. I., S. 181 f.).

Immaterielle Wirtschaftsgüter des Anlagevermögens sind aufgrund einer abweichenden Risikolage nicht vom Aktivierungsverbot erfaßt.

b) Mittelbare Bedeutung der Einordnung als immateriell für Abschreibungen und Investitionszulagen (2. Teil. 2. Abschnitt. B., S. 185 ff.)

Soweit in Bewertungsvorschriften für Abschreibungsmöglichkeiten bewegliche Wirtschaftsgüter vorausgesetzt werden, sind diese Vorschriften auf immaterielle Wirtschaftsgüter nicht anwendbar (**str.**, siehe 2. Teil. 2. Abschnitt. B. I., S. 186 ff.). Der Gesetzgeber hat in der Vergangenheit die bisherige ständige Rechtsprechung, daß Abschreibungsregeln, die bewegliche Wirtschaftsgüter voraussetzen, auf immaterielle Wirtschaftsgüter generell nicht anwendbar sind, bestätigt. Zwar ist diese Entscheidung des Gesetzgebers zu akzeptieren, doch ist diese Verknüpfung z.B. im Hinblick auf die degressive Abschreibung (§ 7 Abs. 2 EStG) nicht sachgerecht. Der Begriff „immaterielle“ ist als Ansatzvorschrift nach den Grundsätzen ordnungsgemäßer Buchführung auszulegen, während dieser Abschreibungsregelung eine davon abweichende Zwecksetzung zugrunde liegt, die im Einzelfall auch bei im Hinblick auf die Werthaltigkeit unsicheren Wirtschaftsgütern eingreifen kann.

Investitionszulagen sind gesetzlich nur für bewegliche Wirtschaftsgüter vorgesehen. Der Gesetzgeber hat in der Vergangenheit die bisherige Rechtsprechung bestätigt, indem er für bestimmte immaterielle Wirtschaftsgüter eine besondere Regelung einführte und damit zum Ausdruck brachte, daß immaterielle Wirtschaftsgüter nicht als „beweglich“ im Sinne des Investitionszulagengesetzes anzusehen sind (**str.** siehe 2. Teil. 2. Abschnitt. B. II., S. 191 ff.). Diese gesetzgeberische Entscheidung ist bei der Auslegung zu akzeptieren, erscheint aber unter Berücksichtigung der unterschiedlichen Zwecksetzung des Investitionszulagengesetzes und des § 5 Abs. 2 EStG insbesondere im Bereich der Software, soweit diese als immateriell eingeordnet wird, als nicht sachgerecht.

c) Folgen für die Darstellung der Vermögenslage des Unternehmens in der Bilanz (2. Teil. 2. Abschnitt. C., S. 195 ff.)

Durch die Aktivierung von immateriellen Wirtschaftsgütern kann sich die Vermögenslage eines Unternehmen entscheidend besser darstellen im Vergleich zur sofortigen Gewinnwirksamkeit. Die abgebildeten Vermögensverhältnisse können erheblich von den tatsächlichen abweichen (ohne Berücksichtigung der Angaben im Anhang), wenn z.B. Aufwendungen für Forschung und Entwicklung überdurchschnittliche Bedeutung haben. Immaterielle Vermögensgegenstände haben in den Jahresabschlüssen deutscher Kapitalgesellschaften betragsmäßig eher eine geringe Bedeutung.

THESEN

Ein Wirtschaftsgut setzt unter Berücksichtigung des Vorsichtsprinzips und des Grundsatzes der Unternehmensfortführung, abgrenzbare Aufwendungen, einen wirtschaftlichen Wert für das Unternehmen durch die Nutzbarkeit in mehreren Wirtschaftsjahren und die Greifbarkeit des Wertes durch die selbständige Bewertbarkeit der Nutzbarkeit dieses Wertes voraus. Der Wert ist selbständig bewertbar, wenn ein Erwerber des Unternehmens bei dessen Fortführung ein besonderes Entgelt für den Wert ansetzen würde.

Voraussetzung für ein selbständiges Wirtschaftsgut ist dessen selbständige Bewertbarkeit. Eine selbständige Bewertbarkeit entfällt innerhalb eines Nutzbarkeitszusammenhangs, der grundsätzlich im Rahmen eines Funktionszusammenhangs besteht. Unter Berücksichtigung der Wirtschaftsgutdefinition ist der Nutzbarkeitszusammenhang objektiv und betriebsindividuell zu ermitteln.

Die Auslegung der Begriffe „immateriell" und „Wirtschaftsgut" und die Voraussetzungen für das Vorliegen eines selbständigen Wirtschaftsgutes richten sich unter Berücksichtigung des Maßgeblichkeitsprinzips nach den Grundsätzen ordnungsgemäßer Buchführung. Widersprüche bei der Auslegung und Definition sind zu vermeiden. Die aus den Grundsätzen ordnungsgemäßer Buchführung abzuleitende objektive und betriebsindividuelle Betrachtung ist auch für die Abgrenzung materieller und immaterieller Wirtschaftsgüter zu beachten.

Der gesetzliche Inhalt des Begriffs „immaterielle" ist durch methodengerechte Auslegung zu ermitteln. Im Rahmen der systematischen Auslegung ist unter Berücksichtigung der Voraussetzungen, unter denen ein selbständiges Wirtschaftsgut vorliegt, entscheidend, welcher Teil die Nutzbarkeit des einheitlichen Wirtschaftsgutes bestimmt. Hinweise für den die Nutzbarkeit bestimmenden Teil gibt die Funktion der einzelnen Teile im Rahmen des einheitlichen Wirtschaftsgutes. Der die Nutzbarkeit bestimmende Teil muß aus teleologischer Sicht unsicher im Hinblick auf seine Werthaltigkeit sein, die durch eine wirtschaftliche Risikobetrachtung zu ermitteln ist.

Ein selbständiges Wirtschaftsgut hat -zusammengefaßt- einen Mangel an körperlicher Substanz und ist deshalb ein immaterielles Wirtschaftsgut i.S. des § 5 Abs. 2 EStG, wenn der die Nutzbarkeit bestimmende Teil ohne körperliche Substanz und seine Werthaltigkeit unsicher ist.

Standardsoftware ist bei Anwendung dieser Grundsätze entgegen der Rechtsprechung des BFH ein materielles Wirtschaftsgut, weil die Risikolage im Hinblick auf die Werthaltigkeit nicht die Anwendung des Aktivierungsverbotes rechtfertigt.

FSC
www.fsc.org
MIX
Papier | Fördert gute Waldnutzung
FSC® C083411

Kolibri 360 GmbH
Ferdinand-Jühlke-Straße 7
99095 Erfurt, Deutschland
produktsicherheit@kolibri360.de

Druck:
CPI Druckdienstleistungen GmbH
im Auftrag der
Kolibri 360 GmbH
Ferdinand-Jühlke-Str. 7
99095 Erfurt